语言学及应用语言学名著译丛

语言知识
本质、来源及使用

〔美〕诺姆·乔姆斯基 著

李京廉 等译

周流溪 审订

KNOWLEDGE OF LANGUAGE
ITS NATURE, ORIGIN , AND USE

商务印书馆
The Commercial Press

Translated from the English language edition of *Knowledge of Language: Its Nature, Origin, and Use*, by Noam Chomsky, originally published by Praeger, an imprint of ABC-CLIO, LLC, Santa Barbara, CA, USA. Copyright ©1986 by Noam Chomsky. Translated into and published in the Simplified Chinese Language by arrangement with the ABC-CLIO, LLC. All rights reserved.

本书译自 1986 年英文版的 *Knowledge of Language: Its Nature, Origin, and Use*，作者为 Noam Chomsky，原著由 Praeger 出版，Praeger 商标的持有者为美国加利福尼亚圣巴巴拉的 ABC-CLIO，LLC。版权由作者 Noam Chomsky 所有。简体中文版根据商务印书馆和 ABC-CLIO，LLC 的协议翻译出版。所有权利保留。

No part of this book may be reproduced or transmitted in any form or by any means electronic or mechanical including photocopying, or reprinting, or on any information storage or retrieval system, without permission in writing from ABC-CLIO, LLC.

未经 ABC-CLIO，LLC 书面许可，不得以任何电子或机械方式复制或传播本书的任何部分，包括影印、重印，或以任何信息存储装置或检索系统存储。

作 者 简 介

  诺姆·乔姆斯基博士是麻省理工学院的学院教授（Institute Professor）。1957年《句法结构》一书的出版开启了乔姆斯基革命。这本书从对自然语言某些特征的描写转为对作为人类语言基础的任一规则系统普遍特征的探究，这标志着与美国结构主义语言学传统的根本决裂。换言之，它研究的是每个特定自然语言实现形式背后的普遍**语言形式**。乔氏分析法的核心是区分了一个人的**语言能力**（管辖语言的规则系统之知识）和作为语言使用者的实际**语言使用**。

  作为一个语言学家，乔姆斯基教授的目标不局限于以语言生成理论做出的技术性贡献，他还将该理论融入视野更开阔的语言与人类心智的关系中。其思想的主要特点是他假设人类生来就有语言结构背后的普遍原则的内在知识。乔姆斯基的观点及其思想恢复了语言在认知心理学和心智哲学的核心地位，对其他学科产生了极大影响。他重新定义了语言学这门学科，并产生了广泛影响，这奠定了他在二十世纪思想史上的永久地位。

审订人简介

周流溪 北京师范大学教授、博士生导师。在语言研究中注意合观语言的交际、认知和美学三大功能,提倡兼采结构语言学、功能语言学、认知语言学三条路线。了解结构语言学从结构主义到生成语法即从描写到解释的诸多演变及其哲学基础。与人合译乔姆斯基的《支配和约束论集》及《形式与解释论文集》,译文忠实达意、术语准确。

译者简介

李京廉 北京理工大学外国语学院教授、博士生导师,入选教育部新世纪优秀人才支持计划,研究方向为句法学、英汉语对比研究。曾在麻省理工学院语言学及哲学系、康涅狄格大学语言学系访学。在 *Language*、*Journal of Linguistics*、《外语教学与研究》《当代语言学》《外国语》《现代外语》等刊物发表论文,出版专著一部。

参与翻译人员名单

李京廉（北京理工大学外国语学院）

孟凡军（北京第二外国语学院英语学院）

郭　戈（北京理工大学外国语学院）

刘　娟（首都医科大学应用语言学系）

赵　涓（北京航空航天大学外国语学院）

语言学及应用语言学名著译丛
专家委员会

顾　问　胡壮麟

委　员　（以姓氏笔画为序）

　　　　　马秋武　　田海龙　　李瑞林

　　　　　张　辉　　陈新仁　　封宗信

　　　　　韩宝成　　程　工　　潘海华

总　　序

商务印书馆出版的"汉译世界学术名著丛书"在国内外久享盛名，其中语言学著作已有 10 种。考虑到语言学名著翻译有很大提升空间，商务印书馆英语编辑室在社领导支持下，于 2017 年 2 月 14 日召开"语言学名著译丛"研讨会，引介国外语言学名著的想法当即受到与会专家和老师的热烈支持。经过一年多的积极筹备和周密组织，在各校专家和教师的大力配合下，第一批已立项选题三十余种，且部分译稿已完成。现正式定名为"语言学及应用语言学名著译丛"，明年起将陆续出书。在此，谨向商务印书馆和各位编译专家及教师表示衷心祝贺。

从这套丛书的命名"语言学及应用语言学名著译丛"，不难看出，这是一项工程浩大的项目。这不是由出版社引进国外语言学名著、在国内进行原样翻印，而是需要译者和编辑做大量的工作。作为译丛，它要求将每部名著逐字逐句精心翻译。书中除正文外，尚有前言、鸣谢、目录、注释、图表、索引等都需要翻译。译者不仅仅承担翻译工作，而且要完成撰写译者前言、编写译者脚注，有条件者还要联系国外原作者为中文版写序。此外，为了确保同一专门译名全书译法一致，译者应另行准备一个译名对照表，并记下其在书中出现时的页码，等等。

本译丛对国内读者，特别是语言学专业的学生、教师和研究者，以及与语言学相融合的其他学科的师生，具有极高的学术价值。第一批遴选的三十余部专著已包括理论与方法、语音与音系、词法与句法、语义与语用、教育与学习、认知与大脑、话语与社会七大板块。这些都是国内外语言学科当前研究的基本内容，它涉及理论语言学、应用语言学、语音学、音系学、词汇学、句法学、语义学、语用学、教育语言学、认知语言学、心理语言学、社会语言学、话语语言学等。

尽管我本人所知有限，对丛书中的不少作者，我的第一反应还是如雷贯耳，如 Noam Chomsky、Philip Lieberman、Diane Larsen-Freeman、Otto Jespersen、Geoffrey Leech、John Lyons、Jack C. Richards、Norman Fairclough、Teun A. van Dijk、Paul Grice、Jan Blommaert、Joan Bybee 等著名语言学家。我深信，当他们的著作翻译成汉语后，将大大推进国内语言学科的研究和教学，特别是帮助国内非英语的外语专业和汉语专业的研究者、教师和学生理解和掌握国外的先进理论和研究动向，启发和促进国内语言学研究，推动和加强中外语言学界的学术交流。

第一批名著的编译者大都是国内有关学科的专家或权威。就我所知，有的已在生成语言学、布拉格学派、语义学、语音学、语用学、社会语言学、教育语言学、语言史、语言与文化等领域取得重大成就。显然，也只有他们才能挑起这一重担，胜任如此繁重任务。我谨向他们致以出自内心的敬意。

这些名著的原版出版者，在国际上素享盛誉，如 Mouton de Gruyter、Springer、Routledge、John Benjamins 等。更有不少是著名大学的出版社，如剑桥大学出版社、哈佛大学出版社、牛津大学出版社、MIT 出版社等。商务印书馆能昂首挺胸，与这些出版社策划洽谈出版此套丛书，令人钦佩。

万事开头难。我相信商务印书馆会不忘初心，坚持把"语言学及应用语言学名著译丛"的出版事业进行下去。除上述内容外，会将选题逐步扩大至比较语言学、计算语言学、机器翻译、生态语言学、语言政策和语言战略、翻译理论，以至法律语言学、商务语言学、外交语言学，等等。我

总　　序

也相信，该"名著译丛"的内涵，将从"英译汉"扩展至"外译汉"。我更期待，译丛将进一步包括"汉译英""汉译外"，真正实现语言学的中外交流，相互观察和学习。商务印书馆将永远走在出版界的前列！

胡壮麟

北京大学蓝旗营寓所

2018 年 9 月

译者前言

自生成语言学创立之初，乔姆斯基的生成语法理论就与哲学产生了千丝万缕的联系。可以说，乔姆斯基对行为主义的批评以及对内在主义的推崇是其在哲学领域非常重要的贡献（Hornstein 1988）。1986 年由普雷格出版社（Praeger Publishers）出版的《语言知识：本质、来源及使用》延续了这一传统。

本书主要围绕语言学中的柏拉图问题展开讨论，即要解释我们何以在可用证据如此缺乏的情况下所知甚多的问题。在乔姆斯基看来，语言学领域中也存在柏拉图问题，该问题是为了解决语言获得中的"刺激贫乏"（poverty of stimulus）难题（也称"可学性问题"），即语言输入和语言能力的不对等。具体来讲，虽然儿童在习得语言过程中所接触到的语言输入时间短、残缺不全、数量也有限，但最终他们却能掌握一套丰富而又复杂的语言知识系统。在乔姆斯基看来，这种输入和产出的巨大差异是由儿童与生俱来的语言机制来弥补的。这种内在的语言机制就是我们所说的普遍语法，而生成语法学家的任务就是要探寻普遍语法的原则。

本书主要包含三方面的内容：普遍语法的哲学启示、管辖及约束理论的模块介绍以及对西方知识分子未能摆脱意识形态控制的批评。这三个议题看似关联度不大，但却通过"柏拉图问题"和"奥威尔问题"关联在了一起。奥威尔问题与柏拉图问题正好相反，讨论的是我们为何拥有如此充足的证据，却所知甚少。乔姆斯基在本书中并未对此过多着墨，他解释主要原因在于这两个问题的研究风格迥异。柏拉图问题最终要归于科学的范畴，而奥威尔问题属于时政研究，通过积累证据和例子，探讨强权和特权在政治、经济和社会生活背后的运作机制。

下面简要介绍一下本书各章的主要内容。

第一章"作为研究重点的语言知识"。乔姆斯基指出，语言问题的研究重点应该转移到渗入语言行为的心智状态上来。据此，他提出了关于语言知识的三个基本问题：（1）语言知识是由什么构成的？（2）语言知识是如何习得的？（3）语言知识是怎么使用的？这也是本书要回答的三个基本问题。

第二章"语言的各种概念"。乔姆斯基谈及言语社群的理想化与同质性假设；区分了 I-语言与 E-语言，并强调 I-语言才是研究的重点；同时，他认为如果语义学理论中的真值和指称与语言学无关，即使有关联，那也是把语言学看成是一种"句法形式"了。

第三章"直面柏拉图问题"。这一章从技术操作的层面，具体阐释了从语言规则系统到原则系统的转变。乔姆斯基在本章中展示了这种研究范式的转变是如何为解决语言获得这一难题提供具体方案的，这也是全书技术性最强的一章。为了达到描写充分，普遍语法必须具备丰富的机制系统；而为了解决柏拉图问题，普遍语法的机制系统又必须受到严格限制。这种张力的存在要求我们从对规则系统的描述模型（20 世纪 60 年代的标准理论模型）转变为对原则与参数的解释模型（20 世纪 80 年代的管辖及约束理论模型）。乔姆斯基强调该模型的模块性（modularity），该模型包括 X-阶标理论、约束理论、题元理论以及格理论等。

第四章"与规则有关的问题"。乔姆斯基在这一章中批判了索尔·克里普克（Saul Kripke）的《维特根斯坦论规则和私人语言》一书。乔姆斯基对克里普克提出的私人语言（即一个独特的规则系统）会挑战语言学理论建构的说法进行了批判。乔姆斯基认为克里普克提出的广义"生命样式"指的是一种特有的物种行为。只要该物种与我们共享同一个语言官能，就可以轻松判定该物种遵守语言的规则。这与生成语法学家天赋论的观点类似，即语言官能是物种天生就特有的，在不同的语言经验下会成长为不同的语言。此外，乔姆斯基还批判了丹尼特和奎因的观点。

第五章"奥威尔问题评注"。这一章同样关注知识获取问题，但涉及一个完全不同的领域，讨论的是政治知识和历史知识的获取。意识形态控制（宣传鼓动）在民主国家更为重要，但西方知识分子处于这种"自由之下的洗脑"体系，常常自觉或不自觉地充当了洗脑工具，这进一步阻止了他们了解和理解所处的世界。

也许有人会问，这么一本"老旧的"书是否还有翻译的必要？乔姆斯基在该书序言中明确指出，这本书的一些哲学思考仍旧是生物语言学研究的基本问题，尚需进一步探索，因此并不过时，甚至更有重读的必要。我们选择翻译这本书的初衷一是为了弥补这本重要著作汉译版缺失的遗憾，二是为了更好地理解乔姆斯基关于语言知识的性质、来源及使用观点的来龙去脉，以便更好地理解乔姆斯基在生物语言学框架下对第一章所提三个问题的最新思考。

落笔之时，回顾译程，内心的纠结和挣扎是我们动笔之前所远远没有想到的。翻译是一种与时间赛跑的游戏，同时也是内心苦苦挣扎、反复比较研判、修改的过程。乔姆斯基著作突出的语言特点是"长"和"散"，经常出现一句话就是一大段的情况。即便能理解他的原话，可转换成地道的汉语，却着实要花费一番功夫，而且还会经常碰到类似"花园幽径句"式的情况，需要反复重读确定句子的核心结构，再结合上下文确定作者想表达的真实意思。当然，最后还要反复推敲中文表述，不仅力求达义，还要做到语言地道。

在翻译过程中，我们常常想起卢延让《苦吟》中的诗话：吟安一个字，捻断数茎须。我们对 Möbius Strip 这一部分的翻译就如此。另外，同一个词，比如"general"我们在翻译时也没有拘泥于一个译法，而是结合上下文，在不同的地方，分别给出"广泛的""一般的""通用""普遍"等不同译法。

在研读原文的过程中，我们也发现了一些印刷或者拼写错误，如 245 页第二段第 13 行，*what* 被错误地拼写为 *wht*。265 页倒数第二段倒数第

10 行，knowledge-that 中间的连字符也是多余的，因为 that 引导的是关系小句。18 页最后一行的末尾，in scientific in scientific approaches 存在明显重复。原著还存在一些其他错误，读者尤其是初学者很难自己解决。我们在翻译过程中就发现的这类问题，联系了本书作者乔姆斯基教授，并得到他热情的帮助，确认或澄清了有关问题。关于这类问题，我们在翻译时加了译者注进行了说明。另外，还有要补充说明或解释的问题，我们以译者注或校者注予以说明。

兹择取书中的部分问题简要说明。66 页中的（22）SC:（1，2，3）→（2，3，1）应为 SC:（1,2,3）→（2,1,3）;（23）(X, *wh*-, Y) → (2,3,1) 应为 (X, *wh*-, Y) → (2，1，3); 87 页倒数第四段中的 propostion 应为 preposition。194 页的倒数第四段 rule 应为 role；208 页注释 35，Pesetsky（1983）应为 Pesetsky（1982），Pesetsky 是 1982 年在 MIT 完成的博士论文，同样 294 页的参考文献 Pesetsky（1983）也应为 Pesetsky（1982）。

131 页编码 159 应为 160，因为 130 页已经有 159，如果对编码重新排序，必然会造成后面的排序都要变动，为了简单处理，我们把 131 页的 159，直接使用原来的编码 69，这样处理既避免了编码重复，也避免了对后面的编码进行重排的麻烦。

比较严重的印误是 123 页的例 135，这里的例 135 与 122 页的例 135 完全重复，与 123 页相关的论述不相关，而且编码也应为（138）。经与作者核实，正确的例（138）应为：

138 i) the city's destruction e [PRO to prove a point]
    ii) pro destruction of the city [PRO to prove a point]

我们发现的上述问题有助于澄清读者在阅读本书时的一些疑问。

本书的翻译是由李京廉（北京理工大学外国语学院）、孟凡军（北京第二外国语学院英语学院）、郭戈（北京理工大学外国语学院）、刘娟（首都医科大学应用语言学系）、赵涓（北京航空航天大学外国语学院）合作完成的。具体分工如下：第一章（孟凡军 刘娟）、第二章（孟凡军 李京廉）、第三章（李京廉 郭戈 赵泪）、第四章（孟凡军 郭戈）、第五章（赵泪 刘娟）。除正文外，前言、目录、作者简介等内容均由孟凡军翻译。本书译稿初稿完成后，李京廉通读了全部书稿，并进行了修改，之后全体译者对修改稿又进行了多次讨论修改。由于译稿为多人合作完成，在术语的使用方面可能存在一些不统一之处，我们已尽力协调，如个别术语的翻译还有不统一之处，恳请读者谅解。另外本书的翻译可能还存在这样或那样的不足之处，恳请广大读者不吝批评指正。

本书的翻译从 2017 年暑假开始，历时三年多完稿。在翻译过程中，我们得到了很多专家学者和师友的帮助。首先要感谢乔姆斯基教授同意并支持我们将本书翻译成中文出版，还多次耐心解答译者提出的各种问题。北京师范大学外文学院周流溪教授担任本书译稿的审校，审校了书稿，对译稿进行了非常认真细致的校对，对译文进行了详细的修改，并为部分内容加了校者注，提高了译文质量和可读性。中国社会科学院语言研究所胡建华研究员对一些术语的翻译提出意见和建议，提高了译文的准确性。香港中文大学语言学及现代语言系潘俊楠教授就翻译的一些难点与译者进行了交流，提供了很好的解决方案。北京第二外国语学院英语学院林允清教授审阅了第四章译文。北京理工大学外国语学院徐嘉博士和汪昌松博士审阅了译稿，提出了详细的建议。在此一并致谢。

商务印书馆的杨子辉编辑非常关注本书翻译的进展，对译者多次因种种原因推迟交稿，表现出极大的耐心和理解。此外，他对本书的译稿提出了宝贵的修改意见，使译稿增色不少。刘军怀编辑在本书翻译前期经常督促翻译的进展，也对部分译稿提出修改建议。我们对两位编辑表示诚挚的谢意。我们也感谢鞠方安先生为本书的翻译和出版提供的帮助。

译者
2020 年秋于北京

目 录

莫比乌斯带 ··· 1

前言 ··· 3

第一章　作为研究重点的语言知识 ··· 1
第二章　语言的各种概念 ·· 15
  2.1　常识性概念及与之相违的一些想法 ······································ 15
  2.2　外化语言 ·· 19
  2.3　内化语言 ·· 21
  2.4　研究重心从外化语言转向内化语言 ···································· 23
      2.4.1　研究重心转向的原因 ·· 23
      2.4.2　内化语言研究的经验基础 ·· 34
      2.4.3　研究重心转向的一些后果 ·· 38
第三章　直面柏拉图问题 ·· 48
  3.1　解释模型 ·· 48
  3.2　规则系统 ·· 52
  3.3　对规则系统类型的限制 ·· 65
      3.3.1　转换部分 ·· 65
      3.3.2　短语结构部分 ·· 76
      3.3.3　UG 的一般原则 ·· 79
  3.4　UG 的原则与参数理论的解释力 ·· 98

	3.4.1 一些示例 …………………………………………	98
	3.4.2 对虚范畴的进一步思考 ………………………	110
	3.4.3 关于论元的抽象表征式 ………………………	128
3.5	作为原则与参数系统的 UG ……………………………	142
	3.5.1 对一些问题的重新思考 ………………………	142
	3.5.2 语法模块 ………………………………………	157

第四章 与规则有关的问题 ………………………………… 215
4.1 令人怀疑的质疑 …………………………………………… 215
4.2 论规则系统和规则遵守的归属 …………………………… 237
4.3 论规则的知识 ……………………………………………… 255

第五章 奥威尔问题评注 …………………………………… 267

参考文献 …………………………………………………………… 279
索引 ………………………………………………………………… 288

莫比乌斯带

"交汇"丛书每一种的封面上都有一个象征交汇（convergence）的图案——即该丛书的主题。它是一个数学谜题，取名来自德国数学家奥古斯图斯·莫比乌斯（Augustus Möbius，1790—1868）。该拓扑难题仍是数学上的未解之谜。

莫比乌斯带（The Möbius Strip）只有一个连续的单侧曲面，不同于拥有内侧面和外侧面双侧曲面的圆柱形带子。仔细审视一下就会发现，莫比乌斯带只有一条连续的边，形成一个环状物，其周长是原来的两倍，半个环呈扭曲状，但最终却可以实现**自我交汇**。

自上世纪（译者注：19世纪）中叶以来，数学家越来越不愿意接受一道数学难题之"解"是"显然的真解"那种说法，因为该"解"后来也常常成了问题。例如，很明显每张纸都有两个面，一个侧面上的昆虫如果不爬过边缘或穿透这张纸，是不可能到达另一个侧面的。看似很明显，却并非事实！

事实上，莫比乌斯带就表现为一个仅有单一维度的连续环，既无内侧面、也无外侧面，既没有起点，也没有终点。自我交汇象征着结构性亲属关系，以及主体和客体、物质和能量的密切关系，进而表明任何将观察者和参与者、宇宙和人类二分为两个或更多现实系统的尝试都是错误的。万物，万物皆为一体。

我要感谢弗吉尼亚州老道明大学（Old Dominion University）的驻校艺术家费伊·泽特林（Fay Zetlin），她用莫比乌斯带的类比来感知交汇和新兴超越的原则。我本人致力于探索所有现实的单一结构，这个符号可以说是这一努力的结晶。费伊·泽特林画出莫比乌斯带，将这种侧重交汇体验的努力形象化了。

露丝·南达·安申

前　言

多年来，我一直对与人类知识相关的两个问题颇感兴趣。第一个问题是解释我们为何会在那么有限的证据面前所知如此之多。第二个问题是解释我们为何会在那么多的证据面前所知如此之少。第一个问题我们可称之为"柏拉图问题"；第二个可称之为"奥威尔问题"，① 它类似社会和政治生活领域中的"弗洛伊德问题"。

关于柏拉图问题的要义，罗素在晚年提出这个问题的时候就已充分阐明："为什么人类与世界的接触是如此短暂、因人而异且极其有限，但却所知颇多？"在某些思维和理解领域，我们的知识具有范围宏阔、高度具体且极度精细的特点，而且在很大程度上与拥有相似背景和阅历的人共享该知识。信念和期望系统、解读和经验整合模式，乃至更广泛的"认知系统"也都别无二致（其中"认知系统"里只有部分内容才算得上是真正的知识）。只要我们稍加用心地考虑一下这件事，就会发现那是一个涉及"刺激贫乏论"（poverty of the stimulus）的问题。尽管认知系统必定以某种方式反映我们的经验，可当我们认真描摹这些系统的特性以及构成它们的经验时，就会发现这二者之间存在着相当大的差距（事实上应该是鸿沟）。柏拉图问题就是要解释个体是如何在有限的可用信息基础上获得既具体又丰富的认知系统。认知系统源自经验与机体构建和处理经验的方法之互动，这个系统包括分析机制以及成熟和认知发展的内在决定因素。那

---

① 奥威尔（George Orwell, 1903—1950）是英国左翼作家，而他对苏联的弊政批评影射甚多。乔姆斯基以自由社会主义者自命，他用"奥威尔问题"这个标签来概括自己政论的焦点。参见第五章。——校者注

么,柏拉图问题就变成了确定那个桥接经验与所获知识或认知系统之间缺口的内在禀赋是什么的问题,认知系统从知识的真值要求中抽象出来,可推广到与信念、理解、解读等有关的甚至其他更多系统。

这方面的人类语言研究尤其有趣。首先,它是一种真实的物种属性,处于人类思维和理解的核心位置。再者就语言而言,我们能进而相当深入地刻画所获得的知识系统(英语知识、日语知识等),并确定儿童获得这种知识所依赖的证据;我们还能拥有各种可获得系统变体的大量证据。这样一来,我们就能确定构成人类"语言官能"(language faculty)的生物禀赋的本质。语言官能指的是心智或大脑中产出语言知识的内在构件,当给定语言经验时它能够将经验转化为知识系统。

在我看来,语言研究妙趣横生,原因就在于它提供了在一个界定相对清晰、能公开检验和探索的领域解释柏拉图问题的路径,同时该领域也深植于人类的生活和思维之中。如果我们能够发现进入这个特定认知系统的建构原则(即语言官能的原则),那么我们至少会在解决柏拉图问题的一个特殊而且相当重要的方面前进一步。接下来我们就可以问:这些原则是否可以推广到其他方面?如果不能,那么在人类语言问题上具备一定解释力的方案是否至少可作为探索其他认知领域相似问题的参考模型。我个人的看法是:这些原则不具备推广性,而且在一些关键方面是语言官能所特有的,但这种方案所取得的成就和清晰的边界确实能在其他认知领域起到参考作用。本书的后续章节主要围绕以下问题展开,即我们能够在人类语言的研究中了解到柏拉图问题的什么方面,以及语言研究是如何在更广泛的认知系统本体、特征和发展的探索中找到自身的定位。第一、第二和第四章主要关注的是普遍性和概念性问题。第三章技术性相对更强(尤其是 3.4.3、3.4.4 和 3.5.2 这三节)[1];在过去的几年里,当前的研究发生了全新的转变,该章介绍和阐发了当前研究中一些重要观点。

柏拉图问题是要解释我们如何在可用证据如此稀缺的情况下所知甚多

的问题。奥威尔问题则是要解释为什么我们在可用证据如此丰富的情况下仍所知甚少的问题。和20世纪的很多其他知识分子一样，奥威尔深知极权体制具备向人们灌输被固守而且广为接受的信仰之能力，尽管这些信仰完全没有依据，乃至经常与我们周围世界的明显事实相冲突。这一问题的范围更为广泛，宗教教条的历史就足以证明这一点。为解决奥威尔问题，我们必须找出那些阻碍我们理解生命中关键领域的制度性因素以及其他因素，并追问这些因素起作用的原因。

在当今时代，对国家的狂热崇拜常带有宗教信仰早期形式的特点；这种现象不仅仅限于极权国家。在极权国家里，诱使消极被动和因循守旧的机制相对透明，最终所采用的或借以威慑的某种暴力形式都置于高度可见的集中控制之下。但我认为，虽然民主社会极少使用暴力来维持社会顺从，但它们反而产生了奥威尔问题，这一点已得到充分证明。毋庸置疑，成千上万的详细文献记录表明，在这些民主社会里，国家宗教的教义也已深入人心，尤其是被那些建构并宣传这些教义的知识分子、那些肩负倡导"制造同意"（Walter Lippman语）或"设计同意"（Edward Bernays语）任务的人士广为推崇，但这些教义全然罔顾事实。很多人认为上述任务对于那些已经不能通过暴力维持认同和顺从的社会来说非常必要。以上论证不论其力度如何，根本不会对值得尊重的主流思想活动产生任何影响，因为国家宗教自然不去调查或了解主导机构对奥威尔"无知即力量（Ignorance is Strength）"这一原则采取了何种具体措施。

这种奥威尔问题远比通常设想的（尤其是奥威尔本人所设想的）奥威尔问题更具挑战性，这是因为其机制更加微妙和复杂。这一议题对民主社会的公民而言更加重要，原因已然很清楚。因此，我们从国家宗教的原则推测：奥威尔问题少有人研究，而且在民主社会偶尔违反奥威尔提出的一些规则也无法激起大家的研究热情。

我原本打算在此详尽探讨奥威尔问题，集中讨论民主社会里一些更加有趣而且重要的案例；但基于几个理由最终决定放弃。其中之一是这两个问题的研究风格迥异。就柏拉图问题而言，该问题最终还要归于科学；尽管会出现很多概念性问题，包括那些长期以不同形式出现的难题。该问题是要寻求一些往往是潜在而且抽象的解释性原则来解释那些表面上杂乱无序的、缺少任何有意义模式的现象；但奥威尔问题研究则截然不同。尽管有人尽力掩盖事实，但那些隐藏于政治、经济和社会生活中最重要现象背后的模式并非难以甄别；能够摆脱信仰教义的人士对所观察现象的解释并不深奥，这些解释也不难发现或理解。因此奥威尔问题的研究基本上就是一件积累证据和例子以期达到如下目的之事情：即列举出任何一位理性观察者稍加粗浅调查就能解释的相当明显的事实，而且与任何一位理性思考者所预想的一样得出强权和特权在起作用的结论，并最终展示得到我们观察结果的那些运作机制。另外，那些累积的证据和例子以及它们背后的原则，按照定义几乎是难懂的、被误解的、歪曲的、被摒弃的，或是被认为无关紧要的，无论给出的关于国家和其他主导机构（包括意识形态机构）的高度体系化行为的例子多么有说服力。在这种情况下，试图证实和确立这个（并非特别深刻的）论点之正确性的努力基本上注定是毫无意义的。

我在别处也讨论了这些问题，[2]并且希望能够重新讨论一番；虽然大众普遍认为语言的误用或控制是奥威尔问题的一个核心特征（而我个人仅仅部分赞同该看法），但探讨语言本质的这个语境或许不是恰当的场合。即便如此，我还是附了一个涉及该问题的简短附录，原文发表在西班牙杂志《变革》(*Cambio*)上，此处有修改。[3]我希望将该文扩充内容、补足文献后另投他处。

柏拉图问题寓意深奥，而且是极大的智力考验，让人兴奋；相比之下，奥威尔问题对我来说似乎远不至此。但除非我们理解了奥威尔问题，意识到它在我们社会和文化生活中的意义并最终克服它，否则我们人类很难在有生之年找到挑战我们智力和想象力的柏拉图问题或其他问题的答案。

注释

1 感谢约瑟夫·奥恩（Joseph Aoun）和肯尼斯·萨菲尔（Kenneth Safir）等对该文早期草稿所提的意见。
2 例如，《人权的政治经济》(*The Political Economy of Human Rights*)（Boston：South End，1979；与 Edward S. Herman 合著）、《走向新冷战》(*Towards a New Cold War*，New York：Pantheon，1982)、《致命三角》(*The Fateful Triangle*)（Boston：South End，1983），以及其他几本以《美国权力与新官僚》(*American Power and the New Mandarins*，New York：Pantheon，1969)为开端的早期书目。另参见 Edward S. Herman《真正的恐怖网络》(*The Real Terror Network*)（Boston：South End，1982）。
3 1984 年 4 月 16—23 日。另参见 1984 年秋刊出的《梭罗季刊》(*Thoreau Quarterly*)，该文收录了我在美国记者会议上的演讲稿和随后讨论的文稿，演讲稿与发表在《变革》(*Cambio*)上的文章在内容上非常接近。

第一章
作为研究重点的语言知识

语言研究横跨几千年,具有悠久而丰富的历史。基于莱布尼茨(Leibniz)"语言是人类心智的最佳镜子"之假说,语言研究经常被理解为对人类心智和思维本质的探究。曾经有过的一个通俗观念是:"所有语言的语法,就其本质而言只有一个,虽然它确实偶尔会有差异"(罗杰·培根 Roger Bacon)。那不变的"本质"常被看成心智及其行为;具体的语言会利用多种机制(有一些植根于人类理性之中,另一些则是任意的和偶然的)来表达思维——思维在各语言中的表达方式不是恒定的。一位18世纪顶尖理性主义语法学家将"通用语法"(general grammar)定义为一种演绎科学,关注的是"口语或书面语中永恒的一些普遍原理"及其影响;通用语法"早于所有语言",因为它的原理"与指导人类理性智力运作的那些原理相同"(博泽,Beauzée)。因此,"语言科学与思维科学毫无二致。"按该理性传统的看法,"具体语言的语法[学]"并非真正的"科学",因为它不是完全基于普遍的必要规律;它更像是一门"艺术"或技术,展示的是特定语言如何体现人类理性的普遍原则。约翰·斯图亚特·米勒(John Stuart Mill)后来也表达过同样的主流观点,即"语法原则和语法规则是语言形式对应于思维普遍形式的手段……每个语句的结构都是一堂逻辑课。"另外一些人,尤其是在浪漫主义运动时期,认为思维的本质和内容部分取决于思维在具体语言表达中所能利用的手段。这些手段可能包括天才个体的贡献,会影响一种语言的"特性"。所有这些手段丰富了语言的表达方法和所表达的思想，而没有影响其"形式"、语音系统以及单词和句子构成的规则（洪堡特，Humboldt）。

2　　至于知识的获得问题，人们曾普遍认为：心智不是"如一个容器一般，需要从外面拿东西来填充，以便激活和唤醒"（拉夫·卡德沃思，Ralph Cudworth）；"知识的生长……［很像］水果的生长；虽然外部因素或许会给予一定程度的配合，但却是树木内部的活力和本性将水果汁液催熟至理想状态"（詹姆斯·哈里斯，James Harris）。[1] 这种本质上柏拉图式的观念应用到语言研究上，就会暗示特定的语言知识也是沿着内因部分决定，而后由观察到的用法加以修正的路径生长和成熟的，很类似视觉系统或其他身体"器官"受环境因素触发和塑造但由基因指令所决定的成长路径。

除了浪漫主义运动时期的相对主义之外，上述观点受到19世纪晚期至20世纪50年代的语言学研究主流普遍反对。造成这种状况的一部分原因在于这种反对态度是在极度狭隘解读的经验主义影响下发展起来的，后期又受到行为主义和操作主义教条的影响；另一部分原因在于该态度是在视野较为狭隘的历史语言学和描写语言学研究取得令人耳目一新的切实成功之背景下产生的（特别是"语音定律"的发现促进了对语言的历史以及语言之间关系的理解）。再者，这种态度还是对先前学者所不知道的、具有更大差异性的语言进行调查的自然结果，那些语言看起来违反了早期理性主义传统所宣称的很多先验观念。[2] 历经一个世纪的全面忽视乃至诋毁，类似于早期传统的观点于20世纪50年代中期重新出现（起初几乎没有意识到它在历史上已有先声），随着被称之为"生成语法"（generative grammar）之研究的发展，重新复兴了一个被长期忽略乃至被遗忘的传统。[3]

3　　某一特定语言的生成语法（"生成"指的不过是"明晰"［explicit］）是涉及该语言表达之形式和意义的理论。人们可以想象出许多不同的路线来探讨这些问题，也可以采取不同的视角来解决这些问题。生成语法仅聚焦于这一巨大画面的某些方面，其立足点是个体心理；关注的是"语言官能"（language faculty）决定的那些形式和意义层面——"语言官能"被认为是人类心智的一个特定组块。语言官能的本质是语言结构一般理论的研究对象，该理论致力于发现可获得的人类语言之共有原则和元素的框架。这一理论目前常被称为"普遍语法"（universal grammar，UG），这是在新的研究背景下对传统术语的重塑。人们不妨设想 UG 是对基因决定的语言官能的刻画。可以将"语言官能"视作"语言习得机制"（language acquisition device），这是一种天生就存在于人类心智的组块；它能通过与所呈现的语言经验的互动生成某一特定的语言，也就是将语言经验转化为可获得的知识系统（即一种或另一种语言的知识）。

生成语法研究代表了语言问题研究路线的重大转向。简而言之（下文将有详述），研究重点由行为或其产物变为行为背后的大脑或心智的状态。如果人们聚焦于后者，中心议题就变成了语言知识：本质、来源及使用。

随之而来的三个基本问题是：

（1）（i）语言知识是由什么构成的？
（ii）语言知识是如何习得的？
（iii）语言知识是怎么使用的？

第一个问题可由某一特定生成语法给出答案，该语法是一种关于某一特定语言母语者大脑或心智状态的理论。对第二个问题的回答是 UG 的具体化以及对产出某一特定语言的 UG 原则与语言经验互动方式的阐述。UG 是关于语言官能"初始状态"的理论，先于任何语言经验。对第三个问题的回答应该是这样一种理论：获得的语言知识如何进入思维表达和对语言实例的理解，并随之应用到交际和语言的其他特殊用法。

到目前为止，对搁置多年的这个经典问题，我们仅仅提出了一个研究方案而已。如前所述，这并不应该有太大争议，因为这个方案仅仅表达了对一些问题的研究兴趣，并就如何处理进行了初步分析。但通常情况是，对一个问题的初步阐述具有深远的启示意义，随着研究的深入，它终会引发争议。

在这个大背景下，某些问题看起来可能比实际上更具争议。例如，作为大脑或心智一部分的语言官能可以基于语言经验产出语言知识的观点。人类可以获得英语、日语等语言知识，而岩石、鸟类或类人猿在同样（甚至任何）条件下都无法做到这一点。这一点没有争议。那么，心智或大脑就具备将人类和岩石、鸟类或类人猿区别开的某种特性。这种特性是一个具备特定结构和属性的特殊"语言官能"呢，还是（如一些人所认为的）只是人类仅比其他物种更高效或更广泛地使用某些广义学习机制而习得语言的又一案例呢？这些争议并非是臆测或先验推理的课题，而是需要实证探讨的课题，而且应如何进行探讨已经非常清楚，即通过直面（1）中的问题。我们试图判定所获得语言知识的系统是什么，以及为解释语言获得必须归因于大脑或心智初始状态的哪些特性。既然这些特征是为具体语言所特有的，不论它们是一个个的特征，还是这些特征具有某种组织和构成方式，就理应存在一个特殊的语言官能。

生成语法有时被视作这个人或那个人所倡导的一种理论。实际上，它和化学一样都不是理论。生成语法是一个课题，人们可以决定研究它，也可以决定不研究它。当然，人们也可以持另一种观点，认为它和化学一样都不再是一个学科（化学或许由带魔镜的天使搞定）。从这个意义上讲，选择去研究化学的确是要采取基于事实做出解释的立场。同样，人们也可以另择新观，认为生成语法的课题不存在，尽管这种观点毫无道理。在生成语法的研究中存在很多变化和不同观点，乃至研究者常常要回归过去早已被抛弃的想法，并从不同视角进行重构。显然，这种现象是正常的，表明这个学科具有生机活力，尽管有人认为这是严重缺陷，表明基本研究方法有问题，这很令人费解。下面我将回顾一些此类变化。

20世纪50年代中期，人们就问题（1）可能采取的答案形式提出了一些建议，并启动了一个研究项目，调查这些建议的充分性并深化其应用。该项目是促进当代意义上的认知科学发展的线索之一，而且与其他研究路径的观点契合，即相信心智或大脑的某些方面能够得到有应用价值的解读；这种解读基于一个规则计算系统的模型，这些规则形成和修正表征式，并且能够用于解释和行动。自30年前诞生（从长远的角度看，或许可以说是"它的重生"）至今，生成语法一直致力于在更广的意义上探求知识、信念和理解诸系统之本质及来源，期望可以通过对人类语言个别案例的细致调查为这些普遍问题的解决带来启示。

该研究项目自此进入正轨，遵循多个不同的研究路径。这里我只谈其中的一个，涉及它所面临的难题以及试图解决这些难题而采取的步骤。在过去五六年里，这些努力汇聚在一起，形成了对语言本质及其心理表征之一种颇为不同的观点，这有些出人意料，该观点为一系列经验问题提供了很有趣的答案，提出了很多值得研究的新问题，同时这也引发了人们对其他问题之特性的重新思考。这不仅证明我们对努力投入和预期效果（还有不确定性）的感觉没有差错，还勾起了我们对30年前诞生的现代意义上的生成语法研究的回忆。当前的一些工作不仅具有早期研究中不大可能出现的特点，而且实证研究领域也有了极大的拓展。目前的情况可能是：全新的研究结果已经触手可及，或者说，至少可以预见。我想解释一下个中原因。我们就从评述过去这些年的研究目标、取得的成绩以及遭受的失败开始吧。

为避免引起误解，我不在此讨论语言研究的所有方面，而只讨论生成语法的研究，并且我也无意回溯该研究进程的真正历史，而是会给出一幅相对理想化的图景，部分内容回顾起来比当时更为清晰。此外，我下面要谈到的内容一直仅代表少数人的立场（也许目前仍旧是），虽然在我看来那是正确的。目前很多不同的研究路径也具有这里谈到的特性，或许在更大程度上可以互相借鉴。此处我暂不讨论这个重要话题，也不去综览一系列经常互相矛盾的观点。那些观点属于我要讨论的一个特定趋向，现在它或被称为"管辖与约束理论"（government-binding [GB] theory）。

接下来，我将讨论两次重大的理念转变：一次转变触发了当代生成语法研究，另一次转变（更多的是理论内部的事）目前还在进行中，但会为很多传统问题提供一些新视角。[4]

传统语法和结构主义语法并没有讨论（1）中的问题；前者是因为要在不经意间依赖读者未经分析的智力因素，后者是源于狭隘的研究范围。传统语法和生成语法的关注点在某种意义上是互补的：好的传统语法或教学语法提供了一整套例外（不规则动词等）、形态变化表和规则结构的例子，还对词句的形式和意义进行了观察——尽管这些观察详略不一，概括性也有差异。但传统语法并没有探讨以下两个问题：一是该类语法的读者如何使用以上信息来获得构成和解读新词句的知识；二是语言知识的本质和组成元素。以上两个问题基本就是上文（1）中的问题。我们可以将这类语法描述为给学习某种语言的儿童提供的数据之结构化、有序化翻版，外加一些总体性评论和常常是有见地的观察。这并未太言过其实。与此相对的是，生成语法主要关注读者的智力以及获取全部语言知识的原则和程序。欧洲和美国传统的结构主义理论确实非常关注分析程序，以便从语料数据推导出语法的诸方面，比如特鲁别茨科伊（Nikolay Trubetzkoy）、哈里斯（Zellig Harris）、布洛克（Bernard Bloch）等人的程序理论就是如此，但它们主要局限在音系学和形态学领域。其所提议的发现程序存在严重不足，而且无论如何也不可能理解为［或无意作为］（1）中第二个问题的答案，即使在大多数研究所讨论的、更狭窄的领域也是如此。此外，这些程序也没有在确定全面描述讲话人/听话人知识所涉及的因素方面做出努力。

一旦直面这些问题，我们就会发现一系列更为广泛的新现象，既包括一些以前没有注意到的很简单的现象，也包括一些过去被忽视或严重误解的重大难题。30年前，人们通常相信语言习得是一种"过度学习"（overlearning）。语言被看作习惯系统，一种被认为是由既有证据决定的多元系统。新语法形式的产出和解释被看成是直接的类比，没有引发任何原则问题。[5] 而对（1）中问题的关注很快显示情况恰好相反，即语言尖锐而明确地提出了"刺激贫乏"的问题（有时被称作"柏拉图问题"），也就是如何在可及语言事实有限的情况下解释人类共享语言知识的丰富性、复杂性和专属性的问题。对语言习得问题何在的认知差异（过度学习或证据贫乏）非常清楚地反映了研究重点转变所带来的影响——生成语法的诞生。

过去这些年来，人们举出大量例子清楚地揭示了何为根本问题，即证据贫乏问题。一个熟悉的例子是规则的结构依存性（structure dependence），即儿童可以不经学习或接触直接证据，就可以准确无误地使用计算复杂的结构依存性规则，而不是仅涉及线性词串"最左端"谓词这种计算简易的规则。[6] 再举一些其他例子（下文我们还要讨论），先看（2）—（7）中的例句：

（2）I wonder who [the men expected to see them]
（3）[the men expected to see them]
（4）John ate an apple
（5）John ate
（6）John is too stubborn to talk to Bill
（7）John is too stubborn to talk to

例（2）和例（3）都包含带括号的小句，但只有（2）中的代词 *them* 可以指向先行语 *the men*，（3）中的代词被理解为具备由情景语境或篇章语境所标明的某种形式的指称性，但不指向 *the men*。类似的许多语言事实（都属于目前一般被称作"约束理论"的研究范畴）无须相关语言经验就被儿童所熟知，以便区别各种情况。这些事实提出了一个早期研究没有认识到的严肃问题：儿童是怎么准确无误地解读以上两种情况中小句的差异的？为什么没有教学语法引导学习者注意这些事实呢（实际上，以上事实也只是最近在研究生成语法明晰的规则系统过程中才被注意到）？

下面看例（4）—（7）。例（5）的意思是 John 吃了某种东西，这一事实可用一个简单的归纳过程来解释：如（4）所示，ate 带宾语，如果这个宾语没有出现，那么它就可做任意解读。例（6）和例（7）可用同样的归纳过程来解释。以例（6）来类比，例（7）的意思应该是 John 太固执了，以至于他（John）不愿意和任何人交谈。但事实上例（7）的意思与此大不相同，即 John 太固执了，以至于任何人都不愿意和他（John）交谈。这又是可以不经语言训练或没有相关语言经验就能明白的。[7]

事实上，情形远比这更复杂。以上谈到的归纳过程虽然貌似合理，但对意思比较明显的例（4）—（5）来说似有偏颇。拉斯尼克（Howard Lasnik）指出，eat 一词做不及物动词用时意思有所不同，有点像 dine。我们可以说"John ate his shoe"（'约翰吃了他的鞋'），但"John ate"却不能包含这个意思。以上观察对这类情况具有普遍性。动词的不及物形式与普通的不及物动词在其他方面也有所不同。例如，我们可以说"the dancing bear"（'正在跳舞的熊'，对应于"the bear that dances"['跳舞的熊']），但不能说"the eating man"（对应于"the man who eats"[那个吃饭的人]）。[8] 这些事实给刺激贫乏论带来了更多问题。

儿童在经过了一定发展阶段后，就不会在例（6）—（7）的解读上犯错。如果犯了，所犯错误则基本上无法纠正。我们怀疑即使最全的传统语法或教学语法也没有注意到例（2）—（7）所示的简单事实，以上观察也远远超越了结构语法的研究领域。当我们面对（1）中的问题时，大量的此类例子就会立刻引起我们的注意。

语言知识常被表征为说话和理解的实际能力（practical ability），这样一来，（1）中的第一个问题和第三个问题就显得关系紧密，甚至等同起来了。而通常的用法将这两个问题区分得特别清楚，那么做也是对的。两个人或许会拥有一样的语言知识，但语言知识的使用能力迥异。使用语言的能力可能提升也可能减弱，但并不会改变语言知识。这种能力也会局部或全部损伤，而语言知识则不受影响。如果导致语言使用能力损伤的病灶减轻，失去的能力得以恢复，以上事实就会变得更加清楚。更多诸如此类的考虑支持以下的常识性假设：语言知识不能只被描述成一种实际能力。此外，即使该观点能站得住脚，上文所有的重大问题仍有待进一步研究。如果情况是这样的话，解读例（2）—（7）中所表现出的"实际能力"的本质是什么？该如何准确地描述这种能力？这种能力又是如何习得的？

在特定情况下，我们的语言知识蕴含什么，这通常并非显而易见，即便是例（8）—（10）这样简单的短句也可以说明这一事实：

（8） his wife loves her husband
他的妻子爱她的丈夫。
（9） John is too clever to expect us to catch Bill
约翰太聪明了，料到我们能赶上比尔。
（10） John is too clever to expect us to catch
约翰太聪明了，别指望我们能赶上他。

在例（8）中，如果 *her* 的指称依赖于 *his wife*，即如果 *he* 或 *she* 的指称没有通过语境标明，在这样的情况下想确定 *his* 的指称是否依赖于 *her husband* 则要费些脑筋。[9]事实上，例（9）和例（10）分别与例（6）和例（7）类似。我们也要动些脑筋方能发现例（10）的意思是 *John* 很聪明，以至任何人都不指望我们能追赶上他（*John*）；尽管类比例（9）[以及例（4）和例（5）]，我们立刻就知道例（10）的意思不是 *John* 很聪明，以至他（*John*）没法赶上任何人。面对这些例子，我们的能力似乎多少有点不足（而且还有更加复杂的例子），但若反过来说我们的语言知识"不足"，则没有什么道理。

假定我们坚持认为语言知识是说话和理解的实际能力，那么正如上文刚讨论的许多情况，对常规用法（normal usage）就要做出修正。假设琼斯修了一门公共演讲课，并且在他的英语知识没有任何改变的情况下，提高了说话和理解能力。我们会用常规用法描写这种情形。但我们现在必须修改这种常识性用法，要说成琼斯提高了能力$_1$，以便使用能力$_2$来讲话和理解。其他情况也要做类似的转述。但该表述中的两个"能力"仅仅是同音异义词。能力$_1$指的是该单词的常规意义：可以提高，也可以衰退，不足以决定语言知识的影响，等等。然而当我们使用它的能力出现变化时，能力$_2$仍保持稳定。即便我们无法觉察它在具体语境中的蕴含意义，我们仍旧拥有这种"能力"。简言之，作为旧词新义的"能力$_2$"被赋予了语言知识的全部特性。请注意：我们确实可提到我们无法使用的能力，例如游泳运动员因双手被缚无法游泳，但他们仍具备游泳的能力。然而这与我们上文讨论的情况不同。

有人试图将语言知识简化为语言能力，其目的大概是为了避开知识这一概念里的一些似乎是内在的、有争议的特征，也是想说明这些特征可以用秉性（dispositional）或其他与实际行为更加密切相关的术语来解释（至于这对常规意义上的能力$_1$是否可行，那是另外一个问题）。但脱离日常用法，他却一无所获；这些问题一如既往、毫无进展，现在又陷入混乱的术语中。尽管更新了术语，但确定我们语言知识（=能力$_2$）的本质以及解释其来源和使用的任务依然和以前一样具有挑战性。

类似例（8）—（10）的其他例子引出了更多问题。请看下面的句子：

(11) John is too stubborn to expect anyone to talk to Bill
(12) John is too stubborn to visit anyone who talked to Bill

假设我们将 *Bill* 从例（11）和例（12）中删除，分别得到例（13）和例（14）：

(13) John is too stubborn to expect anyone to talk to
(14) John is too stubborn to visit anyone who talked to

例（13）的结构类似于例（10），解读方式也相同，即 *John* 太顽固、以至没人期待任何人会跟他（*John*）说话。那么"通过类推"，我们会指望将例（14）解读为 John 太顽固、以至没人会拜访跟他（*John*）说话的任何人。但是，该句并无此意。事实上，例（14）毫无意义。在这里，我们遭遇了类推上的双重失败。例（14）不能类比例（4）、例（5）、例（6）、例（9）和例（12）来解读（即 John 很顽固，以至他［*John*］不愿意拜访任何一位跟随便哪个说话的人）；也不能类比例（7）、例（10）和例（13）来解读例（14），它根本没法得到解读。虽然例（11）、例（12）和例（14）的情况很明显，但是想看出例（13）确有其解读并进而认定此例中我们语言知识的影响，就要费些脑力或做些准备。

这再次表明：不管确定我们的知识系统具备这些影响有多困难，这些是我们所熟知的事实。我们知道这些事实，却未经正式学习甚至没有直接证据，当然也没有接受言语社群（speech community）的纠错。试图给英语作为第二语言的学习者讲授此类事实会很荒唐，也从来没有人教过我们这样说话，甚至也没有人通过任何总体上可靠的程序把产出这种语言知识的证据呈现在我们面前。这种知识缺乏基础和充足的理由，也没有得到可靠程序的支持（不管我们如何从一般的意义上或某种有用的意义上来理解"知识"和"程序"）。如果坚持认为知识是一种能力的话，我们将不得不声称我们没有能力将"John is too stubborn to talk to"（类比"John ate an apple"——"John ate"）理解为"John is too stubborn to talk to someone or other"这个意思。我们也没有能力根据从"John ate an apple"可类推"John ate"而将例（14）理解为约翰太顽固了，以至不会拜访任何跟某人或其他人说话的人。我们也无法按照"John is too stubborn to talk to"的类推以及我们在这种情况下使用的"倒装"策略将例（14）理解为约翰太顽固了，以至对某人或他人来说不能拜访跟他（*John*）说话的任何人。但是这些声称至少都有些奇怪。这些情况不是能力的失败。不是我们能力太弱，或者缺乏某项本来可以习得的特殊技能。比如，我们完全有能力将例（14）这样的句子与通过"类比"（或其他手段）所提供的两个意义中的一个联系起来；但我们知道这些不是我们的语言知识所提供的关联。能力是一回事，知识完全是另外一回事。在我们心智中这样或那样成长起来的知识系统有一些特定的结果（而不是其他结果）；它将声音和意义联系起来，并且以特定方式（而非其他方式）将结构特性赋予真实事件。

用诸如类比、归纳、关联、可靠程序、充足理由和合理性的观念（在它们一般有效的意义上），或用"广义学习机制"（如果存在的话）来解释我们的语言知识，似乎希望渺茫。我们应该遵循常规用法，将语言知识与其使用能力清楚区别开来。看起来，我们似乎应将语言知识视为心智或大脑的某种状态，它处于瞬息万变的心智状态中，是一旦习得就处于一种相对稳定的成分。此外，作为可辨别的心智官能（即语言官能）的一种状态，语言知识具备一些特定的特征、结构和组织方式，是心智的一个"模组"。[10]

注释

1 关于此处和诸多 17—19 世纪的其他讨论，参见 Chomsky（1966）。关于对本书的一些误解所进行的讨论，参见 Bracken（1984）。
2 宣称属于这一传统的先验主义（*a priorism*）著作通常都被夸大了。关于这一点的讨论参见 Chomsky（1966）以及更多近期著作。
3 这里的传统与以往不同，它最早体现在 2500 年前印度语法学家的早期著作中。参见 Kiparsky（1982）。现代的对应文献是 Bloomfield（1939）；但其特点与当时的著作大相径庭，也与他本人的语言理论不一致。尽管布龙菲尔德声名卓著，但该文献影响甚微，甚至没有人留意到它。
4 关于第二次重大理念转变前这段历史，有关观点参见 Newmeyer（1980）；若想更多了解我的个人评论，可参见 Chomsky（1975a）的导论（该书是作者草稿［1955］修改版本［1956］的简化版，这两个版本均未发表）。关于近期研究工作大背景的讨论，见 Lightfoot（1982）和 Hornstein & Lightfoot（1981）；对导致第二次理念转变的工作的介绍，参见 Radford（1981）。对参与这次理念转变的部分观点之更加技术化的论述，参见 Chomsky（1981）以及 van Riemsdijk & Williams（1985）对当前研究的介绍。

5 尽管 W. V. Quine 基本上采纳了该观点，但他论证了存在一个非常严重的、事实上无法逾越的不充分决定论（underdetermination）难题，它会影响语言和语法的各个方面，甚至更广泛的心理学的很多方面（Quine 1960, 1972）。我认为他并没有成功地说明不确定性（indeterminacy）的某个新形式对语言研究的影响超过了正常情况下证据对理论的不充分决定论（underdetermination of theory by evidence）；况且他本人提出的论题还存在内部不一致（参见 Chomsky 1975b, 1980b）。基于上述情况，似乎没有什么理由要按照奎因的"自然之两分论题"（bifurcation thesis［这是 Hockney（1975）的叫法］）将语言学或心理学原则上与自然科学区分开来。Putnam（1981）在放弃了奎因立场的形而上学实在论（metaphysical realism）后也得出类似的结论。尽管方向相反，他也放弃了自然之两分论题。

6 参见 Chomsky（1975a）。又见 Crain & Nakayama（1984）基于 3—5 岁儿童实验对该问题的实证研究。

7 对该现象的反应也是直到最近才引起关注，再次说明了结构主义描写语法和生成语法的差异面貌。对一些结构主义学者而言，对事实的陈述（一旦观察到就变得直截了当）就是答案，其他都不必要；但对生成语法学者来说，对事实的陈述只是提出了要解决的问题。参考 Ney（1983），尤其是他对寻求解释事实"这种独特语法观会徒增整个事件复杂化程度"之说的疑惑。注意：这里无关对错，而是研究课题不同而已。

8 早期研究中，这类事实被用作如下分析的动因，即像 eat 这样的不及物动词是由对应的及物动词通过有序规则系统将不合法的例子排除推衍而来；参见 Chomsky（1962）。

9 关于这类结构以及常见的约束理论的问题有很多相关著述，其中尤可参见 Higginbotham（1983a）。校者按：此句（直译'他的妻子爱她的丈夫'）在英语是有歧义的，可以解释为'他的妻子爱丈夫'（按汉语的习惯，就是爱她自己的丈夫［'丈夫'前不用物主形容词]）或者他的妻子爱她的（另一个女人的）丈夫。但拉丁语表达这两种意义是很明确的，没有两可解释的余地；因为在表达第一种意思时必须使用反身形容词 suum（她自己的），而在表达第二种意思时使用的是一般的物主形容词 eius（在这里其含义是另一个女人的）。英语只有一个词 her（她的），自然无法避免歧义了，而要解释其意义转化也大费周章。

10 参见 Fodor（1983）。但是如果仅仅因为"语言模组"是用于说话和思考就将它视为 Fodor 意义上的一个输入系统，那就未免过于狭隘。我们或许可以考虑补充一个"输出系统"，但显然它必须和输入系统相关联。我们不认为一个人只会说英语或只懂日语。换言之，输入系统和输出系统都必须连通着一个固定的知识系统。而后者是一个带有模组性基本问题的核心系统，这就给整个理论带来了问题。此外，正如例（8）—（14）表明的那样，即便将语言模组作为输入系统，它似乎也不具备 Fodor 谈到的快速提取的特性。注意：即使 Fodor 相信其模组论和"其他"模组论（在多个方面表现出整体性）之间存在显著差异的观点成立，也并不能推出剩余模组的结构是紊乱的。实际上，仅因为他注意到的"认识性边界"（epistemic boundedness），这事似乎就不可能。Fodor 对这些议题做了很多新奇的讨论，很多其他问题也会随之产生，我在此就不讨论了。

第二章

语言的各种概念

2.1 常识性概念及与之相违的一些想法

现在我们开始讨论第一章（1）中的问题。首先，让我们将理论形成前对语言之直觉的常识性概念与为建立一门语言的终极科学而提出的各种技术性概念区别开来。我们将后者称为研究语言的"科学路向"，有些人认为其着眼点更偏向于一个可能的未来而不是当前的现实。我相信，科学路向与常识性概念必然存在几方面的不同。这些不同也影响了其他方面，如语言知识的概念或语言的理解使用、语言规则以及规则指导下的语言行为等。

首先，语言的常识性概念具有重要的社会政治维度。虽然各种"汉语方言"与数种罗曼语言一样具有多样性，但我们仍说汉语是"一种语言"。我们说荷兰语和德语是两种不同的语言，即使一些德语方言与"荷兰语"的方言非常接近而与"德语"的其他方言无法相互沟通。语言学导论课程对此的一个标准评价是："语言是一个拥有陆军和海军的方言（出自马克斯·魏因赖希）。"[①] 任何对这种意义上的"语言"一致的解释都令人生疑。诚然，还没人主动做出这种解释，甚至也没有人认真尝试这样做。

---

① 这句话是对语言和方言区分标准具有任意性这一现象的诙谐说法，源自马克斯·魏因赖希（Max Weinreich）做讲座时的听众之口。它强调社会和政治因素对言语社群感知语言或方言地位的巨大影响。——译者注

相反，所有的科学研究路向都直接抛弃了这些被称为"语言"日常用法的元素。[1]

语言的常识性概念还包含一种规范目的论的（normative-teleological）成分，这种成分已被科学研究路向剔除。我这里指的不是规定语法，而是另有所指。考虑一下我们如何描述一个小孩或外国人学英语。我们无法直接指出那个人所掌握的内容：它不是英语，也不是某种类似于英语的其他语言。例如，我们不会说这个人完美掌握了某语言L（与英语相仿但仍有不同）的知识，而是说这个小孩或者外国人具有了"英语的部分知识"，或者"他或她正在"通往获得英语知识的"路上"。如果他们到达终点，那么他们就学会英语了。关于这个常识性术语的问题，不论能否提供前后一致的解释，似乎它都不会在语言的终极科学中占有一席之地。

本书遵循常规做法，即不考虑语言常识性概念的这些方面以及遵守规则的相关概念等。大家要留意这种做法，或许也有人会问这样做是否完全无可厚非。

现代语言学研究通常避免回答这些问题，办法是在语言学研究实践中仅考虑内部一致的理想化"言语社群"。[2] 例如，对布龙菲尔德而言，语言是"言语社群中产生的所有话语的总和"，被认为是同质的（Bloomfield 1928/1957）。在其他科学研究路向中，研究者在确定研究对象时也都明确坚持或默认同样的假设，尽管形式不一。目前还没有人尝试用"语言"这个术语的非正式用法中的社会政治因素或者规范目的论来表达或阐述任何概念。按照索绪尔的"语言"（langue）概念，①将语言理解为社会产物的研究方法也不例外。

当然，大家认为布龙菲尔德所定义的言语社群（即具有相同语言行为的个体集合[3]）在现实世界中并不存在。每个人都在与他人的复杂社会交

---

① 索绪尔关于语言有三个概念：langage，langue，parole（言语、语言、话言）；其中langue（语言）指的是语言系统。——校者注

际过程中习得了一门语言,而这些人说话以及解读所听到话语的方式各有不同,而且潜藏在他们语言使用背后的内部表征方式也不尽相同。结构语言学在尝试建构理论的过程中脱离了这些事实;我们在提出第一章(1)中的问题时也脱离了这些事实,考虑的仅仅是布龙菲尔德式的理想言语社群里具备同一语言经验的语言个体,即这类个体所处的都是一个没有方言多样性和个体差异的言语社群。

我们还要注意一个更加微妙的理论内部假设:我们假定的言语社群的语言,除了具有同一性,还被看成是 UG 的一个"纯"实例,但这一点必须要精准化,下文再行讨论。比如,我们会排除讲俄—法混合语(如 19 世纪俄国贵族的理想化语言)这样的同一言语社群。这种言语社群中的语言不会是上述相关意义上的"纯"语言,因为它代表的不是 UG 所允准的可选语言中的一个单一集合,而是包含了这些可选语言中一些"自相矛盾"的选项。

第一章(1)中的问题最初就是在这种理想化条件下提出的。事实上,语言研究的其他方法也是如此,尽管这一事实经常得不到明确认可,有时甚至会遭到否认。

这些理想化假设的合法性有时会遭到质疑,但这种质疑的基础本身就很可疑。[4] 事实上,这些假设似乎必不可少。心智的某个属性 P 无疑会使得一个人在纯粹的相同的环境下习得一种语言,而且(由 UG 规定的)属性 P 无疑也是在语言习得的真实条件下投入使用的。否认这些假设的确会很诡异:这就相当于说语言仅可以在充满多样性和自相矛盾证据的条件下学会,这很荒谬;或者说存在属性 P 即存在一种在纯粹的同一情形下学会语言的能力,但真实的语言学习并不涉及该能力。在后一种情况中,我们要问的是为什么属性 P 会存在;它是某种"退化器官"吗?自然的研究方法以及那些即便否认上述事实的研究者在我看来也心照不宣地采纳的方法都是去尝试确定心智的真正属性 P,然后追问属性 P 是如何在真实语言多样性这种更加复杂条件下发挥作用的。似乎清楚的是,对真实生活环境下语言的本质、习得和使用的任何合理的研究都必须接纳这些假设，然后在对心智属性 P 的某种尝试性刻画的基础上推进一步。简言之，在更加精细的工作中被明确理想化的操作几乎不具争议性；这些理想操作将语言官能的属性隔离开来研究，而语言官能的存在几乎不容置疑，它必将是真实语言习得中的关键要素。

将这些理想化假设明确化并据此开展探索绝不是说我们对将语言视为社会产物的研究存有偏见。反过来说，若不是这类探索将这些早已渗入语言习得问题中的心智的真实属性考虑在内（尤其是那些具备 UG 特点的语言官能的初始状态的属性）的话，很难想象我们该如何取得富有成果的进展。

同时也要注意在个体心理学框架下开展的语言和 UG 研究允许一种可能性，即或许所获得的语言知识状态本身就包含着语言社会本质的某种指向。例如，考虑一下普特南（Putnam 1975）谈到的"语言分工"。在某特定个体的语言中，很多单词的意义在某种特殊意义上都是不确定的：此人要听从"专家"意见来明确或判定这些单词的所指。例如，某人知道"yawls"（高低桅帆船）和"ketches"（双桅纵帆船）指的都是冲浪用船，但是不确定这两个单词的确切所指，这就交由专家来判定了。在这个人的语言词库中，"yawl"和"ketch"这两个词条的具体化要看他或她所掌握的知识，这表明词条的细节要由别人来填充，这种观点可经多种途径加以精细化，但不会超出对特定个体语言知识系统的研究。语言的其他社会性层面也可做类似处理，但这并不否认融合了社会结构和社会互动的其他类型语言研究的可能性和价值。这与人们常有的想法恰恰相反，这种关联并没有出现原则性或实践性冲突。

我们还假设另一种理想化情形：UG 描摹的心智属性是一种人类共通的物种特性。因此，我们暂且忽略了人类在语言官能上的可能差异。可以认为除了病理学（这是一个很重要的潜在研究领域）外，语言官能上存在的这种差异很小，完全可以在大规模的语言学研究中忽略不计。这种假设在科学研究路向中具有规约性，一般来说也是明确的。用比严格认定的弱一点的假设就足以展开下面的讨论了，但这种较强的假设似乎更加合理（达到了一个非常接近的程度），这里我就按这种较强假设去做。

2.2 外化语言

就语言这个术语在上文的用法而言，语言研究的科学路向已经发展出各种（替代语言的常识性概念的）专门概念。"语法"这个术语也被广泛应用。在规约性用法中，语法是关于一种语言的描述或理论，由语言学家建构。我们在这里沿用这种用法。那么就存在着与语言各种专门概念有关的、相对应的语法概念和普遍语法的概念。

结构语言学和描写语言学、行为主义心理学以及其他当代研究路向都倾向于将语言看成行为或话语的集合，或与意义匹配的语言形式（词汇、句子）的集合，或语言形式或事件的系统。索绪尔结构主义将语言（*langue*）视为声音系统和相关联的概念系统；句子成了被撇在一边的待定概念，或者被纳入了语言使用的研究当中。前文已经提到，对布龙菲尔德来说语言是"言语社群中产生的所有话句的总和"。美国版的结构—描写语言学深受布龙菲尔德观点的影响，更加集中于声音和单词结构的研究；此外，各派提议中尤推哈里斯（Zellig Harris）为代表，他主要关注较大的单位（短语）是如何按照音系学和形态学引入的分析性原则构建而成。[5] 如今很多研究者所采纳的立场近似于刘易斯（David Lewis）明确提出的看法，即将语言定义为具有无穷范围的句子和意义的组对（后者被看成是用可能世界来表述的集合论结构），而且语言"被一个群体使用"的条件是当他们在提到语言时能够在"行为或信念"上认同某种特定规律，而且语言由交流兴趣维系。[6]

我们将上述专门概念称作"外化语言"（externalized language/E-language，以下简称E-语言）的体现，这是考虑到该建构（construct）的理解不依赖于心智／大脑的特性。同理，我们可以视语言的概念为某种行为或举止的集合（或系统）。从这点来看，语法就是关于 E-语言描写性内容的集合，不论该语言是真实的还是潜在的言语事件（或许还有对这些言语事件使用语境或语义内容的说明）。用专门术语来说，语法可以被看成是列举 E-语言元素的函数。语法有时被看成是 E-语言的一种特性，如布龙菲尔德所评论的那样：语法是"对语言形式的有意义排列"（Bloomfield 1933）。不论表象如何，这些思路没有很好地解释 E-语言的无穷性和人类拥有的包含这个根本特性的语言知识。这个问题我们后面再讨论。

E-语言目前被看成真正的研究对象。语法则是一个衍生概念，语言学家可以用任何方式选取语法，只要该语法能正确识别出 E-语言。除了以上考虑，上述关于语法的看法都不涉及正确与错误问题。例如，奎因认为如果语法的外延相同，那么认定这种语法正确，而那种语法"不正确"是没有意义的，因为它们描写的是同一种 E-语言，后者对他来说只是种种词句表达式的集合（Quine 1972）。刘易斯也怀疑到底有无办法"客观地断言一个群体 P 使用的是语法 G，而不是（与 G 一样）生成同一种语言的 G'"。

如同刚才所引用的结论，E-语言的概念对各种形式系统的研究而言并不陌生：例如，就"算术语言"而言，我们就无法客观地评判：生成合格公式的这套规则是正确的，而那套则是错误的。

至于 UG，一旦此类研究被认定是合理的，该理论就会包含对很多或所有人类语言来说都正确的陈述，或许它包含一套被视作人类语言的 E-语言所满足的条件。有些人似乎否认这项事业的可能性，如马丁·裘斯（Martin Joos）就提出了他称之为"博厄斯式"（Boasian）观点，认为"语言之间的差别可能没有限度，而且不可预测"，这呼应了威廉·惠特尼（William D. Whitney）提到的"人类语言具有无穷多样性"以及萨丕尔（Edward Sapir）提出的"语言是人类的活动，其变化没有指定的限度"的概念。[7] 以上表述反映了当时非常广泛的共识。尽管它们不是有意为之，但的确表达出一种相对主义的冲动而贬低 UG 的研究。更准确地说，虽然人类语言"无限多样"可能是正确的,但它的变化不会没有限度。UG 是允准无限类型的可能语言(或者说这种无穷变化并不局限于结构上不重要的方面,譬如词汇没有限制),还是仅允准有限的多样性?这是一个有意思的经验性问题。[8]

然而,这些传统却对我们理解的 UG 研究做出了重要贡献。例如,音系学里的区别特征理论极大地影响了结构主义在其他领域的研究,该理论假设了固定的"原子成分"目录,语音系统依据一些一般法则和蕴含关系从中加以选择和利用。此外,一般认为话题和陈述或者主语和谓语这些概念是语言的普遍特征,反映了陈述句是关于什么话题以及该话题有什么内容的事实。后来,约瑟夫·格林伯格(Joseph Greenberg)和其他人做了一项关于语言共性的重要工作,得出了很多需要解释的概括;例如,如果一种语言是主—宾—动语序,它就倾向于拥有后置介词而不是前置介词,等等。

沿着这些思路,我们或许就能提出关于语言(E-语言)的某种专门概念以及与语法和 UG 相关的一个概念,并把它们作为语言科学研究的基础。具体观点虽有不同,但大致都可纳入这种总体框架。

2.3　内化语言

例如,奥托·叶斯柏森(Otto Jespersen)采取了一条完全不同的研究路径。他认为说话者大脑中有一个"结构概念"(notion of structure),"它足够确切,能够引导他形成自己的句子",尤其是对说话者和其他人来说或许是崭新的"自由的词语表达"。[9]我们称这种"结构概念"为"内化语言"(internalized language/I-language,以下简称 I-语言)。I-语言就是语言母语者心智中的某种元素,它由语言学习者所获得,并由说话人和听话人共同使用。

如果将语言看成 I-语言,语法就成了关于 I-语言的理论,这就是研究的对象。假定叶斯柏森所言的这个"结构概念"确实存在,那么就像对任何科学理论一样,语法的正确与错误问题也就出现了。这种研究语言的方法与前文所概述的方法有根本不同,它导致了一个截然不同的关于探究本质的理念。

现在我们回到第一章列举的观点。掌握语言 L 是某人 H 的特性;脑科学的一个任务就是确定具备这一特性的 H 的大脑有哪些知识。我们认为要使 H 掌握语言 L 就是让他的心智/大脑处于某种特定状态;说得更确切些,就是让这个系统的一个模块——语言官能——处于特定状态 S_L。[10] 脑科学的任务之一就是去发现 S_L 这一状态的物理实现机制。

假定我们用关系性方式来分析"H 懂得语言 L"这个概念,也就是说它牵涉到 H 和抽象实体 L 的关系 R(懂得、拥有、或任何其他关系)。有人或许会对此举提出质疑;比如我们说一个人懂得美国历史时可以不假定存在那个人知道、或部分知道的实体——美国历史。但是,我们假定在这种情况下这一提议是合理的。一旦这一提议为我们主要关心的问题即第一章(1)中的问题提供了深刻见解,这个假定就会得到证实。例如,如果存在一些重要原则支配由假想实体 L 组成的集合,就可以证实该假定了。假设我们进一步将对心智的讨论看作是在某一抽象层次上对大脑的讨论,我们相信不管正误与否都可以在该层次上发现重要的特性和解释原则。那么关于 R 和 L 的表述就属于心智理论的范畴;大脑科学的任务之一就是要解释 H 大脑(尤其是它的语言官能)的哪一部分对应于 H 对 L 的认知,即可以使得 R(H,L)这一关系成立、而且保证对该关系的表述正确无误。

我们很自然地将 L 看作 I-语言(即叶斯柏森的"结构概念"),它可视为从语言官能的某种状态抽象出来的实体,而语言官能又是心智的组成部分。那么,说 H 懂得 L 就是让 H 拥有某种 I-语言。对语法的说明就是对关于 I-语言之心智理论的说明,也就是对从具体机制中做某种水平的抽象所形成的大脑结构的说明。这些结构都是世界上的特定事物,带有具体特性。对语法或对 R(H,L)这一关系的说明类似于对物理理论的说明,后者刻画的是某些实体及其特性（那是从任何可以解释这些特性的机制中抽象出来的），如 19 世纪时期元素周期表所表达的关于化合价或特性的一种理论。对 I-语言或 R（H，L）这一关系（不论 H 和 L 的取值如何）的说明都有对错之分，这和关于苯的化学结构、或氧的化合价、或氯和氟处于元素周期表同一列的说明大同小异，都区分对错。I-语言 L 或许是说话人使用的语言，而不是 I-语言 L'，尽管这两种语言生成的是相同类型的词句（或其他形式化客体），也不论我们对该派生概念做何种精确解读；L' 或许都算不上是人类语言官能可获得的一种可能的人类 I-语言。

UG 目前被解读为关于人类 I-语言的理论，它是从人类生物天赋中衍生出来的一个限制条件系统。这种天赋可以鉴别出正常情况下人类可及的 I-语言。这些就是使得 R（H，L）这一关系（H 取正常条件下的正常值）可能为真的 I-语言 L。[11]

当然，我们不能保证这种探究第一章（1）中问题的路向是正确的。即使这种路向取得了重大的成功，也可能被证实完全是在误导；就像化合价等理论一样，虽然它在 19 世纪的化学界取得了重大成功，但也被证实完全脱离了正确的轨道。如果可以设计其他路向，那么考虑那些路向也总是合情合理的。不管取得了何种成功，这样想总是对的。原则上来说，这一情形似乎与我们在其他经验探索领域的发现并无不同。我会直接提出早期关于 I-语言的观点在一些重要方面有误导性，应被一个相当不同的理念所取代，哪怕是在同一个通用框架下形成的理念。但其理由不应该从通用路径中的任何不一致或瑕疵推导而来，而应从对描述和解释的经验考量上推导而来。

2.4 研究重心从外化语言转向内化语言

2.4.1 研究重心转向的原因

在第一章中，我们看到生成语法研究所关注的焦点从真实或潜在的语言行为及其产出转移到了作为语言使用和理解基础的知识系统,甚至转向了使人类能获得这种知识的更深层次的内在禀赋。这种重心转移是从对E-语言的研究转向对I-语言的研究,从将语言视为外化对象的研究转为对语言知识系统的研究,这一系统已获得并表征在心智/大脑内部。生成语法不是对以某种方式构建的外化对象的一组说明,而是旨在精确描述一个懂得某种语言的人的知识:即在内在原则的帮助下所学到的知识。UG 是对这些由生物决定的内在原则的描写,而这些原则构成了人类心智的一个组成部分——语言官能。

随着这种研究重心的转向,我们就要直面第一章(1)中的问题。在早期的著作中,(1i)的回答是将语言知识看成是某种规则系统的知识;(1ii)的回答是认为语言知识来自初始状态 S_0,它将语言经验转换为一种包含 I-语言的"稳定状态"S_S。语言获得就变成随着新数据的加工而不断增加个人储存的规则或修改这一系统的过程。(1iii)这个问题分成两部分:"感知问题"和"产出问题"。感知问题是通过建构一个包含 I-语言规则和其他元素的解析器(parser)来处理的,这些元素包括一种记忆和提取的组织(或许是确定性的下推结构[deterministic pushdown structure],具备特定大小的缓冲区[buffer],参见 Marcus 1980)、某种启发机制,等等。解析器不能按照表征结构与 I-语言的关联方式将其投射到语言结构上。譬如,解析器在处理所谓的"花园幽径句"[12] 或者记忆超载的句子右向加工时也要出错,它应该反映出我们在处理第一章例(8)—(14)等的句子所体验的难度。产出问题更加晦涩难懂,我们回头再讨论。

E-语言曾是大多数传统或结构主义语法或行为心理学的研究对象,如今最多算是一种附属现象。E-语言的地位与其他衍生对象类似,如韵对(rhyming pairs)集合,它也是由构成我们所获得的知识系统的 I-语言所决定。或许有人会争辩说 E-语言的地位比韵对集合更加模糊不定,因为韵对是由 I-语言以非常确定的方式决定的,而 E-语言边界可以这样设立也可以那样设立,它所包含的内容取决于一些相当任意的决定。

总结一下，我们得出了以下总体框架：语言官能是认知/大脑的一个独特系统，它的初始状态 S_0 对人类这个物种来说全无差别（这是非常近真的初步判定，不考虑病理等因素），而且其核心层面显然为人类所特有。[13] 具备了合适的语言经验，这种官能就可以从初始状态 S_0 走向某个相对稳定的状态 S_S，然后只需再经历一些次要修正（比如获得新的词汇）。它的获得状态包括某种 I-语言（它是一种掌握或懂得某一特定 I-语言的状态）。UG 是关于 S_0 的理论；个别语法是关于各式 I-语言的理论。那些能获得的 I-语言具备恒定的 S_0 状态和不同的经验，是可获得的人类语言。现在这里的"语言"指的是 I-语言。稳定状态有两个可供分析并区分的组成部分，但这两个部分可以合并而且相互交织：一个是 I-语言所特有的，一个是初始状态的贡献。如果这是解释语言官能从初始状态向成熟状态转变的适当概念，前者就构成了所"学"的内容，但也可能不是。[14]

所获得的知识系统（即 I-语言）给每一个相关物理事件（如每一个声波）都指派一个名位（status）。有些句子具有确定的意义（字面义、比喻义，或其他任何意义）。有些句子或许具有一个确定的可解读意义，但却出现了这样或那样的合法性问题（如 "the child seems sleeping"；一些方言里的 "to whom did you wonder what to give?"；所有方言里都有的 "who do you wonder to whom gave the book?"）。有些句子虽然结构上完美，但却不可解读。有些句子只是被指派了语音表征，再无其他解读；它们可以被判定为某种语言里的可能句子，但在我的语言里不是。有些句子纯粹是噪音，还存在很多的可能性。不同的 I-语言会给这些和其他类别的句子指派各自不同的名位。而在此过程中不涉及任何 E-语言的概念。不论如何刻画 E-语言，都不存在一个关于它正确性的问题，因为 E-语言仅仅是人为产物。我们可以这样或那样定义"E-语言"，或者完全不做定义，因为这个概念在语言理论中好像不起作用。

研究重点由 E-语言转变为 I-语言，复兴和修正了一些比较古老的传统，这是非常妥当的。E-语言的专门概念至少在两个方面存疑。第一（如上文所述），这个意义上的语言不是真实世界中的客体，而是人为之物，多少有些任意，也许就不是一个非常有意思的建构。相比之下，我们所获得的语言知识的稳定状态 S_S 和初始状态 S_0 则是真实存在于特定心智/大脑中的元素，是物理世界的一部分；我们可以将心智状态和表征理解为以某种方式真实地编码于这个世界中。I-语言被直接抽象为所获得状态的组成部分。关于 I-语言、稳定状态和初始状态 S_0 的表述都是关于真实并且确定的事物以及（上文讨论的理想化条件下的）心智/大脑及其组成部分真实状态或对或错的说明。UG 和 I-语言的理论、不论普遍语法还是个别语法，都与其他领域的科学理论没有差别；E-语言的理论，如果存在一点意义的话，则具备一些迥异甚至更加模糊不定的地位，因为不存在一个与它相对应的真实世界的客体。语言学被认为是关于 I-语言和 S_0 的研究，现已成为心理学的一部分，最终会归于生物学。一旦发现语言学机制具备这些更加抽象研究所揭示的特性的话，语言学将会融入自然科学。的确，人们期待这些研究是通往严肃探索语言学机制的必要环节。[15] 换言之，在更加抽象的层级上，不论我们对 E-语言做何种解读，它都会比 I-语言更加偏离这些机制。相应地，E-语言这个概念引出了一系列新的问题，而这些问题是否值得解决或值得尝试去解决还根本不清楚，因为该建构的本质是人为之物，而且它对语言理论明显没有用处。

研究重心的转向也有争议，会被认为是转向对语言常识性概念的研究。这种转向没有走向实在论的举动重要，① 也更不明朗，因为上述所有研究方法都在某些方面偏离了语言的常识性概念。但当我们谈到一个人

---

① 实在论（realism）是一个哲学概念，又译为"唯实论"，始见于中世纪的欧洲哲学（参见有关哲学著作）。人们往往不够小心而把它看成"现实主义"（这在文学理论中常见，但与实在论含义不同）。例如在外语教学与研究出版社引进的乔姆斯基此书的中文导读中，以及 Ungerer & Schmid 合著的《认知语言学入门》的中文导读中，都误用"现实主义"来译这个 realism（实在论）。——校者注

懂得一种语言的时候，我们似乎不是指他或她懂得无限多的句子的集合，或外延意义上的音—义组对，或行动或举止的集合；而是说这个人懂得音义相互关联的特定方式，以及促使它们"共同出现"的因素，这或许是对某种功能的特定描写。一个人拥有"结构概念"就懂得了语言学家用语法所描写的 I-语言。当我们说英语的规则是宾语在动词后而不同于日语动词在宾语后的规则时，我们不是在说这个规则是关于某个句子或行为集合的规则，而是说它是一个关于英语这个 I-语言规则系统的规则。语言的规则不是关于有形物体或潜在行为的某种无限集合的规则，而是形成或构成这个语言的规则，就像宪法条款或国际象棋规则一样（它不是一个走棋步骤的集合，而是一个游戏，一个特定的规则系统）。在语言研究中发展出来的各种专门概念里，I-语言的概念似乎比其他提法更贴近语言的常识性概念。

因此研究视角从专门概念 E-语言转向专门概念 I-语言（I-语言被视为研究对象）是在两方面转向了实在论：一是趋向研究真实客体而不是人造建构，另一个是趋向研究我们在非正式用法中真正指称的"语言"或"语言知识"（同样，不考虑社会政治和规范性目的论方面的因素）。

在这两个考量中，第一个更加明朗，也更加重要。人们不能期望那些适合描写和理解实体世界某个系统（如 I-语言和 S_0）的概念将包括一些类似常规话语的概念，就像物理学家提出的能量或物质的概念与日常用法的概念不同一样。而且很多与直觉性概念用法有关的问题也会出现，这些概念与对真实客体（I-语言和 S_0）本质的研究没有明显关联。例如，我们假设一个拥有完全不同类型心智/大脑的火星人可以像我们一样产出并理解英语句子。但研究会发现他们使用的是完全不同的语言要素和规则，譬如他们没有单词，最小单位是背记下来的短语，而且使用的也是一个完全不同的规则系统和 UG；那么我们是否可以说这个火星人跟我们说的是同一种语言呢？在多大范围内可以这样说？同理，在讨论人造系统是否也展示出了某种形式的智力或理解力时也出现类似问题。这些案例对口语用法中直觉性的语言概念或相似概念来说或许是一些合理的研究问题，但尚不清楚这些问题与对现实世界的客体、I-语言以及初始状态 S_0 的研究有多大关系。[16]

从 E-语言到 I-语言，从语言行为及其产出到进入语言行为的知识系统，这种理念上的转变部分被出版史中发生的意外所掩盖，而且脱离语境选取的解释性章节偶尔已经导致误解。[17] 使用一些未必准确的术语也带来了误解。在生成语法的文献中，"语言"这个术语常常被用来指 E-语言，意思是合格句子的集合，类似于布龙菲尔德将"语言"定义为"话句总和"的思路。"语法"这个术语的使用自然也呈现出系统性歧义，既用来指我们此处所称为的"I-语言"，也用来指语言学家提出的关于 I-语言的理论；UG 这个术语也一样，后来引入的用法也同样呈现出了系统性歧义，既指 S_0，也指关于 S_0 的理论。因为当时关注的焦点是 I-语言，而 E-语言是衍生而来，而且大致上是人为建构的，我们发现在语言研究的著作中"语言"这个术语极少出现；这是自相矛盾的情形。例如在我 1965 年出版的《句法理论面面观》这本书中，索引中就没有"语言"这个词条，但在"语法"条目下出现了很多词条，一般指 I-语言。

以更接近直觉意义上的非正式用法使用"语言"这个术语或许更为可取；那就是将"语言"这个术语用作专门术语来代替（I-语言意义上的）"（生成）语法"，同时采用某个专门术语（或许是"E-语言"）表示我们所谓的"语言"。那么，按照上文讨论的思路，"（生成）语法"这个术语自然就可以用来表示语言学家提出的关于（I-）语言的理论。这样可能就避免了很多混乱。我怀疑过去这些年来涉及语法和语法知识这些概念所引起的问题之争论可部分归咎于对这些术语的不恰当选择上；那又加深了语法研究与形式科学的不恰当类比，进而引起了一个错误观念，即与 E-语言研究相比，语法研究提出了全新的、复杂的或许是难以解决的哲学问题。[18]

术语的误导性选择部分来说是一个历史偶然。生成语法的研究发展于两大知识传统的汇流：传统与结构主义语法以及诸多形式系统的研究。尽管这种合流存在一些重要的早期形态，但直到20世纪50年代中叶这两大知识流才真正地合并在一起，因为其时形式系统研究的一些观点被援引并应用于远比那些系统更复杂的自然语言系统之中，以期逐渐贴近自然语言系统真正的丰富性，并在后来进一步趋近它们真正的多样性，从而第一次真正使得为洪堡特格言提供实质性内容成为可能，即语言是"有限手段的无限运用"——"有限手段"指的是构成I-语言的那些手段。

然而，形式语言研究在这方面却有误导。譬如，当我们研究算术语言时，我们会将它视为一个"给定的"抽象客体：带有某种既定标记的无限种类的句子。这些标记中的一些词句表达式是合法句子，而其他则不是。在合法句子中，有些表示的是算术上的真命题，有些则不是。这一系统的"语法"就是一些准确标示合法句子的某种规则的集合。在这种情况下，就不存在进一步正确选择语法的问题，而且在这些语法中做出选择也没有正误之分。他的其他公理化操作也大多如此，尽管我们知道这种情况下没有一个公理恰好可以解释所有真命题。我们很容易看到研究者是如何从形式语言的研究中吸纳以下观点的："语言"是一种句子或句子—意义组对的给定集合，而语法则是对这个无限客体集合的某种刻画；因此可以想见对一个建构做这样或那样的选择取决于方便与否或其他无关的考量。这种动向虽然可以理解，但有误导，而且已经引发了大量无谓的讨论和争议。

回想一下上文引用的奎因的结论（边码20）和刘易斯的疑惑。奎因指出如果两种语法的外延对等，那么认定一种语法"正确"而另外一种语法不正确的做法是没有意义的。刘易斯也怀疑是否有办法"客观地断言语法G为群体P使用，而另外一种语法G'生成了同样的语言却不为用"。对每一个E-语言来说，无论我们选择如何去定义这个概念，它都存在多种语法（即每种语法都是关于某个具体I-语言的理论，在所采纳的某种规约之下决定E-语言），这是相当正确的看法，但这根本不重要。就某种形式系统来说，如算术系统（极有可能是心中的模型），我们认为带某种标记的合格公式类型是"既定的",然后我们根据喜好选择"语法"(组合规则)。但 E-语言并不是"给定的"。对儿童来讲,"给定的"是某种有限数据序列,儿童心智(包括 S_0)在此基础上构建一个 I-语言,它给每个词句指派一个名位,我们可以认为它在某种约定的惯例下生成某种 E-语言(或许我们可以取消这个显然多余的步骤)。语言学家得到的数据是来自各种言语社群的有限数据序列,这包括很多语言学习者接触不到的数据,语言学家们尝试在此基础上发现 S_0 以及所获得的某些具体 I-语言的本质。奎因、刘易斯等人给出的解释是相反的:即 E-语言不是给定的,而是衍生出来的,它与 I-语言以及关于 I-语言理论的语法相比,更加偏离数据和生成机制;因此 E-语言的选择就引起了另外一些新问题,远远超出与语法和 I-语言相关的问题。这些问题是否值得解决或者值得尝试去解决完全不清楚;因为 E-语言的概念,无论如何解读,好像都没有什么意义。认为 E-语言是一个相当清晰的概念,而 I-语言或语法提出了严肃的也许是令人头疼的哲学问题——这种看法是相当错误的;而它的反面恰恰是正确的。我们有大量与 I-语言和语法这些概念有关的问题,而不是这些讨论中提出的那些问题。

需要指出的是,我们所熟悉的将"语言"刻画成编码或游戏的做法正确地指向了 I-语言而不是 E-语言这一人造建构。编码不是一个表征的集合,而是一个将编码表征指派给信息表征的具体规则系统。尽管它们在所提供的信息—编码组对的外延上对等,两个编码也可能会不同。同理,游戏也不是玩法的集合而是玩法背后的规则系统。从这方面对索绪尔 *langue*(语言[系统])这个概念做出解读可能恰如其分,尽管其理念颇为狭隘。同理,奎因对语言的定义也是如此,在他看来语言只要聚焦于某种内在状态而不是 E-语言,它就是一个"言语行为现时配置的复合体",尽管存在其他原因导致这个定义无法被接受(操相同语言的两个个体在言语行为配置方面可以非常不同)。如果"配置"是用特定条件下的反应概率描写的话,那么用这些术语来识别语言就变得不可能了;而且新句子的使用和

第二章　语言的各种概念

理解这个根本问题就无从解释。也许最清晰的解释是借用叶斯柏森的"结构概念",它能指引说话者"构建他自己的句子……",而这些句子都是"自由的词语表达"。

大家已经看到,这些观点尽管不无争议,但已成为生成语法研究的关注焦点。索绪尔结构主义将叶斯柏森关于"自由的词语表达"的观点置于语言结构研究和索绪尔语言[系统]研究的范围之外。布龙菲尔德(1933)认为当说话人发出一个他从未听过的语音形式时,"我们说他是基于听到过的类似形式**类比**而来"。这种观点后来被奎因、霍凯特(C. F. Hockett)以及其他一些试图解决该问题的研究者所接受。这个观点虽说没错,但却相当空洞,除非说清楚类比的概念并可解释为什么某些"类比"是有效的,而其他类比却无效——这个任务需要对整个问题提出一个完全不同的解决方法。比如,为什么第一章(边码8)的例(6)和例(7)不是"类比"例(4)和例(5)来解读?为什么例(14)不是"类比"之前的**任何**一个例子来解读而是事实上没有任何解读?我们可以用I-语言解释"类比"的方式将这个提议具体化;I-语言指的是将形式和意义的表征指派给语言词句的规则和原则系统,除此之外没有提出过其他解决办法。经过这次对该提议的必要修正,"类比"本身首先不是一个恰当的概念这一点就很清楚了。

在这个解释中,我一直在随意使用各种常识性概念,如"知识""遵守规则"等。人们对这种用法的合法性已经提出了各种问题。我现在暂且不讨论这些问题,留待第4章再讨论。这里仍继续使用这些术语。我认为这里的用法很合理,符合通常用法,现时并无改变它们的重大需要。为了我们的目的,人们也可引入专门术语,并赋予它们此处讨论所需要的意义。

偶尔也有研究者建议语言知识的理解应类比于算术知识,算术被认为是不带任何心智结构而存在的抽象的"柏拉图式"实体。[19]毋庸置疑,我们所说的内化语言(由托马斯·毕弗(Thomas Bever)所称的"心理语法"[psychogrammar]描写)确实存在,而且发现这个内化语言是自然科学要解决的问题。我们要声明的是:除了特定 I-语言外,在柏拉图的世界中还存在一些别的东西,我们不妨称为"P-语言"(P-英语、P-日语等),它与算术和(或许)集合论并存;而且一个我们说他懂英语的人不一定事实上就具备 P-英语的全部知识,他也可能确实完全不懂。同理,这个人实际懂得的关于 I-语言的最优理论或许并不是我们基于某些标准选定的 P-英语的最优理论。[20]

然而,将语言知识与算术类比非常没有说服力。就算术而言,柏拉图式观点至少存在某种初步合理性:只要算术的真命题确实存在,不依赖任何个体心理学事实,我们似乎就能够以发现物理世界事实的方式发现这些真命题。然而就语言而论,与此相对应的见解——除了涉及 I-语言语法的真命题和涉及 S_0 的 UG 真命题外,还存在一个不依赖于任何个体心理状态的关于 P-语言事实的额外范围——这种想法却没有初步合理性,也就全无价值。柏拉图主义者会认为:即便我们懂得心智/大脑的一切,我们仍旧没有判断算术或集合论为真的依据,但认定我们无法掌控一些关于语言的真命题却毫无理由。诚然,人们可以随意构建抽象实体,也可以决定将其中的一些称作"英语"或"日语",并将"语言学"定义为对这些抽象客体的研究,因而它不是自然科学的一部分;自然科学关注的是 I-语言和 S_0 这样的实体,其中语法和普遍语法按前面的讨论界定。但这种做法似乎没有什么意义。

索姆斯(Soames 1984)提出了一个类似的理念。他区分了心理学和语言学两个学科,两个学科都由一些不同的"首要问题"所定义。上文所述的 I-语言和 S_0 的研究就是心理学的一部分。然而,"如果我们的目标是回答语言学的首要问题,就要远离那些不是语言构成成分的心理语言学数据"(同理,也要远离神经生理学数据等)。语言学的"首要问题"包括如下问题:"英语和意大利语在哪些方面相似?",在历史进程中"英语在哪些方面发生了改变?"等等。在理论形成之前,英语和意大利语这些概念被认为已很清晰,足以回答这些首要问题——这是非常令人怀疑的假设(原因上文已经谈到),在实际语言学研究中肯定不会做出这样的假设。另外,此处并未就 I-语言和 S_0 研究的合法性问题提出疑问;相反,质疑的却是该研究是否属于我们决定称之为"语言学"的范畴,是否(如索姆斯所说)存在"一个理论上站得住、经验上重要的语言学理念"并将其研究范围局限在某个规定的证据范围以及那些"语言构成成分"的事实。

人们或许会认为索姆斯提出的术语有些离经叛道。他在定义"语言学"时排除了很多主要的语言学专家,如雅柯布森(Roman Jakobson)和萨丕尔,这种做法看上去至少是反常的,他们肯定不会同意那些被索姆斯排除在语言学之外的数据与他们所理解的语言学问题(包括那些"首要问题")无关的看法,而且这些语言学家为支持他们的分析还援引了那种被索姆斯排除在"语言构成成分"之外的一些证据。暂且不论术语问题,真正的问题在于我们是否具备任何理由创建"语言学"学科,该学科基于先验立场将其研究限定在某些特定数据之内,并建构一个"语言"的概念,对"语言"的研究只能从选择的相关数据内进行。

为了澄清这一事关重大的问题,我们假设所提出的两个语法 G_1 和 G_2 在所要求的音系特征选择上存在差异:G_1 要求的是系统 F_1,G_2 要求的是系统 F_2。假设 G_1 和 G_2 在包含索姆斯规定的那些"语言学相关"事实所组成的数据库层面无法区分。假设萨丕尔在他的经典著作中做过的那类感知实验(或者其他更加复杂的实验)所产出的结果可以用特征 F_1 而不是 F_2 来解释。进一步设想:失语症和儿童语言的研究显示语言损毁和生长可以沿着雅柯布森的思路用 F_1 而不是 F_2 来解释,而且选择 F_1 而不是 F_2 还可以按照雅柯布森的思路解释言语产出和识别。索姆斯认同有一个称作"C-语言学(认知语言学)"的研究领域可利用这条证据选择 G_1 而不是 G_2 作为表征这个言语社群成员心智/大脑中的语言理论。但他同时提出还有另一个称作"A-语言学(抽象语言学)"的学科,它弃置上述证据,认为 G_1 和 G_2 都同样得到了"相关"经验证据的充分支持;事实上,如果基于一些普遍理由认为 G_2 "更加简单"的话，A-语言学的研究者会选择 G_2 而不是 G_1。毫无疑问，在这种情况下，包括萨丕尔和雅柯布森等在内的很多人都会选择走 C-语言学的道路，选择 G_1 作为语法，并将这个结论应用到关于语言历史演变等"首要问题"的研究中去。[21]

很明显，证明的责任就落到了那些认为除了 C-语言学（其地位此处暂不讨论）外，发展 A-语言学这个新学科也有某种意义的人的肩上。A-语言学不仅与实际上已被该领域的一些主要人物所做的语言学研究有异，而且还与任何科学界已知的东西根本不同：以某种先验的方式将生物学或化学局限在已界定的问题和概念上，以便提前限定相关证据的范畴，这种做法的确很奇怪。至少在科学界，学科划分为是为了研究的便利，而不是种种肢解自然界的方式，也不是为了精巧阐述某些固定概念；而且学科之间的边界会随着知识和理解力的进步而转换或消失。[22] 在这方面，按上述讨论来理解的语言研究就如同化学、生物学、太阳物理学或人类视觉理论一样。我不去推测 A-语言学的倡议者们面对证明责任能否承担，即便可以承担，那个事实也不会对我们正在讨论的事业之合法性或特性产生任何影响，这一点索姆斯已经说得很清楚了。

注意：这个问题不是抽象的合法性问题。作为数学的一个分支学科，理性力学从将行星看成遵守某些规律的质点（mass points）的物理学中抽象出来，发展这门学科是非常适宜的。同理，把 I-语言从物理实现或其他特性中抽象出来而提出理论也是完全合适的。事实上，正如上文概述的，那也是通行做法。但人们不应该被误导并进而相信理性力学的研究对象是柏拉图式世界中的一个实体，而且也没有更多理由认为那同样是语言研究的正确做法。[23]

2.4.2 内化语言研究的经验基础

在实际操作中，作为一门学科，语言学的特点是关注一些当前可容易获取并且信息丰富的证据，主要是母语者的判断。事实上，每个这样的判定都是实验的结果,虽然设计粗糙但提供的证据充足。在实践中我们倾向于按以下假设去操作,即这些受试人员的判断给我们提供了 I-语言结构的"直接证据";但显然,这仅仅是一个工作假设,具有尝试性而且缺乏准确性,任何一位熟练的语言学研究者都掌握一套技术手段来帮助弥补实验引入的错误。一般来说,受试人员的判断并不能直接反映语言的结构;譬如,可接受度判断也许不能提供合法性地位的直接证据,因为它还会被很多其他因素干扰。关于形式和意义的其他判断也是如此,这些或许也应该是不言而明的。[24]

原则上讲,关于 I-语言和初始状态特性的证据除了来自词句表达（expressions）之形式和意义的判断外,还有很多不同的来源:感知实验、语言习得研究、语言缺损或部分自造的语言（如克里奥尔语）的研究,[25] 或文学用法或语言变化的研究,还有神经学、生物化学等。这正是已故语言学家雅柯布森的诸多贡献之一,他既从原则上强调了这一事实,也体现在他本人的实际工作中。如同任何对物理世界某方面开展研究的情形一样,我们都无法对原则上可能被证明是相关的那类证据做出界定。随着新证据的出现,当前所从事的语言结构研究作为一门学科最终应该会消失,其留下的不同之处仅仅在于它关注的是心智的某一特定官能,说到底是大脑:它的初始状态及其各种可达到的成熟状态。

可以确定的是:母语者的语感总是会为语言研究提供相关的证据支持,这就像感知判断总是会为人类视觉研究提供相关证据一样,尽管人们希望此类证据最终会失去其独特的优势地位。如果不能解释这些语感判断的话,语言理论就彻底失败了。事实上,我们或许可以断言这就不是关于语言的理论,而是某种其他东西。但我们无法预知各类证据对语言官能及其表现形式来说信息量是否足够充分,所以我们应该期待证据的范围更为广阔,自身理解力也更加深刻,这样我们就能够辨别受试人员的语感判断在哪方面有用或者不可信,原因又是什么,而且这样能够弥补尝试性的工作假设所带来的谬误;这种做法对当前研究不可或缺,并且确实给我们提供一些丰富而且重要的信息。

重要的是，我们要牢记：对一种语言的研究或许会为某种其他语言结构的研究提供关键证据，但前提是我们继续接受习得语言的能力（即 UG 的研究对象）具有跨物种通用性这一似乎合理的假设，该结论已隐含在前文概述的研究方案中。英语研究就是研究初始状态 S_0 在特定条件下的实现情况，因此它是 S_0 假设的具体化，应予以明确。但是，S_0 是恒定不变的，因此日语一定是相同初始状态在不同条件下的实现形式。日语研究可能会显示从英语研究衍推出来的关于 S_0 的假设不正确，这些假设可能给日语提供了错误答案，我们在日语研究基础上做出纠正后可以修正关于英语的假定语法。因为日语的证据显然与 S_0 理论的正确性相关，所以能够对试图描写英语母语者所获得的 I-语言的语法选择产生间接的却很强的影响。这是生成语法研究的通行做法。仅仅基于这一原因而认定为一种"既定语言"选择"外延对等的语法"不具备任何理由，就大错特错了（见边码 20，30—31）：比如，其中一条理由可能需要证明 S_0 的理论对另外一种语言来说是不充分的。

对某几类描写语言学所持的高度相对主义假设（主张每种语言都必须独立研究）而言，上述研究方案似乎没有意义或者说是非法的，尽管我们注意到这种观点部分来说只是一种理念（ideology）而并未曾在实践中得到遵守。如果我们对发现语言官能初始状态以及作为潜在或实际 I-语言的特定实现形式的真实特性感兴趣，就必须摒弃这种理念，而且我们必须认为一种语言的理论基于其他一些语言的证据（需经由 UG 理论）或其他类型的证据会发生改变。

我们发现，解释心智研究中发现的特性和原理是大脑科学的一个任务。更准确地说，大脑科学和心智研究相互依存。心智理论的目标是确定语言官能的初始状态 S_0 以及每个获得状态 S_L 的特性，而大脑科学旨在寻求发现这些状态物理实现形式的大脑机制；它们有一项共同的事业：正确描写语言官能初始状态和获得状态并寻求语言官能的真相。该事业在若干层级展开，在心智理论中追求抽象描写，在大脑科学中探寻内在机制。原则上讲，大脑研究的发现会影响心智理论，同时对语言官能状态的抽象研究也会提出一些大脑理论需要解释的特征，而且这些特征是机制探索过程中必不可少的一环。一旦建立了这种关联，心智研究尤其是 I-语言的研究就会融入自然科学研究的主流。

目前我们对大脑相关方面了解很少，甚至无法推测这些关联究竟是什么。然而，我们可以想象原则上它们会如何建立这种关联，不管距离目标有多远。假设 I-语言的研究建立了约束理论的某些一般原则，可以解释第一章中讨论过的那类事实，那么，大脑科学的任务是要确定哪些机制可以解释这些原则能够成立的事实。假设我们有两种语法，即两种关于某一个体获得的语言知识状态的理论，而且我们进一步假设这些理论是"外延对等"的，这种对等就是说不论我们赋予 E-语言这个派生概念何种意义，它们都可以确定同样的 E-语言。原则上我们或能看到其中一种语法包含了大脑机制易于解释的一些特性和原则，而另一种没有。同理，两种对等的 UG 理论（它们确定完全相同的、可获得的 I-语言集合）也可以在大脑特性上做出区分。例如，一种理论或许包含了某些原则和可能的变化，它们可以通过大脑机制很容易得到解释，而另一种理论则没有。

这种情形不难想象。假设理论 I 包含 P_1 到 P_n 这些原则，理论 II 包含 Q_1 到 Q_m 这些原则，而且这两种理论在逻辑上对等：每一个理论的原则都可以从另一个理论的原则推导出来，因而用其中一种理论对行为或潜在行为所做的任何描述都可以用另一种理论重新构拟出来。脑科学或许会显示每一个 P_i 都对应于神经机制的某种确定复合体，但 Q_i 则不然。譬如，某种大脑损伤会选择性地修正 P_i 的解释，但不会修正 Q_i 的。在这种情况下，关于大脑的事实就会在关于心智的各种理论中做出选择，从经验上讲，这些事实无法用其他办法进行区分。尽管这类研究结果在当前的理解力状态下仍旧很遥远，但它们不无可能。如此设想的大脑与心智的关系是自然科学的一个难题。

2.4.3 研究重心转向的一些后果

总结一下，我们可以将一个人关于某个特定语言的知识看作心智的一种状态，实现为物理机制的某种排列。我们将 I-语言抽象为处于这种知识状态下个体的"所知"。这个有限系统（即 I-语言）正是语言学家的生成语法所试图描述的。如果我说这个系统具备这样或那样的特征，我所说的话就有正误之分。简言之，我在尝试提出一个理论来解释某些机制的特征，该解释要呈现在如下的抽象层次上，即我们相信这些机制的重要特征可以得到明确表达，而且管辖这些机制及其功能的原则也可以得到清楚阐释。该研究在某些方面类似于冈瑟·斯坦特（Gunther Stent）所说的"大脑解释学"（cerebral hermeneutics），它是对视觉系统建构和解读视觉经验方式的抽象调查（Stent 1981）。同样地，UG 是对生物禀赋一个方面的类似研究，它决定我们拥有人类的而不是昆虫的视觉系统之内在原则。"I-语言知识"是一个合理接近被非正式地称作"语言知识"的专门概念，是从前面所讨论的日常性概念中抽象出来的，尽管那只是次要的考虑（其理由我们已做过讨论）。

如前所述，将语言研究的视角转向心智主义解读是当代认知科学发展的一个因素，并且迈出了将语言研究融入自然科学的一步，因为这种转向借助规则和表征研究中呈现出的特性有助于开辟探求机制的道路。这种转变还迅即带来了对语言研究中很多传统问题的重新思考。当我们从这个视角去思考时，虽然许多熟悉的问题解决了，但很多有挑战性的、新的难题也出现了。

考虑一下语音结构的研究，这是结构语言学和描写语言学的主要关注点。以 E-语言作为研究课题，其研究问题是挖掘语音流的切分要素以及它们的特性和结构排序：音位和特征，它们被视为声波形式或者一系列发声动作的切分单位。很多音系学理论都包含完成这项任务的分析程序。然而专注于 I-语言，该问题就变得完全不同了：它致力于发现言语产出和感知背后的心理表征以及将这些表征和真实言语事件相关联的规则，其问题

第二章　语言的各种概念

在于找出解释各种事实的最佳理论，我们不期望存在一些分析程序完成这项任务，正像在其他领域也不存在此类程序一样。

例如，考虑下面列出的单词，第 I 栏是常规拼写，第 II 栏看起来是正确的音系表征，

I	II	III
bet	bet	bet
bent	bent	bẽt
bend	bend	bend
knot	nat	nat
nod	nad	nAd
write	rayt	rayt
ride	rayd	rAyd
write	rayt+r	rayDr
rider	rayd+r	rAyDr

第 III 栏是一种英语方言的近似语音表征，用 [a] 表示短元音，用 [A] 表示对应的长元音（它们精确的语音特征在此处无关宏旨），[ẽ] 是 [e] 对应的鼻音化形式，D 是舌颤音，很像颤音 [r]。

我们可以假定第 III 栏的语音表征对应于真实的言语事件，符合基本保留发音线性特征的普遍解释原则，即语音符号顺序对应于声音顺序（但众所周知，事情远非这么简单）。第 II 栏的音系表征（而不是第 III 栏的语音表征）对应于我们直觉上"听到"的这些单词的方式。尽管语音分析显示 bet 和 bent 的区别仅在中间元音的鼻音化，而且都只有三个语音切分单位，区别于有四个切分单位的单词 bend，但这一点并不符合我们的直觉感知；我们听到 knot 和 nod 仅有一个特征不同，即末尾辅音的清浊之别，而不是同时表现在元音和辅音上（如 knot 和 Ned 的区别）。我们直觉所感知到的 writer 和 rider 的表征区别以及它们与词汇和句法结构的明显关联都显示在第 II 栏（+号表示词汇项与施事性词缀的间隔）而不是第

39

III 栏上，尽管后者显示这两个单词之间的语音区别仅在于元音的性质不同。这类例子给音系学路径出了难题，因为它寻求通过应用于真实言语事件的分析程序来确定音系单位，问题出在第 II 栏表征的地位上，虽然这些表征的成分与实际言语的声音（E-语言实际样本的组成部分）没有点对点的对应关系，但是以前它们总是被认为在某种意义上是"正确的"。

将研究重点转向 I-语言的话，这些问题就会很快消失。第 II 栏的表征基本上是词库的心理表征，它们进入句法和语义运算。第 III 栏的语音表征可以通过简明规则从这些表征派生出来，而且这些规则绝大多数都相当普遍：元音在浊辅音和清辅音之前会获得特定性质，元音在鼻辅音前会鼻音化，鼻辅音在清齿音前会脱落，（在这种英语方言中）齿塞音在这种重读曲线下在中间合并为［D］。我们运用这些规则就可以从词汇—音系表征（II）中推导出其语音形式（III）。第 II 栏的表征不是言语声音经过音位切分、分类、物理特征提取等分析程序推导而来，而是作为最优理论的一部分建立并得以证实，这种理论最终可解释 I-语言的声音和意义之间的一般关系。在这些单词出现的词句表达式中，更多的句法和语义规则应用到（II）中的表征。I-语言包含（II）中的表征之构成规则以及将（II）和（III）相关联的规则，儿童可以通过将初始状态 S_0 包含的各种原则应用到呈现的语言事实来获得 I-语言。语法学家要解决的问题是发现这些原则，并说明这些原则如何引导儿童选择（II）的表征（假定这些表征是正确的）。分类程序的失误无关宏旨，因为没有理由相信这类程序在语言习得中起任何作用，或者在 UG 的组成成分中占有任何位置。

正如这些非常简单的例子所示，即使在语音结构层次上，心理表征也可能相对抽象，即与语言行为的具体样本不存在简单的关联（事实上，更细致的分析会显示甚至对语音表征来说情况也是如此）。当我们进入 I-语言的其他研究层次时，我们发现越来越多的证据表明心理表征在这个意义上是抽象的。构成和修正这些表征的规则和原则系统相当简洁自然，尽管它们会互动产出相当复杂的结构并以非常精确的方式确定这些结构的特征。简言之，语言官能就其内核而言看来是一个计算系统，该系统结构丰富但限制严格，其核心操作也很精确，完全不像一个秉性复合体或习惯和类比的系统。这个结论似乎立论很合理而且根据也有相当充足的证据支持，但还没有已知的其他理论去解释这些语言事实。一些有实证意义的讨论大致也是在上述假设的框架下进行的。

然而，应该看到，这个结论在很多方面出乎意料。人们不曾期待诸如语言官能这类复杂的生物系统会以这种方式演化而来；但倘若确实如此，那么这个发现的意义就非同小可了。[26]

这种心智主义解读或概念论解读的转向、内化语言而不是外化语言的转向，其范围比我们有时所理解的更为宽泛。很明显，该范围包括句法、音系以及形态学的研究。我认为它也包括被误称为"自然语言语义学"的很多研究，我说"误导性"是因为如果我们说的"语义学"指的是研究语言与世界之间的关系（尤其是真值与指称研究）的话，我认为这项工作的很多内容完全不是语义学。相反，这项工作处理的是心理表征的一些假定的层次，包括句法和词汇形式的表征以及其他被称作"模型""图片""话语表征""情景"之类的表征。但后面这些系统与具有属性和关系的实体世界或我们所能相信它该是什么样子的世界之间的关系通常是复杂的而且是遥不可及的，更远远超越我们在简单例子基础上所认知的世界。例如，这种关系不能被描述为"并入"（incorporation），或一对一的关联关系。

例如，考虑一下处于这些伪语义学研究之核心位置的代词指称原则。如果我说"John thinks that he is intelligent"（约翰认为他很聪明），**他**可以指约翰，但如果我说"he thinks that John is intelligent"（他认为约翰很聪明）时，**他**不能指约翰。[27] 我们可以用结构型理论解释这类事实，在该结构中代词可以从约束它的一个相关联的名字中获得"指称"。但同样的原则也可以应用到如下句子中："the average man thinks that he is intelligent"（这位普通男士认为他很聪明），"he thinks that the average man is intelligent"（他认为这位普通男士很聪明）——又或者是"John Doe thinks that he is intelligent"（约翰·多伊认为他很聪明，[这里引入"约翰·多伊"作为这位普通男士的名称]）。但没有人认为存在这样一个个体，即这位普通男士（或者约翰·多伊）允许该代词在一种情况下指称他，而在另外一种情况下却不可以。如果我说"John took a look at him, but it was too brief to permit a positive identification"（约翰瞥了他一眼，但这一瞥短得难以明确识别），*it* 可以指称约翰看的那一眼；但不能以这种方式推广到"John looked at him"（约翰看着他）这个近义句并获得同一解读，虽然没人相信第一句中的代词 *it* 可以指称一个人可以瞥的那几眼中的一眼。或者考虑如下广为讨论的"everyone who owns a donkey beats it"（每个拥有驴子的人都会打它）这句话，这个例子有问题的原因在于代词 *it* 在形式上并不位于约束它的量化名词短语 *a donkey* 的范围内。我们可以尝试构建一个具有如下属性的表征来分析此类句子，即对每一个（人，驴子）配对而言，如果 *own* 可以使它成立，那么 *beat* 也可以。这样我们就可以对"everyone who has a chance wastes it"（每个拥有机会的人都把它浪费掉了）这句话做同样解读，而且不需要我们真的相信世界上存在这种机会。即便我们将自己限定在"there are……"（存在句）的语境中，我们也很难假设世界上或者我们所认定的世界上存在与这些术语相对应的实体，比如，"there are looks that injure and others that charm"（有些眼神具有杀伤力，有些则魅力无穷），"there are chances that are too risky to take"（有一些冒着风险也难以抓住的机会），"there are opportunities that should not be passed up"（存在一些不应错失的良机）等。

人们可以想出很多更加极端的例子。尽管人们对虚拟客体和抽象客体的地位有过很多顾虑，但事实上问题远比这复杂深刻。如果人们假定心智客体的范围与语言的形式实体是通过一种具备了很多指称特性的关系建立起关联的话，人们就可以用某种易懂的方式讨论"指称"或"同指"。但是所有这一切都在心理表征理论的内部，是一种句法形式。因此假定存在一个有对应实体、外在于心智的世界似乎没有显而易见的意义，而且这样做不会带来任何经验性结果，也无法取得解释力的提升。如果以上说法正确的话，那么句法结构与模型、"图片"等关系的研究就应该被视作探究各种心理表征的研究——纯句法研究，它需要一个关于这些心智实体与世界（或人们所认定或相信的世界）建立关系的理论作为补充。对这类心理表征进行假设并非没有弊端，那必须得到经验论据的支持，就像音系表征或其他句法表征研究的情形一样，因而研究重心转向心智的计算理论的研究也包含一个被称之为"语义学"的重要部分，这一结论只有当我们公开地宣称用"概念论"诸路线研究这些话题时才得到维护。

接下来，我们目前要关注的是 I-语言和语言官能的初始状态以及语言学家的语法和 UG。作为一个初步的经验假设，我们可以将 I-语言看作某种规则系统，是 UG 所允准选项的一种具体实现，其实现形式由呈现的语言经验确定。规则系统给每个词句表达式指派一个结构，我们可以将这个结构视作一个表征的集合，在每个语言学层次上都有一个这样的集合（语言学层次是心理表征的一个特定系统）。该结构必须为懂得这一语言的人提供关于一个词句表达式的任何信息，只要该信息可从语言官能推导出来；其表征只须明确语言官能在决定这个词句表达式如何产出、使用和理解方面发挥的作用。

语言学层次是一个系统，它包括一个最小成分（基元）的集合、一种构成基元串的合并操作（它就像从这些成分中构建合适的形式客体之数学装置一样必需）、这些成分之间的恰当关系以及在这一层次上指派给词句表达式作为表征的一系列指定形式客体（标记）。规则系统要表达所讨论的语言各层次之间的关系，并决定每个层次的成分及特性。譬如，在短语结构层次，基元是进入句法描写的最小成分（John、run、过去时、N、V、S 等），基本关系是一种**是**（*is-a*）关系（John 是 N，John ran 是 S 等），短语标记是由基元构成的某种形式客体，表达的完全是一种**是关系**。*John ran* 这个语符串的短语标记会显示其完整的语符串是 S（句子），John 是 N（名词）和 NP（名词短语），*ran* 是 V（动词）和 VP（动词短语）；下文会给出例子。

语言结构理论（UG）的任务是精准确定这些概念。[28] 该理论必须为诸多 I-语言提供各种语法，如果给定合适的语言经验，这些语法原则上可被人类心智/大脑获得；[29] 而且该理论必须受到限制，以便在给出习得语言的足够证据时，仅仅确定一个合适的 I-语言。我们下面就讨论这些问题。

注释

1 Katz（1981，79—80 页）不赞成这些通常被认为是不言自明的观察，理由是口语使用中的概念语言和方言都涉及一个社会政治学维度，承认这一事实就"如同声称数字的概念不是数学的概念而是社会政治学概念一样"。我们没有理由接受这种奇怪的结论。

2 但存在一些例外，如"通盘格局"（overall patterns）理论认为每一个英语方言都是一个子系统。参见 Trager & Smith（1951）。注意，一些社会语言学家谈到的"变异规则"问题与此无关。

3 我们这里暂且不讨论布龙菲尔德语言学或"行为主义"语言学的任何其他变体对该术语的解读。这种研究方法就要解释如下的说法，即我们说人们说同一种语言意味着什么，尽管在既定语境中他们不会讲相同的话。如果语言被定义为"言语行为当前之配置的复合体"（Quine 1960），也会出现同样的问题。如果我们构建的"语言"这个专门概念对语言研究有用的话，或者这个术语与我们称之为"语言"的东西有任何关系的话，也会出现其他不能解决的问题。关于这件事情，参见 Chomsky（1975b，192—195 页）。

4 或许有人还注意到一些反对意见，这些反对意见很滑稽，虽然反对者没有意识到。比如牛津大学语言学教授 Roy Harris（1983）的质疑，他认为标准的理想化（他将其归结于索绪尔—布龙菲尔德—乔姆斯基）反映了"语言的法西斯主义概念，如果这个概念存在的话"，因为它将"理想的"言语社群看作是"完全同质的"。

5 参见 Chomsky（1964）和 Postal（1964）的一些讨论。关于转换生成语法与哈里斯早期转换理论的比较（后者被视为一种应用于超越"结构语法"句子层级的分析程序），参见 Chomsky（1975a）的引言部分。

6 见 Lewis（1975）。Lewis 提供了关于语言"外延"研究方法的最清晰表述，而且对下文所描述的"内化语言"研究提出了批评。请参见 Chomsky（1980b）对此观点的批判性讨论。

7 见 Joos（1957）的编者按评论、Whitney（1872）以及 Sapir（1921）。惠特尼对索绪尔和美国语言学产生了重要影响，他对斯坦塔尔（Steinthal）的洪堡特式研究路向进行了批评，我认为那种研究路向自然归入前文所讨论的早期传统。洪堡特被广泛认为（如布龙菲尔德也持该立场）是一位极端的相对主义者，事实上他认为"所有的语言就其语法而言都是非常相似的，如果对其内在特性展开深入而不是粗浅研究的话"。进一步的讨论请参见 Chomsky（1966）第 90 页及其所引文献。

8 然而这个问题肯定不是惠特尼的想法。

9 见 Jespersen（1924）。关于 Jespersen 提出的概念和当代生成语法概念的对比，请参见 Reynolds（1971）以及 Chomsky（1977）第一章。

10 或许有人会认为我们当前考虑的诸系统仅仅是构成语言官能的一个成分而已；对语言官能的理解再宽泛一些的话，它还包括语言使用和理解涉及的其他能力，比如有时被称作"交际能力"的东西或者与语言特别相关的、人类概念系统中那些部分。参见 Chomsky（1980b）。这里我们不讨论此类问题，仍继续使用我们前面讨论的更加狭义上的"语言官能"这个术语。

11 关于观察这些问题的视角，参见 Higginbotham（1983b）。该视角与此相关但又稍有不同。

12 那些容易得出错误句法解析的句子，如 Thomas Bever 的例子"the horse raced past the barn fell"，该句中前六个单词一般被认为构成了完整的句子，没有给最后一个单词留下解读的空间，尽管仔细考虑就会明白这个词句表达式是一个合法句子，表达的是有一匹马摔倒了，即跑过粮仓的那匹。

13 很明显，内在性和物种专属性是不同的两个问题。有人宣称我和其他人把"内在性"与"物种专属性"视为"同义"（Cartmill，1984）。我不知道有任何引起这种混淆的用例，虽然有很多文章对此进行了反驳。

14 参见 Chomsky（1980b）134—139 页。

15 关于这一点，参见 Marr（1982）。注意：一般科学的实在论解读之合法性或意义，在这里不会引起争论；不过，I-语言及其起源研究似乎也不会出现什么原则上的新问题。如果有人想考虑实在论问题，心理学和语言学似乎不是好的选择；这个问题应该提给更加深奥的科学门类，因为在那里此问题更有望得到深刻的见解。参见 Chomsky（1980b）对此的进一步讨论。

16 对这个普遍问题的一些讨论，请参见 Enc（1983）。

17 有些误解可能在后续工作中反复出现，我不打算在此讨论，请参见 Chomsky（1980b），123—128 页。至于发表历程，关于生成语法的最早著述见于自动机理论某些话题所提出的框架（如我 1957 年出版的《句法结构》，该书实际上是我在 MIT 给本科生授课时的课程笔记，是从与这些学生兴趣相关的视角讲述的)。专注于语言学的著作，如 Chomsky(1975a)当时还不适合出版。该书完全没考虑弱生成能力（即 E-语言的可描写性）、有限自动机等类似问题；其研究重点是 I-语言，虽然当时还没有使用这个术语。

18 对于该问题的深入讨论，参见 Chomsky(1980b)。

19 参见 Katz(1981)和 Bever(1983)。

20 如果所规定的鉴别某种柏拉图式语言为 P-英语的相关证据与影响英语母语者的心智/大脑所实际表征的 I-语言理论的证据不同，或采纳一些解读证据的新标准的话，这种说法应该是成立的。依照类似程序，我们可以建立"柏拉图式生物学"，该学科仅涉及那些关于心脏（它是一个压力泵）的 Katz 称之为"基本特性"的问题，并不涉及心脏跳动的物理法则（一种非核心特征）。那么我们或许会发现最好的生物学理论不同于最好的柏拉图式生物学理论，正如最好的（最终是生物学的）I-语言理论与最好的柏拉图式语言的理论或许不同一样，不论该理论有多明确；对 Katz 而言，柏拉图式的语言理论分析的就是"我们关于抽象客体——自然语言这个概念"。

21 关于这个问题（与历史语言学相关）的近期讨论，参见 Lightfoot(1979)。

22 Katz 坚持认为，像化学、生物等学科具备内在的、概念上确定的边界。当然，他认为这种说法无可争议，其他提法都是一种"虚无主义"，"会导致关注点明确的学科范围陷入混乱"（参考文献如上）。

23 在我看来，提供的相反论据似乎陷入循环论证，要不然就有缺陷。因而 Katz 反对希拉里·普特南（Hilary Putnam）的观点，前者认为如果我们称作"猫"的东西被发现是外空控制的机器人的话，那么它们就不再是猫了，因为"猫"在柏拉图式 P-英语中的意思是"猫科动物"；即便断定在每位英语母语者的 I-语言中"猫"是按照普特南的分析来理解，即将猫看成与具体实例同属自然中的一个类（这是科学上的一个概念），以上反驳依然成立。该论据对 Katz 所规定的 P-英语的特性来说自然也同样适用。然而，普特南提出的是一个关于人类语言和概念系统的理论，也涉及英语，而不是 Katz 所界定的那个 P-英语的理论；Katz 也没有给出理由让人相信他的柏拉图式客体比包含普特南假设的同样合法的抽象客体更加配得上"英语"这个名称。Katz 的证据从头到尾都是如此。Katz 也论述了生成语法的发展历程，但他引用的文献很不准确，即便是基于内部理由来说，这一点通常也是很明显的。参见 Chomsky(1981)，314—315 页。

24 这些概念及相关问题存在一些常见的误解，相关讨论参见 Newmeyer(1983)。

25 关于这份材料的相关性，参见 Bickerton(1984)和所引文献以及杂志同期文章的讨论。

26 相关讨论，参见 Chomsky(1980b，1981)以及 Chomsky, Huybregts & van Re-

imsdijk（1982）。
27 这个问题比较复杂，参见 Evans（1980）和 Higginbotham（1983a）。这些概念需要深入讨论，但这里我们暂不讨论。
28 有关早期的研究，参见 Chomsky（1975a），该书写于 1955—1956 年。
29 更加严格的要求是指 UG 应精准地确定正常条件下可达到的 I-语言。然而，UG 是否满足这一条件并不明显。可获得的语言是 UG 和人类可学系统所决定的那些交集的语言；可学性条件也许会排除一些 UG 允准的语法。类似的观点也适用于句法解析。关于这些问题的背景知识，参见 Wexler & Culicover（1980）以及 Berwick & Weinberg（1984）。

第三章
直面柏拉图问题

3.1 解释模型

随着重点从 E-语言转向 I-语言，从对行为及其结果的研究转向对心理表征系统和运算系统的研究，很多问题也随之出现。有些问题与这一行动的合法性或者合理边界相关。这些问题将在第四章再探讨。其他问题来自研究方案的内部，该方案因重点转移而自然发展出来。这些是实实在在的问题，涉及如何将总体思路具体化。我们现在就讨论这些问题。

中心任务是找到 I-语言（以下称语言）的基本要素。首先，人们必须证明普遍语法理论提供的诸种机制对于将进行的描写任务是充分的，它们很丰富而足以解释已被证实的语言多样性甚至可能的语言变体。第二个任务是证明这些机制又很贫乏，因而很少有语言被直接赋予语言学习者，即使事实上语言习得有足够的数据可用。除非普遍语法理论满足这一条件，否则不可能解释语言是学到的。从初始状态到稳定状态的转变是以确定的方式进行的，人们根本意识不到或无法做出选择。虽然语言经验丰富多样，但对一个特定语言社群的众多个体来说，这一转变基本上是一致的。获得的状态高度清晰并且丰富，为我们经验中缺少相近模型的大量句子提供了具体的解读。柏拉图问题所涉及的这些条件确定了研究方案必须解决的第二个任务。

刚才提到的这两个任务有相矛盾之处。为了达到描写充分，通常好像有必要丰富已有的机制系统；而解决我们的柏拉图问题，我们必须限制已有的机制系统，以便只有几种或仅有一种语言由给出的数据决定。在我看来，正是这两种任务之间的张力使得这一研究领域非常有趣。

最初的想法大致如下：假定 UG 为语言提供某种程式，即明确允准的规则类型以及它们之间可能的互动；任何符合提议的程式的规则系统都有资格成为可能的人类语言。我们开始假设有无限多的这种规则系统，即进入这些系统的规则之复杂性没有限制。心智使用某些初始操作来解读作为语言经验呈现给它的一些数据，接着根据评价标准（评价标准给每种语言指派抽象值）在与这种语言经验相符的语言中做出选择。因而语言官能的初始状态（S_0）包括初始操作、可能规则系统的程式以及评价标准。假如给出语言经验，S_0 状态下的语言官能便搜索可能的语言类型，选择与数据相符合并具有最高值的语言而进入状态 S_1（S_1 包括了这种语言的规则）。如果再给出新数据，系统便进入 S_2，……，直到它进入状态 S_s，至此这一程序结束；这是因为 S_s 的某特性或者因为系统已达到成熟状态，故不允许该程序继续下去。在上述每一步中，学习者的心智都选择与新呈现的证据以及目前状态相符的最高值（"最简单"）的语言。[1]

我们或许能进一步建议（作为经验假设）数据的呈现顺序无关紧要，因而学习"仿佛是瞬间的"，好像 S_0 直接将数据映射到 S_s 上。为表述得更清楚些，请考虑以下经验假设：

> （1）假设我们将 S_0 看作函数，将一系列数据 E 映射到获得的状态。如果 E 是语言学习者所接触到的数据的总和，那么获得的稳定状态 S_s 就是 $S_0(E)$，是将 S_0 的原则应用到 E 的结果。

于是我们就获得了语言习得的某种模型以及一个解释模型。我们如此这般地解释这个事实——例如，像第一章（2）—（14）那样的例子具有它们确实有的系列意义而且 H 这个人知道这一点——是通过说明这些事实由拥有最高值的语言的规则决定，并与呈现给 H 的数据相符。

继续坚持语法就是语言理论的观点，我们可以说语法只有正确描写某种语言，它对这种语言才达到描写充分性。在语言经验设定的界限条件下，普遍语法理论只有提供描写充分的语法，它才满足解释充分性条件。满足这种条件的普遍语法理论将允准词句表达式的相关事实，这些相关事实可由其选择的语法推导出来，从而为这些事实提供了一种解释。

在一种或另一种路径有些许解释力的情况下，事实上这就是语言学常用的解释模型。这一模型关键主要取决于瞬时学习的理想化是否合理，即取决于经验假设（1）是否正确。只要这一举动在经验上是不正确的，那么就没有标准形式的解释。反之，如果可以做出这种解释，这就证明经验假设是正确的，虽然这一点并不显而易见。我们可以设想各种中间立场，但是（1）作为一个工作假设，到目前为止似乎非常可信，或许有点出人意料。

清楚知道经验假设（1）即理想化的瞬间学习暗含的和不暗含的内容很重要。大量的体验可能性都与这一假设相符合。例如，S_0 的一些原则或者只在语言获得的后期阶段才被语言学习者所接触；或者语言官能在儿童阶段逐渐成熟起来，在这一过程的某些特定阶段使得各种原则为人所用。此外，也许由于记忆的限制或者别的什么原因，只有证据 E 中的"简约"部分（它可导致达到稳定状态）在语言习得的早期阶段为儿童所接触。也有可能普遍语法允准的某一选择在语言习得的早期阶段以一种方式得以确定；而基于早期阶段不存在或没有使用的证据这一选择在后期阶段被颠覆了。[2] 这些可能性本身与经验假设并非不一致；事实上，达到的稳定状态等于将 S_0 的原则"瞬时"应用到已有的证据 E 上，从而得到的结果正是经验假设——证据 E 是某一特定时间段呈现的一个集合（或许更实际些，这是一个接近估算的真相）。经验假设断定认为：不考虑成熟问题、呈现的顺序问题或者选择性的可得证据，语言习得的结果表明它好像是瞬时的——尤其是达到的各种中间状态并不以影响达到的状态之方式去改变可用于解释后期状态数据的原则。

如果某些原则只在成熟的后期阶段才发挥作用，这不表明这些原则就不属于初始状态。成熟的过程由基因决定，虽然也以多种方式受经验进程的影响。例如，青春期的开始具有很大跨度的变化，取决于类似营养这样的因素，但是其过程是基因决定的。或许可以推想死亡也是基因决定的，虽然时机和方式反映了环境的影响。成长过程中基因决定的因素与出生时那些起作用的因素不同，这很明显。

我们有充分的理由相信，语言官能经历了一个成熟发展过程。事实上，虽然经验和其他认知机制有很大的变化，但是这一成熟过程的顺序和时机看起来是相当统一的，这并不影响经验假设的正确性，它体现在瞬时学习的理想化上，那似乎至少是首次接近事实。正如已经指出的，它被公开或隐含地假定存在于研究中；该研究试图为我们所知道的知识提供解释。[3]

这一早期研究所假定的获得和解释模式本质上是皮尔斯溯因推理。先天局限性（猜测的本能）得出少数可接受的假设，这些假设被交给"修正行为"——这一程序有效，因为"人的大脑具有想象某些正确理论的天然适应能力"（皮尔斯）。[4] 考虑到语言习得的那些事实，根本问题是要构建普遍语法，从而使可以允准的诸假设限于一小类，或许只有一个。如果情况是这样的话，普遍语法就为解决第一章的问题（1ii）提供了相当大一部分的答案，而在一些重要的方面达到了解释充分性。如果情况不是这样，那就没有达到目标。我相信在其他认知领域也存在类似的考虑；参见 Chomsky（1975b, 1980b）。

正如前面讨论的那样，根本问题在于我们的知识表述是清楚的、内容丰富的，并且与来自同一语言社群的其他人共享；但是已有的数据非常贫乏，基于任何常用的程序（如归纳、概括、类比，联想等）都不能确定这些知识。我们有理由相信儿童仅仅依靠正面证据学习语言（修正是不需要的或关系不大的）。他们好像不需要相关语言经验，就知道关于大量复杂情况的语言事实（例如第一章所阐述的那些事实）。那么，很可能是"猜测本能"把数量非常少的可接受的假设呈送到评价程序。

普遍语法（其生成能力）允准的语言类型很丰富，这没有明显的经验上的证据。重要的是，普遍语法范围没有清晰关系的"可行性"（feasibility）要求。可行性所要求的是，一旦给定数据，只有数量相当少的语言可供检查和评价（比如说，语言之间可能由于分值很散，以至仅仅为数不多的语言能有机会）。如果其范围有限，普遍语法理论可能无法满足可行性要求；如果它能允许最多类型的规则系统并且可以使规则系统精确，普遍语法理论就满足了可行性要求。其他涉及普遍语法结构的事实在这一点上也是相关的，但生成能力与此不相关。[5]

前面已经指出，描写充分性与解释充分性两者之间的要求存在一种张力。为了达到后者，有必要限制描写机制以便得到更少的语言（许多语言可能与证据一致，但如果仅仅少数语言受到高度重视，也不要紧）。然而，为了达到描写充分性，已有的手段必须足够丰富和多样化，以便处理可能的人类语言表现出来的现象，因此我们面对着相互矛盾的要求。我们或许可以认为生成语法的研究领域等同于这种张力尚未解决的领域。

生成语法的研究方案一经提出，这种困境就清晰而尖锐地出现了。如第一章指出的那样，最初构建明晰语法的诸多努力迅速揭示了一系列新现象，这些现象（包括非常简单的现象）在依赖读者智力的研究中以前是没有观察到的。为了处理这些事实，有必要丰富描写手段的类型；但是考虑到解释充分性的要求，这可能不是正确的举动。现在让我们考虑这个问题曾经是如何解决的以及那些努力所导致的近来理念上的转向。

3.2 规则系统

最早期研究提出的程式允许两类规则：短语结构规则和转换规则。短语结构规则形成短语标记（参见边码46），即标明范畴结构（例如名词短语、介词短语、小句等）的表征。转换规则把短语标记转换成其他短语标记。提出的这一规则的程式是由传统描写语法和历史语法改造而来，并根据计算理论（递归函数理论、算法理论）发展来的思想进行了重组。

古典语法认识到单词组成了短语。这一观点在 17 世纪的保尔-罗瓦雅尔语法就已得到清楚表述，并可追溯到古典的修辞理论。这里的"非比喻风格"被描述成"没有变换"，即"连在一起的单词彼此相邻"，这是亚里士多德时期智者学派手册里的表述。[①] 根据奥格尔（Richard Ogle 1980），这也是第一次论述该观点。从 Post（递归函数理论的一个常见路向）的意义上说，通过对规则的形式施加各种制约，在重写系统的框架内对这些想法进行形式化是很容易的事情。通过这些规则的有限系统生成的无限类别的结构足以对短语结构进行表征（至少对相对简单的句子是这样）。

这些短语结构的表征形式必须与语音形式相关。实现这一目的之自然手段是将历史音系学路向做出调整；通过一系列音变规则，该路向可以从（有时抽象的）历史先例中推导出特定语言的成分。将这种想法吸纳到共时描写的框架，在短语结构表征中，词条被赋予了抽象的形式，接着被一系列音系和语音规则转换成它们实际的语音形式。这也是当代生成音系学的基本思想。

从这个意义上讲，短语结构语法的简单系统如下：

（2）(i) S → NP VP
　　　(ii) VP → V NP
　　　(iii) NP → DET N
　　　(iv) NP → N
　　　(v) V → *hit*
　　　(vi) N → *boy*

[①] 智者学派：旧译"诡辩学派"，不确。智者（sophists）原泛指才士贤人，后专指一批收费授徒的研究型私人教师兼政法事务咨询人（智术师）。这与中国周代末期的名家（公孙龙子、惠施等人）情况相仿，故也不妨称为名辩学派。他们擅长修辞学和论辩术，对逻辑学和语言学也有重要贡献。——校者注

(vii) N → *John*
(viii) DET → *the*
(ix) X → ...

规则（ i ）—（ iv ）是句法规则。规则（ v ）—（ viii ）是词汇规则，*hit*，*boy* 等被理解为单个的符号（正如 NP，VP 和 DET）。规则（ ix ）代表一系列词汇—音系规则，这些规则将每个符号 X（如 *hit*，*boy* 等）与它的音系表征相联系。抛开这些规则，坚持传统的拼写法，包含规则（ 2 ）的语言生成比如表征式（ 3 ）：

（ 3 ）[$_S$ [$_{NP}$ [$_N$ *John*]] [$_{VP}$ [$_V$ *hit*] [$_{NP}$ [$_{DET}$ *the*] [$_N$ *boy*]]]]

基于前面的讨论，表征式（ 3 ）是终端语符串 *John hit the boy* 的短语标记。短语标记（ 3 ）显然是由系统（ 2 ）生成的。假定我们想确定某一短语标记（例如 3）是否由某一规则系统（例如 2）生成。我们假设如果规则系统包含规则 X → Y，那么形式 [$_X$ Y] 的短语标记的子部分就被 X 所代替，然后重复这一程序，如果最终的结果是唯一的符号，短语标记就被规则系统生成。如果唯一的符号是 S，就生成了小句。将（ 2 ）中的词汇规则（ v ）—（ viii ）应用到（ 3 ），用 N 代替 [$_N$ *John*]，V 代替 [$_V$ *hit*]，等等，从而将（ 3 ）精减为（ 4 ）。

（ 4 ）[$_S$ [$_{NP}$ N] [$_{VP}$ V [$_{NP}$ DET N]]]

将规则（ 2iv ）和（ 2iii ）应用到（ 4 ），我们得到（ 5 ）：

（ 5 ）[$_S$ NP [$_{VP}$ V NP]]

将规则（ 2ii ）应用到（ 5 ），就得到 [$_S$ NP VP]，再应用规则（ 2i ），就把（ 3 ）最终精减为 S，表明（ 3 ）是合格小句 *John hit Bill* 的短语标记。我们

知道 [ₓ Y] 表明 Y' 是范畴 X 的表达，Y' 是去掉所有的括号后，由 Y 得出的词汇成分的符号串。因而，在短语标记（3）中，*John* 的语类是 N，也是 NP。*the* 的语类是 DET（determiner［限定词］）。*boy* 的语类是 N，*the boy* 的语类是 NP。*hit the boy* 是语类 VP，*John hit the boy* 的语类是 S（句子）。

规则系统（2）必须进行修正，避免 *John hit*（及物动词 *hit* 缺少宾语）这样的句子生成的短语标记是合格的。因此我们将（2v）修改为形式（6）：

（6）V → hit/– NP

我们知道（6）意味着，按照描述的程序，仅当 *hit* 出现在 –NP（即出现在名词短语前）的语境下，V 可以代替 *hit*。那么短语结构规则通常就是（7）这样的形式：

（7）X → Y/Z–W

像（7）（Z 或 W 不为空）这样的规则（如 6）被称为"对语境敏感的规则"（context-sensitive rules），（2）中的规则是"不受语境影响的规则"（context-free rules）。

语法功能"……的主语"可以定义为"S 的 NP"，即直接包含在 S 内的 NP。因而在（3）中，*John* 是 *John hit the boy* 的主语，或者换种说法，*John* 是动词 *hit* 或者动词短语 *hit the boy* 的主语。同样地，语法功能"……的宾语"可以定义为"VP 的 NP"，因而 *the boy* 是动词短语 *hit the boy* 或动词 *hit* 的宾语。我们把动词 *hit* 称作动词短语 *hit the boy* 的"中心语"，名词 *boy* 称作名词短语 *the boy* 的中心语。同样名词 *John* 是名词短语 *John* 的中心语。这些概念可以很容易地扩展到其他结构中。

（2）隐含着这样一个假设，即主语和宾语与及物动词的关系存在不对称。宾语直接与动词匹配，而主语只是间接与动词相关，它与包含动词及其宾语的动词短语直接匹配。这种假设是经验性的，因而具有争议，但是该假设得到各种跨语言证据的有力支持。

NP-V-NP 这样的简单句的一些句法和语义特性给这一不对称提供了相对直接的支持证据。例如，英语允许语符串 V-NP 作为一个单位移位（如例句 8 所示）。在例（8）中，符号 e 填充了语符串 V-NP 移位后留下的位置。

（8）John wanted to win the race, and [win the race] he did *e*

这种"转换规则"对短语进行移位，而非不构成短语的语符串，这表明［win the race］是一个短语—动词短语。与此相对的是，不存在将句子 NP-V-NP 中的语符串 NP-V 移位的规则。

同样地，在句子 NP-V-NP 中，语符串 V-NP 作为一个语义单位，具有组合确定的意义。这也并不少见，如以下诸例：

（9）(i) John threw a party (threw a fit, threw the ball)
(ii) John broke his arm (broke the window)

在（i）中，语义规则确定 *threw*-NP 的意义，主语的语义角色可能发生变化；这取决于指派给这一单位的意义。因此，在句子"John threw the ball"中，*John* 是施事，而在"John threw a fit"中，John 就不是施事。同样地，在（ii）中，宾语是"the window"时，*John* 是施事。在"John broke his arm"的一种解读（例如"John broke Bill's arm"）中，John 也是施事。但"John broke his arm"还有第二种解读，意思是"John's arm broke"（约翰的胳膊断了）；在这种情况下，John 不是施事。语符串 V-NP 再次作为一个单位被指派意义，而且主语的语义角色是通过组合决定的，取决于 V-NP 这个单位的意义。这种情况并不少见，但是如果发现在 NP-V-NP 结构中，主语—动词组合被指派一个意义从而决定了宾语的语义角色，这就非常罕见了。假定动词—宾语语符串是一个短语—动词短语，被赋予意义且作为一个单位能够指派语义角色（在大多数情况下，语义角色完全由动词中心语决定），这就很容易理解了。[6]

这种分析还有语音上的直接证据，例如韵律曲拱通常适用于 NP 和构件（unit）V-NP。从约束理论考虑，还有进一步更抽象的证据。约束理论的其中一条原则是：

（10）代词不能以其范围内的成分做先行语。

这一原则有许多后果，据目前所知具有跨语言的不变性。我们后面将讨论该原则的正确表述以及它在约束理论中的地位。

一个成分的区域（domain）就是包含该成分的最小短语。考虑下列句子（句子中代词 he 的区域用方括号标出）：

（11）(i) [he thinks John is intelligent]
(ii) John thinks [he is intelligent]
(iii) the woman [he married] thinks John is intelligent
(iv) [his mother] loves John

在（ii）、（iii）和（iv）中，John 不在代词的范围内，因此根据（10），John 可以做代词的先行语。但是在（i）中，John 在代词的区域内，因此不能做代词的先行语。

但是现在考虑下例：

（12）[John's mother] loves him

这里，him 可以由 John 充当先行语，由此我们可知 John 并不在 him 的区域内。如果句子具有 NP-V-NP 这样的三分结构的话，那么 him 的区域将是整个句子并且也将包含 John。因而由（10）可得出必须存在一个短语，

包含 *him* 但不包含 *John*，正如表征式（13）所示：

(13) [~NP~ John's mother] [~VP~ loves him]

除去有些我们可忽略的复杂情况，在语序更自由的语言中（比如日语，宾语可以在主语前面，因此语序是宾语—主语—动词，因为日语是动词居后的语言），对应于例（12）这样的句子一般也允许先行语关系。我们因此得出结论：在约束原则（10）适用的表征式层次，日语也有 VP 或类似的短语。例如，宾语—主语—动词句的结构或许是（14i）（e 表示宾语从底层结构 14ii [由日语的短语结构规则生成] 移位的位置）：[7]

(14) (i) object [~S~ subject [~VP~ *e* V]]
(ii) [~S~ subject [~VP~ object V]]

如果在一些语言中也发现类似现象，导致主—宾关系不对称的 VP 结构跨语言也成立——这个结论就是合理的。我们似乎有理由假定同样的词汇概念可得到跨语言的表述，而且这些概念与主语、宾语、补语等语法功能紧密相关。这些概念具有跨语言的意义。如果这种意义可通过这里建议的短语标记的特性从形式上得到表达（这也是一个有争议的假设），那么适当形式的短语标记（包括表达主—宾不对称的 VP）会出现在与词项解读相关的表征式层次，在其他语言也如此。

这些结构是再次呈现"柏拉图问题"的一个案例。当然，有可能用生成三分结构 NP-V-NP（或者日语中的 NP-NP-V）的规则，或者将结构 [NP-V]-NP（而非实际的结构 NP-[V-NP]）中主语和动词联系起来的规则，替换（2）中表达主—宾不对称的短语结构规则。支撑 VP 分析的证据掌握在研究语言的语言学家手中，而不是语言学习者手中。也就是说，假设语言学习者使用上述展示的证据来确定结构是不合理的。不过结构的确定很可能独立于这些证据，而且语言学习者知道，比如说，例（12）通过给其指派的结构允准先行语—代词关系。如果这样的话,那么普遍语法必须对短语结构规则进行限制,以便只有 VP 分析在相关的表征式层次存在。

诚然,这一结论与现代逻辑常常将及物动词从语义上分析为二元关系的做法并不冲突。如果这一结论正确的话,这一分析将被推导出,进一步偏离了句法分析。语义特性可由这两种句法理论来描写,虽然方法有些许不同。

规则系统(2)仅仅生成了有限数量的句子(事实上只有四个句子)。通过允许规则在范畴 α 内允准范畴 α,该系统可被赋予无限的生成能力。例如,用句法规则(15)代替(2iii)和(2iv),同时还增加词汇规则(16):

(15) (i) NP → Det N'
(ii) N' → N
(iii) N' → N S
(16) (iv) N → *claim*

根据(15),表征式(3)稍作修改:名词 $[_N\ man]$、$[_N\ John]$ 现在分别为 $[_{N'}\ [_N\ man]]$ 和 $[_{N'}\ [_N\ John]]$。注意 *claim* 也是个动词,如果增加其他一些词项,我们扩展规则系统(省略掉一些括号,暂不考虑 *that* 的地位)就可生成例(17)这样的结构。

(17) (i) John $[_{VP}$ claimed $[_S$ that Bill hit the man$]]$
(ii) the $[_{N'}$ claim $[_S$ that Bill hit the man$]]$

如果增加合适的词汇规则,生成的句子中将包括"the claim that John hit the man surprised Bill"和"the assertion that the claim that John hit the man surprised Bill astonished Tom"等。

例(17)中的两个结构很相似:(i)中的 VP 包含一个动词中心语 *claim*

（带有屈折变化）和一个补语小句 that Bill hit the man。（ii）中的 N' 包含一个名词中心语 claim 和相同的补语小句。简言之，claim 一词无论用作名词还是动词，后面都跟小句补语。如果我们将这些规则扩展，允许名词短语的属格"主语"（如例［18］中的那样），例（18）与（17i）在每个范畴上都是平行的，具有大致相同的内部语义特性。

(18) John's claim that Bill hit the man

这些例句表明英语中限定词（DET）的其中一个选择是由完整的名词短语充当。该名词短语被指派属格的格标记。同样的格标记被指派给动名词，如例（19）所示：

(19) John's hitting the man

这里的 hitting the man 是普通的 VP（hit 带有 ing 屈折，而不是小句的时态一致屈折），而且主语由 NP 充当，也是属格，这表明格标记指派给 NP 的"主语"，不管它与 VP 配对（如例［19］）还是与 N' 配对（如例［18］）。我们再次看到 VP 和 N' 之间存在平行关系。注意我们可以扩大"……的主语"概念，使之包含这一情况，也包括常见的小句的主语的情况。

考虑到这些情况，这表明我们应该重新思考短语结构规则的本质，以便更清晰地揭示这些平行关系。这一修改具有一些相当深远的影响，我们后面再讨论。

基于上文指出的思路，短语结构规则可为一系列的词句表达式很成功地生成句法结构表征。为了这个目的，短语结构规则在生成语法的最早期研究中被采用。然而，很显然，刚才阐述的这种短语结构规则本身不足以正确解释各种句子结构。这一问题的早期解决路径（该路径在后来和目前都有一些变体）是采用一些复杂范畴，从而丰富了规则系统。这些复杂范畴具有一些特征，可渗透它们所包含的范畴之中。复杂范畴表示的这种整体依存性（global dependency）是短语结构规则的简单体系所不能解释的。例如，为确保单数主语和复数主语分别与单数动词和复数动词相关，可以在符号 S 中增加单数或复数特征，生成复杂符号［S，单数］或［S，复数］，惯例是特征从 S 渗透其成分 NP，VP，然后再到这些成分的中心语。引入词项的这些规则将参照复杂符号［N，单数］，［V，单数］中所涉及的特征。我在 1949 年的本科论文中采用了这一研究路向，在稍有不同的框架内修正了哈里斯的观点。这一路向可以进一步丰富，在后来的研究中也得到落实，研究思路与我在这儿讨论的截然不同。

另外一种替代路向也是将哈里斯的观点应用到生成语法的框架下，但避免扩充短语结构规则，而且将已有的复杂结构分成两个基本部分：短语结构规则仅具有简单的范畴，生成一类抽象的底层结构（称为"D-结构"[D-structure]）[8]。这些 D-结构被另一不同类型的规则—转换规则映射到结构（称为"S-结构"[S-structure]）之中。这些 S-结构大致对应于实际观察到的形式，这些形式具有自己的表层结构。转换规则表示短语标记的"整体"特性，如格一致的情形，它还从直接对应简单句的 D-结构推导出复杂结构（被动句、疑问句、关系结构等）。转换规则也是对传统语法非正式手段的适应，当然传统语法也意识到主动式和被动式、陈述句和疑问句、关系从句和完整小句等之间的系统关系。例如，17 世纪的保尔-罗瓦雅尔语法和逻辑吸纳了类似这种意义上的短语结构规则和转换规则，并使用这些规则解释句子之间的语义特性，并发展出一种推断理论。[9]

每个转换规则由"结构描写"来界定，结构描写找出它所适用的短语标记的类别；为了实现转换，确定这些短语标记如何分析，并确定"结构变化"。结构变化表示这一短语标记如何被操作，以便产生出新的短语标记。例如，形成疑问句的转换规则适用于"X，*wh*-，Y"这样形式的短语标记，X 和 Y 是任何短语，*wh*-是一个 *wh*-短语，比如 *who* 或者 *which books*。这一规则将第二个术语 *wh*-移到句子的前面。这一规则的结构描写规定它适用于句子（20），其分析已在括号中标明。结构变化规定这一规则将 who 移到前面，得到（21）：

（20）you think—who—saw John
　　　（　X　*wh*-　Y　）
（21）who—you think saw John

随后的转换得到表层形式"who do you think saw John"。这种后续转换限于非嵌入小句。当疑问结构为嵌入小句时，该后续转换不适用，比如"I wonder [who you think saw John]"或者形成关系小句时（例如，"the man [who you think saw John]"），关系小句的形成与疑问句的构成使用同样的规则。

构成疑问句的转换规则或许可能由（22）或者简化的形式（23）来表示：

（22）结构描写：(X, *wh*-, Y)
　　　结构变化：(1, 2, 3) → (2, 1, 3)[①]
（23）(X, *wh*-, Y) → (2, 1, 3)

后来的研究假定当一个语类通过转换移位时，留下一个虚范畴（empty category），或"语迹"（trace）。因而刚才描述的转换得到的不是（21），而是（24）。语迹 [$_{NP}$ *e*]（*e* 是一个空成分）作为 NP 类型的一个语类，是 *saw* 的 NP 主语，但缺乏语音内容。

（24）who—you think [$_{NP}$ *e*] saw John

在上面引用的一些例子里，我已经接受了这一处理方法；虽然这种方法已

---

①　此处原书有误，已经与作者确认，译者做了修正。——译者注

经过时，但在讨论早期研究时我将继续沿用。

如果 S-结构包含语迹，那么语法关系也在 S-结构以抽象的方式表达。因而假设（24）中的 who 和 [$_{NP}$ e] 联系在一起（比如通过同标），我们可以说 who 具有"saw 的主语"的功能，以其语迹为中介，或者说得更清楚，who 是个算子（operator），约束变量（variable）e，who 是动词的实际主语，因此该表征式作如下理解：

（25）for which person *x*, you think *x* saw John

实际上，这一解读是通过给 who 指派其意义，并以变量的符号标记解释其同标，从而指派给 S-结构形式（24）的。因此，假定 S-结构包含语迹，使得有可能使用算子—变量关系和 D-结构表征式带来的语法功能和语法关系，简单清晰地提供语义解释。事实上，有大量的各种证据支持如下假设：虚范畴的确出现在各种句法层次的表征式中。我们后面将探讨这个问题，这个问题很有意思，也是目前研究比较多的一个课题。

短语结构理论和转换规则提供丰富的手段，以便达到描写充分，但是仍然限制可能语言的类型，以便与呈现的数据相一致；更确切来说，用自然评价措施使这些语言分散，这也是经验上重要的要求。因而，它们也是向研究方案中两个目标迈进的一步。此外，规则满足规则系统要求的程式，规则决定的各种表征式在很多方面似乎对句子的语义解读来说是合适的，这也是早期研究中的核心动因。[10] 具体来说，D-结构是作为语义相关的语法关系（如主语—动词，动词—宾语等）的抽象表征式。该抽象表征式是进入句子语义解读的一个关键因素（假定 S-结构存在语迹，这些关系也可以在 S-结构间接得到表达）。然而已经很清楚，与照应语、辖域等相关的语义解读的其他特征并没有在 D-结构层次得到表达，而是在与表层结构相近的某个层次表达。这一层次或许是 S-结构或者 S-结构直接推导出的有时被称为"逻辑式"（Logical Form，简称 LF）的一个表征式层次。该层次带有常见的附加条件，以便避免可能的误读。[11] 使用这一术语是因为这一表征式层次具有其他用法意义上的逻辑式的许多特性。我们接下来再讨论这个问题。

这一语言结构的总体框架有时称作"扩展的标准理论（Extended Standard Theory）"，该框架假定规则系统的总体结构如（26）所示：

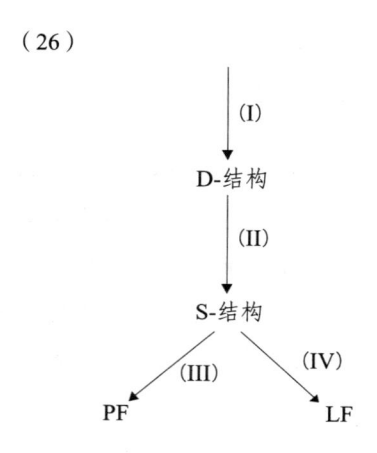

（26）

```
        │(I)
        ▼
      D-结构
        │(II)
        ▼
      S-结构
       ╱   ╲
    (III)  (IV)
     ↙       ↘
    PF        LF
```

箭头对应于规则的各种子系统，其方向表示结构关系，并不意味着语言产生或处理存在时间顺序。短语规则（I）比较简单，生成无限类别的D-结构。D-结构表达与语义相关的语法功能和语法关系。转换规则（II）将这些语法功能和语法关系转换成 S-结构。同样的关系（和其他关系）也可通过语迹的中介作用在 S-结构得到表达。音系规则及其他规则（III）将 S-结构转换成具有表层短语范畴（语音式［Phonetic Form，简称 PF］、表层结构）的语音表征式。逻辑式部分的规则（IV）独立将 S-结构转换成逻辑式的表征式，辖域及其他特性在此得到直接表达。PF 和 LF 构成了语言和其他认知系统的"接口"，当语言和其他系统（包括感知和产出系统、概念系统和语用系统）互动时，一方面产生了语音的直接表征式，另一方面也产生了语义的直接表征式。按前面讨论的来说，表征式层次是

D-结构、S-结构、PF 和 LF。规则是生成 D-结构表征式和 S-结构表征式的短语结构规则和转换规则以及 PF 和 LF 成分的规则。

3.3 对规则系统类型的限制

3.3.1 转换部分

在简要回顾了上文所描写的规则系统之后（事实上，这个回顾汇总了超过 20 年以上的观点），让我们回到一开始面对的那个难题，即描写充分性和解释充分性要求之间的张力。

一旦对规则系统的特征提出清晰的建议，接下来的任务就是证明这些手段足以实现描写充分性。为了阐明出现的问题，再思考一下形成疑问句和关系小句的规则（23）。我们有类似（27）这样的句子，在（27）中，星号表示句子不合语法，[12] 我们继续假定移位规则的语迹理论（虽然这有点过时）：

（27）(i) the man [who John saw *e*]

(ii) I wonder [who John saw *e*]

(iii) the man [John saw *e*]

(iv) *I wonder [John saw *e*]

(v) I wonder [what John found of yours]

(vi) *I wonder [who John found of yours]

(vii) *I wonder [who a picture of *e* is on the table]

(viii) *the man [[to whom]$_2$ I wonder [what$_1$ John gave e_1 e_2]]

(ix) *what$_2$ did you meet the man [who$_1$ e_1 saw e_2]

例（i）和例（ii）很好理解。我们可以按如下方式对它们进行描写：短语结构规则生成陈述句，名词短语（或者在其他结构中，介词短语 PP 等于 P NP）位于 *e* 的位置。我们可以将 *wh*- 看作是出现在一个单词（在这种情况下是名词）内的表层形式的特征，但它与 NP 抽象关联（NP 内的名词是中心语），或者与包含这一 NP 的 PP 关联。这就是 *wh*-短语，在（23）中标为"*wh*-"，重复如下：

$$(28)(X, \textit{wh-}, Y) \rightarrow (2, 1, 3)$$

根据名词的类别，该 NP 拼读为 who 或 what。*wh*-短语经过转换（28），移到其小句的左侧。这是简单的规则——涵盖关系小句和疑问句——可以很方便地扩展到其他句法范畴；我们称之为 *wh*-前置规则。

接下来考虑（27iii）。很明显，*wh*-短语可以删除，因此有一个进一步的转换规则—*wh*-删除。但是（27iv）表明这一转换须被更复杂的转换所替代，这样的转换具有扩展的结构描写，允许删除关系小句中而非疑问句中的 *wh*-短语。接着看例（v）和（vi），这两例分别对应于陈述句 "John found a book of yours" 和 "John found a friend of yours"。我们认为，进一步的限制条件必须加到规则 *wh*-前置上（对相应的关系小句也是如此）。例句（vii）中嵌入小句对应的陈述句是 "a picture of John is on the table"。该例句说明（28）的结构描写（参照 [22]）必须更丰富，以便删除这种情况中的移位。例句（viii）和（ix）的嵌入句对应的陈述句分别为 "he gave the book to the man" 和 "the man saw the book"，这两个例句表明结构描写必须进一步完善。

UG 的程式提供的描写机制可进一步阐述，以便提供满足这些目的的机制，不过有不小的代价。问题可以用多种方式提出：（I）为什么儿童不使用简单的 *wh*-前置和 *wh*-删除规则，在很多情况下得出错误的答案，而是为达到描写充分的要求使用更复杂的规则？（II）丰富的描写机制提供多种便于描写的可能性，以便很多语言被选择接受的评价标准评价；（III）我们牺牲了解释力，因为我们无法解释事实为何这样。一旦面对构建明晰语法的任务，很多这种问题就出现了。

为了解决这些问题，最显然的办法是寻求支配规则应用的普遍原则，这些原则可从个体规则中抽取并可归结为初始状态（initial state）S_0，因而它们是在普遍语法而非个别语法中得到表达。如果可行,这一方法将保留简单的规则 wh-前置和 wh-删除。最早期的一些看法是受到例(27)的启发,这些看法出现在乔姆斯基(Chomsky 1964)中。[13] 删除的可恢复性原则规定:只有当一个成分被一个结构相关并且包含其词汇特征的短语完全确定,或者它是一个"指定成分"时,它才可以被删除。该原则中的这些概念需要精确处理。在例(27i)中,关系成分 who 由 "*the man*" 确定,因而可以删除,得到例(27iii)。但在例(27ii)中,who 没有被确定,因此例(27iv)不合语法。基于同样原因,"the man to whom you spoke"中的 to whom 不能删除,因为介词 to 不能恢复。假定 NP 的指定代表成分为单数不定代词 *someone*、*something*,因此只有这些成分可以被 wh-短语代替。我们可以将例(27v)和(27vi)归结为如下事实:"I found something of yours" 合乎语法,而 "I found someone of yours" 不合语法。[14] A-盖-A 原则(A-over-A principle)规定任意语类 A 的一个短语不能从该语类的另一个短语中提取,因而例(27vii)被禁止,因为它需要 NP who 从 NP "a picture of who" 中提取。我们看一下例(27viii)和例(27ix),普遍语法的一般原则规定某一特定规则(这里是 wh-前置)不能在同一小句使用两次,因而禁止了这些例子。

随着这些一般原则被归为 UG,即初始状态 S_0,我们可以为关系小句和疑问句保留 wh-前置和 wh-删除。儿童需要学习的知识就是英语中的 wh-短语移到小句起始位置,并可以被删除。这些结构的其他特性可由在 UG 中得到表达的 S_0 的诸多原则推导出来。根据这一假设,一旦儿童学习了 wh-前置和 wh-删除,儿童就知道事实就如例(27)那样,而且这些规则可从如例(27i)和例(27iii)那样非常简单的数据中学到。

注意:如果将上述两条规则精减为 wh-前置成立的话,我们就不再有与特定结构相关的规则,既没有"关系化规则",也没有"疑问规则"。取而代之的是类似 wh-前置这样的通用原则,该原则与其他原则一起形成了各种结构。后来的研究得出结论:语言系统的"模块性"特征是非常普遍的。

沿着这一方向，向前迈出重要一步的是罗斯（Ross 1967）。他提出了"孤岛限制"的目录。孤岛限制就是一些结构不允许基于移位规则进行提取。随后的研究试图用更深入更自然的原则解释这一系列限制，从这些原则中可以推断出这些限制的影响。例如，界限理论（bounding theory）的"邻接条件"（subjacency condition）规定转换不能将一个短语移得"太远"，"太远"的界定是非常清楚的，而且可由一般性条件（例如约束理论的那些条件）得出，这些条件应用于规则所适用和形成的表征式。埃蒙兹（Emonds 1976）的研究很重要，因为该研究系统地进一步减少了可能的规则使用的类型和自由。各种规则表面上的强制性和任意性以及使用的顺序也被证明在有趣的范围内可以归为表征式的特性有独立动因，[15] 有学者（Freidin 1978）做出初次尝试，试图从这些特性中推导出规则使用的某些一般原则或者它们的影响。

诸如规则的循环应用原则、孤岛限制、邻近条件、表征式条件等一般原则用来限制允许的规则的类别，因为没有必要在规则自身内包括其使用条件。实际上，这些条件在许多规则中不计在内，而是归入初始状态 S_0。假定可能的人类语言的类型是一个没有被不当（太窄或者太宽）界定的集合，那么这些原则的制定就是迈向解释充分的一步。这个问题再次反映了前面已经注意到的张力。

其他研究表明，在 wh-前置转换中不需要规定方向性（directionality）。因此该规则可进一步从 wh-前置简化为 wh-移位。基于这一思路的进一步研究给出大量的证据支持如下观点：一旦提出正确的一般原则，大量的转换规则可简化为类似 wh-移位的形式。

相应地，对 NP-移位的研究得出如下结论：各种情况都简化为 NP-移位。例如，在最早期的著作中有"被动转换"，是通过一个规则将例（29i）转换为例（29ii），其结构描写和结构变化简单标示在（30）中。在（30）中，将第三项移到第一项的位置，在第二项 see 后加 be-en（根据后期规则，see 变成了 be see-en=be seen；我们这里忽略时态的位置）；（将第一项移到）第三项的位置，并被指派 by：

  （29）(i) John saw Bill
    (ii) Bill was seen by John
  （30）(NP, V, NP) → (3, be-en 2, by 1)

同样地，提升（raising）规则将例（31i）转变为例（31ii），表示为转换过程（32）。在（32）中，结构描写中的第三项移到第一项的位置，第一项在短语结构规则生成的底层 D-结构中是空位。

  （31）(i) *e* seems [John to be happy]
    (ii) John seems [*e* to be happy]
  （32）(NP, V, [NP, X]) → (3, 2, 4)

  如果规则和表征式的一般原则被恰当表述，（30）和（32）只需简化为 NP-移位，因此不存在被动化规则或提升规则，而仅仅是 UG 原则互动的结果，从而产生了各种结构。由于语言允许的选择不同，这些结构存在语言之间的差异。此外，wh-移位、NP-移位以及 PP-移位等都大致（或许完全）可以用其他术语来解释，因此只剩下规则 α-移位（α 为任意语类）。认为这一结论已得到证明还缺乏足够证据，但这是个合理的假设，许多特定情形似乎已得到很好的证明。

  注意提升规则是必需的：例（31i）并非可能的 S-结构形式，必须转变为（31ii）。如果假定 S 结构的直接底层结构形式不是例（29i）而是（33），那么对被动化规则来说同样如此。

  （33）*e* was see- *en* Bill (by John)

  我们可以用语法的另一子系统——格理论，基于怀尔诺（Jean-Roger Vergnaud）最早建议的思路，来解释这些规则的强制性。[16] 具体细节和总

体的动因,我们后面再讨论。目前只需注意这一理论包括格鉴别式(Case filter)(34)(下面还将修正):[17]

(34)每个具有语音实现的 NP 必须被指派(抽象)格

在一些语言中,格有形态实现形式,在其他一些语言中则没有。但是,不管格是否有形态实现形式,我们假定它是以统一的方式指派的。我们假定宾格被指派给动词的宾语,主格被指派给限定句的主语,介词给其宾语指派旁格(oblique case)。除了在有限条件下(如"he dreamt a dream"),不及物动词一般不指派格。动词 seem 是不及物动词,例(31i)中的 John 是非限定(不定式)小句的主语,因而例(31i)中的 NP John 没有格,违反了格鉴别式。使用 NP-移位规则,使 John 位于限定主句的主语位置,从而得到主格,满足格鉴别式的要求。如果假定被动形态的一般界定特性是它"吸收了格",因而 see-en 是不及物的,同样的原则在例(33)中也适用。接着例(33)中的 Bill 须移到主语位置,以便满足格鉴别式的要求。[18]

注意:移位到主语位置不是"被动转换"的特性(事实上不再有这个规则)。该移位可由格鉴别式和被动形态吸收(宾)格这一事实推导而来。如果被动动词的补语不是 NP,那么就不需要移位,如例(35)所示(其中补语是个小句):

(35)It is widely believed that John is intelligent

如果一种语言允许其他格指派给补语 NP,那么根本不需要移位,如西班牙语或意大利语,这两种语言都有与例(33)对应的句子,但没发生移位,因为这些主语空位语言允许例(33)中的空主语待在原位,该空主语与被动动词的宾语相关联,将主格传递给该宾语,传递方式后面再讨论。[19]

只要那些结论是正确的,语法中的转换部分就可以被精减为 α-移位,即任何成分在任何位置都可以移位,或许甚至影响 $-\alpha$(Affect-α)(对任何成分采取任何操作，如删除、插入、移位），正如 Lasnik & Saito (1984) 建议的那样。结构描写和结构变化可以删除，没有必要规定转换规则的强制性和可选性，也没有必要规定元规则（以前被称作"交通规则"），元规则支配转换规则的使用顺序。

然而，这些规则的应用方式在不同语言中有一些变化。因而，英语中 *wh-*短语移位，但汉语和日语的 *wh-*短语却不移位。英语具有 S-结构形式（24），由 D-结构（20）推导而来，这里分别重复为例（36ii）和（36i）。但是汉语和日语中的 D-结构形式和 S-结构形式都对应于例（36i）。

（36）(i) you think [$_{NP}$ who] saw John
　　　(ii) who—you think [$_{NP}$ *e*] saw John

那么，我们或许可以假设通用原则 α-移位具有与其相关的参数，这个参数决定了 α 的选择。参数值必须由语言经验确定，而不是由语言的其他特征决定。[20]

自从黄正德（Huang 1982）这一重要研究成果发表以来，语言间这一差异的准确本质就是很多研究的主题。他给出了有说服力的证据（后来其他学者也补充了更多论据），证明即使汉语和日语中的 *wh-*短语也被移到小句的边界，留下一个作为变量的虚范畴。虽然这一操作并非像英语中那样显性发生，而是通过 S-结构到 LF 层次的映射完成的，LF 层次还标示了辖域和其他特性。因而，在 LF 层次，汉语和日语也有对应于英语中例（36ii）的形式，解读为例（37）[=（25）]：

（37）for which person *x*, you think *x* saw John

简言之，除了词项的选择和其他特性（例如词序）之外，汉语、日语以及英语都具有 D-结构和 LF 表征式，但在 S-结构表现不同。在汉语和日语中，S-结构与 D-结构相同，但在英语中，S-结构与 LF 相同。因此我们得到如下排列：

(38)　　　　　　　汉语、日语　　英语
　　　D-结构　　　（36i）　　　（36i）
　　　S-结构　　　（36i）　　　（36ii）
　　　LF　　　　　（36ii）　　　（36ii）

LF表征式例（36ii）在两种语言类型中基本是相同的，统一解读为例（37）。

英语也有 wh-短语进行LF移位的例子，正如例（39）中的多重 wh-问句那样。这种多重问句首先在贝克（Baker 1970）提出的整体框架内进行研究：

(39) I wonder who gave the book to whom

我们可以假定例（39）的LF表征式是例（40i），其解读为例（40ii）：

(40) (i) I wonder [whom$_j$, who$_i$ [e$_i$ gave the book to e$_j$]]
　　　(ii) I wonder [for which persons x, y, [y gave the book to x]]

因而，虽然是在不同的条件下进行，但两种语言类型的LF部分在使用 wh-移位时都是有选择的。虽然其S-结构不同，但英语、日语和汉语的LF表征式很相似。假如LF表征式是（广义上的）句法和语言使用系统的接口（interface），这个结论也是在意料之中。如果这些结论是正确的，那么我们讨论的参数将不与规则 α-移位中 α 的选择相关，而是与规则 α-移位适用的层次相关，其适用层次与 α 的各种选择相关。[21]

刚才讨论的系统还有其他复杂之处。比较例（27viii）（这里重复为例［41i］）和（41ii—41iv）：[①]

---

① 原文为（42ii—42iv），此处有误，译者做了更正。——译者注

(41) (i) *the man to whom I wonder [what he gave *e* *e*]
(ii) *the man whom I wonder [what he gave *e* to *e*]
(iii) *the man to whom I wonder [what to give *e* *e*]
(iv) *the man whom I wonder [what to give *e* to *e*]

关于（i），讲话人对该例句的判断有差异，但很少有讲话人认为（i）和（ii）一样糟糕。同样地，（iii）和（iv）大致介于完全合格与完全不可接受（[ii]）之间，（iii）比（iv）可接受度更高。对很多讲话人来说，（iii）是完全可以接受的。因此我们把所有这些句子都仅仅标记为不合语法（用 * 表示），会丢失一些信息（参见注释 12）。一个区别似乎与嵌入小句的限定性相关，限定小句中的提取比不定式小句的提取要困难得多。另一个区别是在（ii）和（iv）中，两个虚范畴都是 NP，而在（i）和（iii）中，一个虚范畴是 NP，一个虚范畴是 PP。我们或许可以将阻断小句内规则多次应用的原则重新表述为 S-结构的"鉴别式"，即一个 VP 不能直接包含两个 NP 语迹。那么（i）违反了限定性限制，但没违反该鉴别式，（ii）两样都违反了，（iii）两样都没违反，（iv）违反了鉴别式。所有例句都可能违反受制于语言间较低层次参数变化的条件。这些须考虑的因素应吸纳到界限理论，它们大致将这些例句的可接受度进行了正确排序。[22]

wh-移位的语迹理论分析有很多影响，其中一些我们下面将讨论。现在我们讨论一个与约束原则（10）相关的影响。约束原则（10）规定：一个代词不能以它区域内的成分做它的先行语。（10）的正确表述是约束理论问题，约束理论是普遍语法的子理论，涉及一些原则，这些原则支配着诸如相互代词、反身代词和代词之类的指称依存成分与它们的可能先行语之间的关系。让我们用同标（CO-indexing）来表示先行语—代词关系。[23] 假定 Y 不包含在语类 X 之内，如果 X 和 Y 同标，那么成分 X 约束它区域内的成分 Y。原则（10）现在可以被理解为：规定只有当 X 是自身的语迹时，代词可约束不同的成分 X。[24]

假定我们从例（11i）和（11ii）（这里予以重复）构建 *wh*-问句，用

who 代替 John 并前置，从而形成对应的 S-结构（42）：

（11）(i) [he thinks John is intelligent]
(ii) John thinks [he is intelligent]
（42）(i) who does he think *e* is intelligent
(ii) who *e* thinks he is intelligent

这些也可被假定为 LF 表征式，*e* 解读为变量，受准量化词 who 约束。用其意义代替 who，我们可以得出对应的解读：

（43）(i) for which person *x*, he thinks *x* is intelligent
(ii) for which person *x*, *x* thinks he is intelligent

总体来说，代词可被解读为指称上依存或者是自由的，因而在（11ii）中，he 可以指 John 或其他人。假定在（42ii）中，he 指称上依赖 *e*，因而（43ii）中的 he 被认为是受约束的变量，与 X 同指。那么解读就是：

（44）for which person *x*, *x* thinks *x* is intelligent

这里我们想确认一个人，须满足如下条件：*x* thinks *x* is intelligent。事实上例（44）是（42ii）的一个可能的解读。

现在我们假定 he 的解读在指称上依赖（42i）中的 *e*，因此（43i）中的 he 是受约束的变量，等同于 *x*。这会又得到（44）中的解读，但这里不存在这种解读，（42i）没有（44）中的意思。这一现象被称为"强跨越"（strong crossover）。[25] "跨越"是因为在不合格的例句中，wh-短语越过了代词；"强"是因为这一效应强于其他类型的跨越结构：

和前文一样，我们要问的是：语言学习者是如何知道这些事实的。这些事实既不是任何想象到的语言的必要特性，肯定也不是教会的，或者通过一般性的归纳或类推原则从直接语言经验推导而来的。原则（10）给出了答案。在例（43i）而不是（43ii）中，[①]x 在 he 的区域内，因此不能被 he 所约束。因而，强跨越现象可由更通用的约束理论原则来解释。[26]

约束原则（10）被看作是代词的特性：代词不能约束其先行语。另外我们或许可以将这一原则看作是充当先行语的那些表达式的限制条件。那么（10）的重要性在于指出像 John、the man 这样的短语或者变量不能被代词约束。我们把这些短语称作指称性短语（referential expression，简称 R-expression）。这一术语旨在表明它们是以准指称的方式，并非是真正意义上的语义指称起作用，而是被视作表示关联模型里的成分（参见边码 44—45，将"外延"看作指称性短语和它所"指称"的模型里的一个或多个成分之间的关系，或者当为变量时，则为满足关系）。

现在（10）似乎可以概括为：

（45）指称性短语必须是自由的

这一修正解决了注释 24 提出的问题。原则（10）是（45）的特殊情况，指称性短语受代词的约束，因此并不自由。但是（45）也排除了像例（46）这样的句子，其解读由标引表示：

（46）*John$_i$ didn't realize that [the fool]$_i$ had left the headlights on

与此相比，当表述词语不受约束时（如例 [47]），将诸如 the fool 之类的表述词语与其先行语联系在一起是允许的。在例（47）中，括号 [$_d$] 界定潜在先行语的区域：

（47）(i) [$_d$ John$_i$ turned off the motor], but [the fool]$_i$ had left the headlights on
(ii) [$_d$ John's$_i$ friends] didn't realize that [the fool]$_i$ had left the headlights on

---

① 原文为 42i 和 42ii，原文有误，译者做了必要修改。——译者注

这一点不仅限于表述词语。对比（49），考虑（48i）和（48ii）：

（48）(i) [_d Reagan_i was elected], although [the former actor]_i is regarded by many with a good deal of skepticism

(ii) [_d Reagan's_i main problem] is that [the former actor]_i is regarded by many with a good deal of skepticism

（49）*[_d Reagan_i is aware that [the former actor]_i is regarded by many with a good deal of skepticism]

将（10）扩展到更一般的、适用于指称短语的约束原则（45）似乎合理，尽管为此会出现一些问题，包括（45）能否参数化的问题与（10）不同。这里我们暂且不讨论这些问题。[27]

注意：（45）目前或许不正确，因为它完全排除了变量，这些变量由于受到算子约束，因而并不是自由的。很显然，这一原则并不指"算子约束"，而是指关于指称依存意义上的约束。我们可以通过区分名词短语出现的两种不同的位置来表示这些事实。[28] 第一类位置包含那些被指派语法功能的成分，例如主语和宾语（包括介词的宾语）。我们将它们称作"论元位置"，表示它们可以（虽然不是必须）被论元填充，后者为需要语义角色的准指称成分。那么，论元位置就是原则上能指派诸如施事（agent）、受事（patient）等语义角色的位置，虽然这些位置是否事实上被指派，取决于词项的选择。其他位置被称为"非论元位置"，尤其是被类似 who 的算子占据的小句外部位置。原则（45）就限于"论元约束"，即来自论元位置的约束。[29] 该原则规定指称性短语必须不受论元约束。很快我们就会看到这一原则需要进一步改进。

3.3.2 短语结构部分

到目前为止，我们一直考虑采取一些措施来限制规则系统中转换部分的描写能力，从而增强解释力。我们不断取得进步，直到找到语言学中的柏拉图问题的解决方案。很明显，如果规则系统的其他成分在描写力方面得到强化，而转换部分受到限制，那么刚刚描述的这种进展根本算不上任何进步，因为在那种情况下，同样的一些问题会再次出现。这一研究的关键因素是它并没有导致增加可能的短语结构规则系统的类型。

事实上，关于转换，短语结构部分提出了与前面论述的大致相同的问题：存在太多程式允准的可能系统，因而牺牲了解释充分，语言学中的柏拉图问题尚未找到答案。解决方案是相同的，即设法通过提取一般特性，并将它们指派给 S_0，从而减少短语结构系统的类型。人们自 20 世纪 60 年代起就开始着手解决这一议题。例如，人们已经注意到短语结构规则对语境的参照局限于像（6）这样的规则，该类规则给词项指派句法范畴。那么建议显然就是将词库作为一个独立部分与句法分开。句法短语结构规则不受语境限制，因而极大地降低了它们可能的多样性。

词库与句法分开进一步减少了短语结构部分，短语结构部分可以被视作词汇特性的一种"投射"。正如我们已经看到的，短语一般包括中心语（名词、动词、形容词、介词以及其他可能的词类）和一系列由中心语词汇特性决定的补语。该语类包括中心语及其补语是该中心语的投射（如果中心语是 N，投射就是 NP；如果中心语是 V，投射就是 VP，等等）。再看一下例（17）和（18），这里重复为例（50）和（51）：

（50）(i) John [$_{VP}$ claimed [$_S$ that Bill hit the man]]
　　　(ii) the [$_{N'}$ claim [$_S$ that Bill hit the man]]
（51）John's [$_{N'}$ claim [$_S$ that Bill hit the man]]

作为其词汇特性，*claim* 后面带小句补语（作为一种选择）。如果 *claim* 是动词，那么它和它的补语构成 VP，*claim* 是中心语，如（50i）所示。如果 *claim* 是名词，那么它和它的补语组成 N'，*claim* 是中心语，如（50ii）和（51）所示。由于这些事实已在词库中表达，它们不需要通过短语结构规则在句法中复制。因此，我们不需要根据短语结构规则来确定在例

(50)和例(51)中 *claim* 后跟小句补语。词项 *claim* 的选取(和该词汇的选择)决定了句法表征式的这些方面,不需使用短语结构规则。总体来说,除了使用投射原则得到的语序,表示中心语—补语结构的短语结构规则可以删除。投射原则要求词汇特性通过范畴结构在句法表征式中得到表达。如果 *claim* 后跟小句补语作为词汇特性,那么在句法表征式中它必须有小句补语。

此外,N' 带有限定词(determiner)是语言的普遍特性,不是英语的专属特性,虽然这一限定词可为完整的 NP(这是英语的专属特性),如(51)所示。因而涉及这些例子的几乎所有选择都不需要在英语的短语结构规则中做出规定。

UG 中被称作 X-阶标理论(X-bar theory)的组成部分阐释了语言系统的上述以及其他普遍特性,并且进一步减少了短语结构规则的选项。后来的研究表明,补语的顺序在很大程度上由 UG 的其他一般原则所决定。例如,格理论的一个原则是格邻近原则,规定当格没有形态实现形式时,被格标记的成分必须与格指派成分邻近(语言间存在一些差异),因此如果一个动词后跟一个 NP 和一个 PP 补语,前者会距离动词更近("put [the book] [on the table]," * "put [on the table] [the book]")。[30]

这一研究的最终结果显示,除了 X-阶标理论的一些参数之外,短语结构部分可以完全删除。例如,在类似英语的语言中,中心语是否位于其补语的前面,从而我们有名词—补语,动词—补语,形容词—补语和介词—补语等结构?或者在类似日语的语言中,中心语是否在其主语的后面,因而我们有对应的结构:补语—名词、补语—动词、补语—形容词以及补语—介词?还有更复杂的情况。这些参数的确切性质目前正在研究当中,但现在看来,在向稳定状态过渡的过程中学到的那些内容,似乎并不包括短语结构规则,而是 X-阶标理论的一些参数的值被确定下来。换句话说,只要这些结论得到证据支持,就可以得出不需要短语结构规则,这是一个非常令人期待的结果,其原因已经讨论过。[31]

简言之，我们在 3.2 节一开始就已注意到，回答第一章（1）中问题的首次尝试提出规则系统的设计，允许两类规则：短语结构规则和转换规则。每一类都是传统的语言学概念适应生成语法的框架。出于对解释充分问题——语言学中的柏拉图问题的考量，我们尽力减少这一设计允许的可能规则系统的类型。两类规则都允许大量的选项，这些选项从未实现，也假定无法实现。因为存在这么多选项，所以很难解释某一特定语言是由已有的证据确定。短语结构规则这一设置尤其令人怀疑，因为这些规则在很大程度上反映了词汇特性。词汇特性的描述不能从语法中删除。例如，语法要描述 *claim* 后跟命题补语作为其词条的一部分，这不可避免。因此只要短语结构规则仅仅是换了一种形式，重新描述词条的主要内容，这些规则就应该可以删除，这是意料之中的结果。事实上，这些规则通常可以删掉，因为语言中没有这类规则。至于转换规则，我们没有类似理由质疑其存在，但这些转换规则的类型似乎可以大幅度减少，或许只剩下带有某些参数变化的 α-移位或影响-α。考虑到语言学的证据，这些措施严格限制了评价标准衡量的可能的语言的种类。事实上，转换规则这一设置也可能被删除。只要给出合理的证据，就可选出一种候选语言，UG 系统就是这样设计的。该语言就是初始状态 S_0 中各种原则的一种具体实现形式；初始状态的原则具有一些选项，是通过呈现的证据（例如中心语参数的赋值）以某种方式来确定的。

3.3.3 UG 的一般原则

3.3.3.1 投射原则与虚范畴

关于合格结构，人们提出过很多一般原则，以便减少对规则系统的依赖。其中一个就是投射原则，前面已经提到过，该原则规定词汇结构的范畴必须在每个句法层次得到表达。[32] 如果各种补语和附加语的顺序也都由普遍原则决定，一旦像中心语在前、中心语在后之类的参数确定，除了一些语言专属的特点外，短语结构原则就被完全删除。投射原则就是造成短语结构规则可被删除的原则之一。

通俗地讲，投射原则的后果之一就是，如果某个成分在一个特定位置得到"理解"，那么在句法表征式中，该成分就在**那儿**，或者是一个有语音实现形式的显性语类或者是一个没被指派语音形式的虚范畴（虽然它的出现可能影响语音形式，请参见边码 162 和 163）。因而，如果 see 在词汇上被描写为及物动词，它必须有一个宾语，在句法上表现为动词短语中的补语，在每个句法层次，即 D-结构、S-结构和逻辑式，但当然未必在表层结构（语音式）。如果在这一位置没有显性成分，那么必然有一个符合类型要求的虚范畴。"the man I saw"的结构表征式应是（52），虚范畴 e 是 see 的 NP 宾语。

    （52）the man [I [$_{VP}$ saw e]]

另外，虚范畴的特性（其决定方式我们后面再讨论）要求这种情况下的 e 是变量，受处于句首位置的算子约束，因此（52）中还有另外一个虚范畴。因而，其结构为（53），其中 O 是约束 e 的虚范畴算子：

    （53）the man [O [I [$_{VP}$ saw e]]]

这一空算子（empty operator）可以在词汇上实现为 who。无论哪种情况，算子都是通过规则—— A-移位移到小句前面的非论元位置。如同前面一样，我们或许可以假设 wh-短语被移位，然后基于可恢复性条件（参见边码 70）被删除，或者这个空位成分本身就是在 D-结构基础生成，并通过 α-移位前置。

  总之，在上述情况下，词汇结构的特性和普遍语法各子系统的普遍原则决定句法表征式的形式，而根本不需要短语结构规则。我们接着讨论不太清楚的情况。

  注意（53）中的变量虽然受算子 O 约束，但其取值范围并非由 O 确定，因为后者是虚范畴。事实上，变量的语义角色在这里是以另一种方式确定的，其值由关系从句的中心——短语 *the man* 确定。简单说来，（52）

的解释是(54):

(54)the man *x* such that [I saw *x*]

我们可假设在这种情况下,嵌入的关系小句做它的中心语的"谓语",因而通过 O 具有的标引,*e* 与 *man* 的标引相同。这一特性相当普遍。变量不仅必须被算子按先前所描述的方式约束,而且必须受到更强约束,或者其范围必须由其算子决定,或者其值必须由约束它的先行语决定。我们把这一特性称作"强约束"(strong binding),它不同于通常的约束。那么另一原则就是(55):

(55)变量必须受到强约束

这一要求看起来是完全顺理成章的,我们看到,它会带来一些非常有趣的经验性后果。

上述考虑使我们稍微修改一下约束原则(45),该原则规定指称性短语,尤其是变量必须不受约束,意思是不受论元约束(参见边码 79—80)。(53)中的变量并没有不受论元约束,因为它正受到 *the man* 的论元约束。[33] (45)明显地可以做如下扩展:

(56)指称性短语(在其算子的区域内)必须不受论元约束

我们理解(56)代表两个原则(57i)和(57ii)分别应用,即只有当第一个原则不适用时,才应用第二个原则。

(57)(i) 指称性短语必须在其算子的区域内不受论元约束
　　(ii) 指称性短语必须不受论元约束

第一个原则适用于变量,第二个适用于非变量。或许也有可能进一步缩减，此处不讨论这一问题。[34]

3.3.3.2 词库的一些特性

基于一些一般原则和词库的特性，我们已经差不多把短语结构规则删除了，现在讨论一下词库必须包含什么信息。首先，对每个词项来说，词库呈现了它的（抽象）语音形式以及与此相关的任何语义特性，其中包括各种结构的中心语的"选择特性"，中心语包括名词、动词、形容词和小品词（是前置词或后置词，这取决于中心语—补语参数在该语言中如何设置）。例如，单词 *hit* 这个词条将规定它带有一个补语，该补语具有行动的接受者（受事）的语义角色，该词条的主语具有施事题元角色（或许似乎是组合决定的，参见边码 59—60）。对于单词 *persuade* 来说，该词条会规定它带有两个补语：行动的目标（我们说它通常带有目标的语义角色）和命题。该词条还规定以 *persuade* 为中心语的短语给主语指派施事的题元角色。我们将这些特性称作"语义选择"（semantic selection，简称 s-selection），暂且不讨论它们的其他特性。

还有必要在词库中规定语类选择（categorial selection，简称 c-selection）的特性（比如说，规定 *hit* 带有一个 NP 补语 [*hit John*]）吗？后者的规定似乎是多余的。如果 *hit* 语义选择一个受事，那么这一成分将是 NP。一般来说，如果语类选择是多余的，那么词库可以仅限于语义选择。[35]

让我们假定：如果一个动词（或其他中心语）语义选择一个语义范畴 C，那么该动词语类选择一个句法范畴，是"C 的典型结构实现形式"（canonical structural realization of C，简称 CSR [C]）。假定 CSR（受事）和 CSR（目标）为 NP，那么 *hit* 语类选择 NP。现在考虑更复杂的动词 *persuade* 的情况，该词出现在以下句法构架中：

（58）(i) —[John] [that he should go to college]
　　　(ii) —[John] [to go to college]
　　　(iii) —[John] [of the importance of going to college]

persuade 的词条显示该词语义选择一个目标和一个命题。考虑到 UG 的诸多原则，我们能从仅仅这一特性推导出（58）中的事实吗？

继续假定 CSR（目标）=NP，我们可以取消 *persuade* 语类选择 NP 这一规定。假定我们假设 CSR（命题）是小句或 NP，那么 NP 将得到命题解读（只有允许这种解读的 NP 才会出现）。除了宾语 NP 外，*persuade* 还将语类选择第二个范畴，或者是小句或者是 NP。此外，我们不需要规定宾语在第二个补语之前，因为这从格邻近原则可以得出。[36] 因而，以 *persuade* 为中心语的 VP 的可能结构是（59），其中 NP_1 是宾语：

（59）(i) —NP_1 小句
　　　(ii) —NP_1 NP_2

在（59ii）中，第二个 NP 违反了格鉴别式；英语常常使用语义上为空的介词[①]*of* 作为格标记解决这一问题，因而（59ii）的实际形式是：

（60）—NP_1[of- NP_2]

我们再讨论 *of-* 插入规则的特性。假定这一规则成立，我们得到以下结构：

（61）(i) —NP_1 小句
　　　(ii) —NP_1[of- NP_2]

现在再讨论（58）。我们看到（iii）是（61ii）的例子，其中 NP "the importance of going to college" 可解读为一个命题（"that is important to go to college"）。（58）中的其他两个例句是（61i）的例子，小句有两个选项：定式和不定式。

---

① 此处原文误作 proposition（命题），应为 preposition（介词）。——译者注

简言之，persuade 的词条只需表明它语义选择两个补语：一个是目标，另一个是命题。以 persuade 为中心语的 VP 的所有其他特征都由 UG 的一般特性决定。当然，学习英语的儿童必须学习单词 persuade 的意义包括其语义选择的特性，也必须学习英语的中心语—补语参数的值（中心语在前）以及（格邻近原则一经触发）英语中格指派的具体特性（假设是形态格系统贫乏性反应）。儿童不需要学习更多内容来决定（58）中的形式，尤其是在这个例句中，不需要语类选择的特性和短语结构规则。

考虑一下动词 ask，wonder 和 care，这几个词每个都通过语义选择一个疑问命题：

（62）(i) I asked [what time it is]
　　　(ii) I wondered [what time it is]
　　　(iii) I (don't) care [what time it is]

由于这些动词语义选择命题，它们需要语类选择 CSR(命题)，或者是小句，或者是 NP。它们的确语类选择小句，如（62）所示，但是只有 ask 语类选择 NP：

（63）(i) I asked the time
　　　(ii) * I wondered the time
　　　(iii) * I cared the time

因而，正如我们预期的那样，（63i）具有（62i）的意义，但是（63ii）的意义不是（62ii），（63iii）的意义也不是（62iii）。是什么造成了这些差别呢？

佩塞茨基（Pesetsky）认为这个问题的答案在于格理论。动词 ask，而非 wonder 或 care 是及物动词，指派宾格，因而（63ii）和（63iii）违反了格鉴别式。事实上，如果插入介词指派格，对应形式是可能的：

（64）(i) I wondered about the time (of his arrival)
(ii) I cared about the time (of his arrival)

同样的例子也出现在包含 *uncertain* 这类形容词的例句中：

（65）(i) John is uncertain [what time it is]
(ii) John is uncertain [about the time]
(iii) John is uncertain [of the time]
(iv) *John is uncertain [the time]

与不及物动词不同，形容词允许 *of*- 插入，如 *proud of John* 等。因此，我们有（65iii），但不及物动词 *wonder* 和 *care* 没有对应的形式。

下例给出了支持佩塞茨基分析法的更多证据（正如他指出的）：

（66）(i) it was asked what time it is
(ii) *it was wondered what time it is
(iii) *it was cared what time it is

这些结果源于英语的被动化通常限于及物动词（但是在一些其他语言中，如德语，并非如此），因此 *ask*，而非 *wonder* 或 *care*，可以被动化。

这一分析的结果是在语义选择命题的动词中，有些语类选择小句和 NP（那些是及物动词），有些只能语类选择小句（那些是不及物动词），但是没有动词只语类选择 NP。这一概括由格里姆肖（Grimshaw）注意到，可从佩塞茨基的观点得出。正如他注意到的，一些对应例子只是表面相似，如 approve of：

（67）(i) I don't approve of [rising employment]
(ii) *I don't approve of [that unemployment is rising]

但这明显来自如下事实：由于其他原因，介词—小句结构在英语中是排除在外的。因此我们可假定两种 CSR(命题) 原则上是存在的，正如预期的那样。

如果这一论点可推而广之（这绝不是一个轻松的任务），我们就可以得出结论：词条必须规定语义选择（作为词项语义描写的一部分）和及物性，不需要规定语类选择。如果这样的话，那么语类选择不仅可以从句法短语结构规则中删除，而且也可以从词库中删除。

这些也都是为了达到解释充分而采取的措施，是为了解决"刺激贫乏"问题（即柏拉图问题）。

如果我们成功删除了语类选择以及短语结构规则，从而将 D-结构的句法表征式归结为词项语义特性的投射，那么就可得出如下结论：句法表征式中任何中心语的补语必须被中心语语义选择，因为没有其他办法保证该位置存在。例如，类似（68）这样的句子不存在。在该句中，V 是动词并且没有语义选择一个宾语，*there* 是冗余成分（pleonastic element）（传统上被称作"虚位成分"[expletive]），没有语义角色，如（69）所示：

(68) John [$_{VP}$ V there]
(69) there is a man in the room

例句（68）在语义上并无异常，因为宾语没有被指派语义角色，虚位宾语并非论元，也不需要这种角色，但是该结构不能作为词库的投射存在，因而，如果构成句法结构的其他模式都已被删除，那么这一结构根本不能存在。同样地，我们不能使用"提升至宾语"，从 D-结构（70i）得到（70ii）（*e* 是 *Bill* 的语迹）：

(70) (i) John [$_{VP}$ believes *e* [$_S$ Bill to be intelligent]]
(ii) John [$_{VP}$ believes Bill [$_S$ *e* to be intelligent]]

动词 *believe* 只语义选择一个命题。因此，在（70i）中，*e* 占据的位置在 D-

结构不存在，因为它没有被 *believe* 语义选择。句子"John believes Bill to be intelligent"必须以（71）作为其 D-结构和 S-结构：

（71）John [$_{VP}$ believes [$_S$ Bill to be intelligent]]

上述结论尚存争议，但很多文献和正在进行的大量研究探讨了这些结论的总体有效性，这里我不作述评。如果刚才列举的论证能被证实，那么基于一般性考虑，也可以得出这些结论。这里，我将假定它们是正确的，但要注意：一是，很多语言中还有重要的实证结果，二是，很多问题还有待解决。

或许还有更复杂的语义选择模式。考虑一下如（72）这样的"小句"结构：

（72）(i) we held [$_\alpha$ John responsible]
(ii) we made [$_\alpha$ John leave]
(iii) we consider [$_\alpha$ John intelligent]

多年来，关于上述结构的分析有多种方案。主句动词似乎语义选择一个命题，因而 α 应是类似小句的成分。动词并不语义选择 α 的主语（在这些例子中，约翰并不被承担，让，认为），冗余成分（如非指称性成分 *it*）在这种情况下可作主语。例如：

（73）we consider it obvious that John is intelligent

主句动词和短语 α 的谓语似乎也存在着密切关系。

生成语法框架下最早期的一些方案将 *held-responsible*，*made-leave* 和 *consider-intelligent* 分析为复杂动词（其构成方式我们不需评述），*John* 被视作宾语（参见［Chomsky 1975a，1962］）。有些研究表明情况大致如此。有趣的是，在有些方面 α 的主语确实表现得像主句宾语，虽然它并不被主句动词语义选择。假定主句动词语义选择命题,并且主句动词和 α 的谓语共同语义选择 α 的主语,那么这些事实或许都可以得到解释。

那么,就可得出 α 的主语不可能是虚位成分,因为它被"复杂动词"语义选择。类似(74)的形式是禁止的:

(74)(i) we consider [$_\alpha$ there a man in the room]
(ii) we made [$_\alpha$ it seem that John is intelligent]

结果对(i)来说是正确的,对(ii)来说是不确定的,对(73)来说是不正确的。

关于(71),出现类似的问题。考虑例句(75):

(75)(i) John believes [it to be obvious that S]
(ii) *John believes [it to seem that S]

seem 和 *is obvious* 之间还存在其他差别。比较(76)和(77):

(76)(i) its being obvious that John is intelligent
(ii) that John is intelligent is obvious
(iii) it is true that John is intelligent without being obvious that he is
(77)(i) *its seeming that John is intelligent
(ii) *that John is intelligent seems
(iii) *it is true that John is intelligent without seeming that he is

例句(76ii)表明 *is obvious* 的冗余主语处在可指派语义角色的位置,而 *seem* 的冗余主语则不是。同样对(76i)来说也是正确的,原因我们再讨论;如果我们假定附加语短语的"理解的主语"必然是一个具有语义角色的成分,对(76iii)来说也是一样(Luigi Burzio 已指出这一点)。

这些结构引出了很多问题,我们这里不做探讨。虽然还有许多待解决的问题,但按照刚才指出的思路,假定在这些例句中存在组合语义选择,这些问题或许可以得到解释。

3.3.3.3 表征式的限制条件

3.3.3.3.1 允准条件、题元理论和可视性条件

以上评述的那些观点让我们得出如下构想，即 UG 系统几乎不包含任何规则。出现在各个层次上的表征式是从词项的语义特性投射而来，投射方式遵循 UG 的各个原则，这些原则的参数已完成设置。[37] 出现在合格结构的每个成分必须以有限的某种方式得到允准。其中，允准的选项包括以下几项内容。一个算子通过约束一个变量得到允准，两者距离不能"太远"，这种允准是从某种界定清楚的抽象意义上来说的。一个变量必须受强约束（参见 [55]）。指称依存性必须满足约束理论规定的条件。每个中心语的补语必须被该中心语语义选择。一个指派语义角色的成分必须在合适的句法位置有接受者。例如，动词 *hit* 必须有一个（语义选择的）宾语得到受事的角色。一个谓语（尤其是 VP）必须有一个主语，这些概念都是在句法上界定的（参见 Williams，1980 以及后来的研究）。需要语义角色的成分必须被指派这一角色，这一指派由该成分的语法功能（如主语、宾语等）和中心语的词汇特性决定，语法功能在句法结构中得到表达。

我们把中心语指派的语义特性称作**题元角色**（thematic roles，简称 θ-roles）。我们将题元角色严格指派的条件称作"题元准则"（theta criterion）。需要题元角色的名词短语叫论元，如 *John, the man*。非论元包括像 (69) 中 *there* 之类的虚位成分。注意：题元角色只指派给处于论元位置的成分（参见 80 页）。我们把被指派题元角色（被题元标记）的那些论元位置称为"题元位置"（θ-position）。中心语的补语总是占据题元位置，但主语不能是题元位置，却可以是论元位置，如 (69)。

在 (69) 中，我们假定 *a man* 在 D-结构中与虚位成分 *there* 占据的位置相连接。这一连接（比如，同标）是通过推导来维持的。注意：

there 的数和与其相连接的名词短语的数相同,从类似(78)的例句可以看出这一点:

(78) (i) there seems to be a man in the room
(ii) there seem to be men in the room

正如我们看到的,这些提升结构的 S-结构是(79),there 已经从其 D-结构位置移位,在原来的位置留下语迹 e:

(79) there seem(s) [$_s$ e to be men (a man) in the room]

主句动词与其主语 there 一致,there 又与相连接的短语 a man 保持一致。在(69)和(78)中,非论元主语 there 是处于论元位置的 NP,但并非处于题元位置。在(69)中,名词短语 a man 处于不能被格标记的位置,因而好像违反了格鉴别式(34)。然而,我们可假定它在推导过程中从相连的虚位成分得到格,在(69)中,格从 there "传递"给 the man。(78)也同样如此。

格鉴别式(34)可以加以改进,从某种程度上讲,其动因与题元理论的考虑有关。根据约瑟夫·奥恩(Joseph Aoun),我们可假定,一个成分只有被指派格在进行题元标记时才是可见的。根据可视性条件(visibility condition),只有处于一个被指派格的位置或者与这样的位置相连(如[69])时,名词短语才可以得到一个题元角色。格鉴别式的很多内容现在都可以从可视性条件推导出来。格鉴别式要求有语音实现形式的 NP 必须有格。对词汇性论元(比如 John 和 the man)而言,可视性条件可得出同样的结果:一个词汇性论元必须有格,否则它就无法得到题元角色,从而不被允准。同样地,从可视性条件中可以得出:与无格标记论元相连的虚位成分必须有格。要想得到题元角色,该论元必须得到格,这个格是从与它相连的虚位成分传递来的,因此虚位成分处于格标记位置。因此,

（78）中存在无格标记的嵌入主语位置到有格标记主句主语位置的提升。我们不会有类似"there to be a man in the room is unlikely"的句子，而是有"for there to be..."这样的句子，*there* 从 *for* 得到格，并把格传递给论元 *a man*，*a man* 可视并被题元标记。事实上，*there* 只与无格标记的论元 NP 相连，原因我们很快就讨论。因此依据这种分析法，格鉴别式的影响可完全由这个虚位成分推出。

但是，可视性条件有很多其他情形与（34）不同。首先，它要求虚范畴是论元的话，必须有格。对变量来说，这个结果是正确的，因此我们不能从底层结构（80ii）通过 *wh-*移位得到类似（80i）的句子：

　　（80）(i) *who does it seem [*e* to be intelligent]
　　　　　(ii) it seems [who to be intelligent]

原因是（80i）中被 *who* 约束的变量 *e* 需要题元角色，因此必须得到格，但正如我们看到的，（80i）中 *e* 没有被指派格。

其次，可视性条件并不要求给没被题元标记的 NP 指派格（除非该 NP 必须给一个论元"传递"格，如 [69] 中那样）。例如，在（81）中，以（34）形式出现的格鉴别式要求给括号内的 NP 指派格，但可视性条件按理说并没有这个要求：[38]

　　（81）(i) John is [a fine mathematician]
　　　　　(ii) [John], I consider [a fine mathematician]
　　　　　(iii) John did it [himself]

我们假定这是准确的，并考虑不再将格鉴别式作为一个独立的原则，这么做是有正当理由的，因为它可以从可视性条件推出。[39]

3.3.3.3.2 完全解释原则

刚才讨论的那些概念以及其他相关的概念可以用**语链**（chain）这一

概念清楚表述。语链反映了 S-结构"移位的过程",包括一个成分自 D-结构占据的论元位置移位经过的所有位置。这里包括位于 D-结构论元位置的成分所形成的单成分语链虚空移位的情况。因而,(82i)中有语链(*John*, *e*),这表明移位是从 *e* 位置到 *John*(语链的中心语)占据的位置。(82ii)中有语链(*John*, e_1, e_2),这表明移位是从 e_2 的位置,移到 e_1 的位置,然后移到 *John* 所占据的中心语位置:[40]

  (82) (i) John was hit *e* by a car
    (ii) John seems [e_1 to have been hit e_2 by a car]

例句(i)是通过使用一次 NP-移位形成的;例句(ii)是通过使用两次 NP-移位形成的(先是被动化,后是提升)。我们将语链中成对的连续成分称作语链的**连接**,因而语链(*John*, e_1, e_2)有两个连接:(*John*, e_1)和(e_1, e_2)。

  我们可以认为语链就是其中心语短语的抽象表征式,并假定题元角色和格都指派给语链。(82i)和(82ii)中的语链都是 *John* 的抽象表征式。(82i)中的成分 *e* 和(82ii)中的成分 e_2 都处于题元位置。虽然这些位置都没有格标记,它们可视并被指派题元角色,因为语链的中心语处于格标记位置。这一情形具有代表性:语链的中心语占据格标记位置,语链以题元位置为终点。格由中心语"传递"给语链的终端位置,从而使后者可视并得到题元角色,后者相应将题元角色"传递"给作为语链中心语的论元。

  现在我们有两个"格传递"结构:语链以及(69)中论元和虚位成分的配对,这里重复如下:

  (69) there is a man in the room

这里我们仅关注语链的中心语为论元的情况,中心语论元处于格标记位置。3.4.3 节再讨论更普遍的情况，并具体讨论语链的特性和虚位成分-论元的配对。

题元准则（参见边码 93）现在可以被表述为语链的特性。如果语链包含一个有格标记的位置（可以把该位置看作中心语位置），那么语链中的位置 P 就是可视的。

> （83）每个论元 α 出现在一个语链中，该语链包含唯一且可视的题元位置 P，每个题元位置 P 在包含唯一论元 α 的语链中是可视的。

那么论元 α 承担了在 P 位置指派的题元角色。

这是表述直觉的一种方法，即每个论元被唯一指派语义角色而且每个语义角色被唯一指派给一个论元。[41] 我们将讨论 3.4.1 节中可视性要求的一个直接反例。

注意：对题元准则的这一表述允许一个题元位置得到多个题元角色，正如（84）中一样：

> （84）John left the room angry

这里 *John* 占据的位置从 VP *left the room* 得到一个题元角色，从 *angry* 得到第二个题元角色，*angry* 做 *John* 的谓语。[42] 述谓关系指派题元角色，这可从题元准则得出，因为存在类似"John considers Bill intelligent"这样的小句结构（参见例 [72]）。这里的论元 Bill 处于 D-结构论元位置，需要题元角色，只有通过谓语 *intelligent* 才能指派，除非根据边码 91—92 的建议，*Bill* 是由复合动词 *consider-intelligent* 进行题元标记。

需要进一步的条件阻断类似（85）这样的结构，*angry* 给 John 指派了题元角色，但该句仍然明显违反了题元理论。

> （85）* John seems [that it is raining] angry

需要的是以下条件：D-结构在题元标记上是"一致"的—或者它们被每个潜在的题元标记成分所标记，或者没有被题元标记。潜在的题元标记成分是中心语或者谓语。假定我们说如果 β 是中心语 α 的补语或者谓语 α 的主语，那么 α T-管辖 β。因此，T-管辖是潜在题元标记的构造，也是管辖概念的一种特殊情况，我们后面再讨论。那么 D-结构满足以下条件：

(86) 如果位置 X 被 α 所 T-管辖，那么当且仅当 X 被 α 题元标记时，X 就被一个论元占据。

以下事实可排除例句（85），即主句主语是论元，但没有被其一个 T-管辖语（即 VP）题元所标记。

我们一直默认 D-结构是题元结构的"完全"表征式，所有且只有题元位置由论元填充。现在我们将这一假设清晰地表达为（86），通过增加一致性要求，略微强化了这一假设。

到目前为止，我们一直在讨论以论元位置上的成分为中心语的语链（论元语链），但是，同样的观点也可直接适用于以非论元位置上的成分为中心语的非论元语链。用这些概念，我们可将约束原则（56）稍加修改，要求如果指称性短语有算子的话，在其算子的区域内不受论元约束，如果它没有算子，则不受论元约束。我们用（87）替代（56）。如同前面一样，（87）可理解为有序使用的两条原则，而且两者是析取关系：[43]

(87) 指称性短语（在其最大语链的中心语的区域内）不受论元约束。

这得出了与前面讨论的情况相同的结果，但有一关键不同之处，我们将随后讨论。

我们或许可以表述很多这些观点，认为存在完全解释原则（principle of full interpretation，简写为 FI），该原则要求语音式和逻辑式的每个成分必须得到合适的解读，即必须按标明的意义得到允准。语音式和逻辑式被看作是（广义的）句法和各语言使用系统的接口。任何成分都不能被轻易忽视。在语音式层次，每个语音成分必须被某客观解读所允准。例如，单词 *book* 具有语音表征式［buk］。它不能被表达为［fburk］，其中我们仅需去掉［f］和［r］。仅当存在删除这两个成分的特定规则或普遍原则时，那才是可能的。类似地，我们没有（88）这种形式的句子，如果仅仅去掉括号里没有允准的成分 *the man*，*walked*，*who* 和 *every*，（88）中的句子分别解读为"I was in England last year"，"John was here yesterday"，"John saw Bill"，"everyone was here"。

（88）(i) I was in England last year [the man]
　　　(ii) John was here yesterday [walked]
　　　(iii) [who] John saw Bill
　　　(iv) [every] everyone was here

从逻辑上讲，以上这些并非是所有可能语言的必要特性。例如，在量化理论的标准标记方法中，完全解释原则并没得到遵守。该标记允许合格短语中的虚空量化词，如（89i），它被指派和（89ii）同样的解读：

（89）(i) (Ax) (2+2= 4) (for all x, 2+2= 4)
　　　(ii) 2+2= 4

然而，完全解释原则是自然语言的特性。

　　考虑到非常普遍的特性——完全解释原则和恰当的允准理论，在英语语法中包含专门用来排除刚刚阐述的这类例句的规则是多余的，也是完全错误的。例如，要求 *who* 后面跟带有某种空位的句子，空位包括缺省的空位、虚范畴或一些语言中的复指代词（resumptive pronoun），从而排除（88iii）的规则（正如英语中边缘化的例句，如"who did you think that if he gets married, then everyone will be happy"，这一手段常用在英语中来解决违反空位的条件，但在很多其他语言中使用更自由）。那么，构建一个规则系统排除（88iii）或（90），但允许（91i），（91ii），并且在某些语言中允许（91iii）或（更常见的）（91iv）是错误的。在（91iii）和（91iv）中，代词需要被理解为受算子 who 或者空算子的约束。

（90）(i) who did John see Bill
   (ii) the man (who, that) John saw Bill
（91）(i) who did John see *e*
   (ii) the man (who, that) John saw *e*
   (iii) who did John see him
   (iv) the man that John saw him

这些规则仅仅是以一种复杂的方式重新陈述了一些事实，而这些事实可以从人类语言非常普遍的句法特性中推导出来。那么基于这些结构去丰富已有描写手段的类型，从而允许在规则系统中对这些事实进行直接陈述，就缺乏足够的理由。基于已经讨论的原因，这一做法无论如何都不是令人满意的。

  语言给每个短语指派结构∑ = (D, S, P, L)，这些分别是 D-结构、S-结构、语音式和逻辑式的表征式。∑的成分必须具有合理的相关性，因而 S 必须从 D 经过连续使用 α-移位（或者可能是更广义上的影响-α）形成，并带有其具体特性。P 必须是将形态和音系规则应用到 S 的结果，L 必须是将逻辑式成分的规则应用到 S 的结果，L 或许是不变的。我们已经讨论了很多 D、P 和 L 必须满足的条件。D 满足一个普遍的形式条件和一个普遍的语义条件。形式条件是 D 遵守 X-阶标理论的原则（总体来说，其他层次的表征式并不遵守这些原则。例如，如果 VP 在小句内前置，生成结构 [VP [$_s$...]]，生成的结构并不遵守 X-阶标理论）。语义条件是前面所讨论的题元结构的"纯粹"表征式，下面我们对此稍微加以讨论。P 和 L 必须满足普遍原则—完全解释原则，该原则要求每个成分都必须以合适的方式得到允准。

P 和 L 两个层次构成了语言官能和其他认知系统的接口，相应地，P 和 L 层次上的允准条件，从某种意义上来说，是"外部的"。在 PF 层次，总体要求是每个音段根据某种不变的原则得到语音解读，这是在某特定语言和语法外部进行的。在 LF 层次，我们已得到了很多允准条件，但是我们或许期望有可能用更有序的方式表达这些允准条件，它们与语义解读的某种更广义的理论相关。首先我们可区分最大投射和非最大投射的允准条件。相对它们所出现的最大投射，非最大投射被 X-阶标理论允准。关于最大投射，我们或许期待每个短语 α 作为论元、论元的语迹、谓语或者算子必须得到外部允准。如果是论元，α 必须被指派题元角色。如果 α 是谓语，必须指派题元角色。如果是算子，α 必须约束一个变量（不仅如此，变量是论元，必须得到强约束）。那么 LF 表征式上的允准条件类似于 PF 表征式，除了前者的成分更为复杂，前者是具有内部结构的最大投射，而非音段。

LF 上如此严格的要求会有很多影响。例如，要求在类似 "John left town at noon" 的句子中，*at noon* 作 LF 层次上某成分的谓语（或许是 INFL 的一个成分，像罗斯坦 ［Rothstein 1983］ 建议的那样），要求所有的冗余成分都从 LF 层次删除。后面这个结论是基于合理的假设，对如何删除冗余成分产生一些具体的经验后果，我们再讨论这一点。

这些条件涉及指派给一个词句表征式的结构 $\Sigma = (D, S, P, L)$ 中的 D，P 和 L。存在应用于 S 的独立条件吗？还是说 S 的特性是完全由 S 与 D，P 和 L 紧密相关这一要求所决定的？我们已经假定投射原则独立应用于 S，并且我们还将讨论应用在 S-结构表征式的一系列语链条件。然而，考虑到结构 $\Sigma = (D, S, P, L)$ 中的成分具有相关性，并且关联方式也有合适的解释，S-结构的这些特性可以被简化为应用在 PF 表征式和 LF 表征式上的完全解释原则的独立条件和 D-结构的条件。

3.4　UG 的原则与参数理论的解释力

3.4.1　一些示例

本章 3.1 节，讨论了作为生成语法研究基础的解释模式。在 3.2 节，基于语言是一个复杂规则系统的假设，我们回顾了解决所出现问题的一些早期尝试。3.3 节涉及解决解释充分和描写充分之间的张力以及克服规则系统模式中重大难题的各种尝试。正如 3.3.3 节概述的那样，这一工作最终导致非常不同的语言结构的架构。这是我们讨论的两次主要理念转变的第二个，第一个是转变到生成语法框架。

我将对这些观点做进一步评论，但在进一步阐述前，我们可以看一下这些观点是如何应用的。UG 包括各种子系统—X-阶标理论、约束理论、格理论、题元理论、界限理论（涉及移位的局部性条件，这些条件解释〔27vii-ix〕中的类似情况）等。每个子理论包含一些具有有限程度的参数变化的原则。此外，还存在一些更重要的原则，例如投射原则、完全解释原则和允准原则。一些概念，如前面讨论的区域概念和相关的技术性概念，如成分统制、管辖，在整个这些子系统中起着核心作用，我们将讨论这些概念。这些各种"模块"的原则之间的互动，决定着每个可能语符列的结构，即它在每个层次上的表征式（参见注释 5）。不存在针对特定结构（如疑问句、关系结构、被动结构以及提升结构等）的规则。实际上，在句法的核心领域，已经根本不存在传统意义上的规则，尤其是短语结构规则可以基本被删除，或者可以完全删除。

为了说明这样一个系统是如何运作的，考虑以下句子：

（92）who was John persuaded to visit

让我们问一个问题：为了能够给句子（92）指派一个作为其语义解读和使

用的底层结构,儿童必须获得哪些特定的知识?换句话说,为了理解这一句子,除了初始状态 S_0 包含的知识,即(我们所说的意义上的)语言官能为这一目的贡献的知识,我们必须具有哪些特定知识?

首先,我们必须知道单词的词汇特性,否则我们就不能理解这个句子。那么我们必须知道 *visit* 是一个及物动词,语义选择一个语类,通常实现为 NP 宾语。根据 X-阶标理论,*visit* 必须作 VP 的中心语,并且根据投射原则,它的 NP 宾语必须出现在句法表征式中。这个宾语必须是虚范畴,因为没出现显性 NP。英语的 X-阶标理论参数值之一是英语是中心语在前的语言,因此宾语处于 *visit* 的右边。此外,为了得到允准,谓语 [*visit e*] 必须具有主语,这两个形成小句(S)。由于主语不是显性的,它必然是另一个虚范畴。

接下来讨论 *persuade*,我们知道它是动词,带有宾语和小句补语,它们的顺序由格邻近原则决定,正如我们看到的那样。按这种方式继续讨论,我们得出结论:(92)的结构必然是(93)。为了简便起见,此处省掉了很多语类和语类的标签。

(93) who was [John [$_{VP}$ persuaded e_i [e_j to [$_{VP}$ visit e_k]]]]

考虑到 UG 的原则,该结构的大部分内容只需基于词汇特性和中心语—补语参数的值就可确定。

要让结构(93)合格,每个成分都必须被允准。wh-短语必须约束一个变量,每个论元必须被指派题元角色。按照 UG 的原则,只有 e_k 可以是一个变量(其他虚范畴并不处于格标记位置,因而在题元角色指派时并不是可视的),因此 who 必须约束 e_k。*John* 是被动句的主语,占据的是一个不指派题元角色的位置(非题元位置),非指称短语可在那里出现(如 "it is alleged that...," "advantage was taken of Bill," 等),我们可看到这一点。[44]因此,*John* 必须约束题元位置的某个成分,该成分可根据关于语链的惯例将其题元角色传递给 John，除非 e_i 被 John 约束，否则它不能被允准，因而 John 必须约束 e_i，虽然 e_i 并不处于格标记位置，但被 persuade 题元标记时是可视的，因为它位于在格标记成分 John 为中心的语链内。

这样就留下了 e_j，一个我们称为 PRO 的成分，它是具有有限分布的虚范畴（我们将再讨论这个问题），尤其是它出现在没有格标记的主语位置，如（93）所示。如同代词一样，该成分可以被约束，如（94i）所示，PRO 被 Bill 约束（意思是 John 说服 Bill 他［Bill］将要离开），PRO 也可以不受约束，在这种情况下它通常按类似英语 one 的"任意代词"来理解，正如（94ii）所示。

(94) (i) John persuaded Bill [PRO to leave]
　　　(ii) it is time [PRO to leave]

注意：PRO 这一成分总是论元，虽然没有格标记，但进行题元标记时是可视的，对它约束的语迹也是如此，如同（95）显示的那样，题元角色被指派给 e，并传递给语链（PRO, e）的中心语 PRO。

(95) it is time [PRO to be introduced e to the visitors]

这是前文提到的题元准则（边码 97）的直接反例。如果我们假定 PRO 具有内在格（inherent case），目前所表述的这些原则以及我们接下来要讨论的其他原则可以适用于该例句，并且不需修改。[45] 因而我们做上述假设，但也要注意这一决定只是掩盖了问题而没有解决它。

接下来讨论（93），我们知道 persuade 要求其宾语控制 PRO，正如我们在（94i）看到的那样。因此，在（93）中，PRO（即 e_j）被 persuade 的宾语 e_i 控制。那么在（93）中，$i=j$，e_i 被 John 约束，e_k 被 who 约束。

所有这些关系都由普遍原则单独决定。若拼读出来，（92）可大致解读为"对哪个人 x，有人说服 John，John 应该拜访 x"。具体来说，实现这种解读所需要的唯一英语信息就是词项知识。当然，这些知识必须是学来的；尽管这一系统中也有许多非常普遍的制约，这一点可以从词汇习得的惊人速度和准确性清楚地看出来，这也非常犀利地提出了柏拉图问题的另一个变体。剩余的都可以从普遍原则推出。

让我们现在回到第一章介绍的例句（2）—（7）来说明刺激贫乏问题。这些例句这里重复为（I–2），...，（I–7）：

(I–2) I wonder who [the men expected to see them]

(I–3) [the men expected to see them]

(I–4) John ate an apple

(I–5) John ate

(I–6) John is too stubborn to talk to Bill

(I–7) John is too stubborn to talk to

例句（I–2）和（I–3）提出的问题是：括号里的短语在两个例句中解读范围不同。在（I–2）中，代词在指称上可以依赖先行语 the men，在（I–3）中就不可以如此。（I–4）—（I–7）提出的问题是正常的归纳程序可以（部分）解释（I–5），却完全不能解释（I–7），因为（I–7）中（缺失的）宾语被理解为 John，而并非某个任意的人，talk 的主语被理解为某个任意的人，而并非像（I–6）中一样，主语为 John。

我们如何知道这些事实？它们应该大致或全部从普遍语法推导出来，因为语言学习者并不知道这些相关信息。那么仅仅考虑到 UG 和英语中涉及词条和各模块参数方面的具体信息，关于结构（I–2）—（I–7）我们知道些什么？

首先考虑（I–2）和（I–3）。动词 expect 语义选择一个命题，因而语类选择小句 S。后者可以是定式或不定式，在这个例句中，是带有谓语"to [$_{VP}$ see them]"的不定式。谓语需要一个主语，在这个例句中，主语是虚范畴。那么（I–2）和（I–3）的结构分别是（I–2'）和（I–3'）：

(I-2') I wonder [who the men expected [$_s$ e_1 to see them]]

(I-3') the men expected [e_2 to see them]

106 基于我们已经讨论的一些常见理由，e_1 必须是受 who 约束的变量，e_2 必须是受 the men 约束的 PRO。

因此，(I-2)和(I-3)中代词 them 的解读需由应用于(96)的原则决定。在(96)中，在嵌入句的主语位置有一个显性成分，而非虚范畴。

(96) the men expected [$_s$ the boys to see them]

在(96)中，them 不能被 the boys 约束，但可以被 the men 约束（或者它可以不受约束，这本就是代词的一种选择）。因此，这个句子的意思是，这些男人期望男孩们看到他们或者是一些没有被识别的实体。这个例句说明：约束理论的特性是代词在最近主语的区域内必须不受约束，这也是明确的主语条件（specified subject condition，简称 SSC）的一种情况。明确的主语条件是约束理论的一个原则。

现在讨论(I-2')。我们看到，除了有 e（而非 the boys），它跟(96)很相似。根据明确的主语条件，(I-2')中的代词在嵌入主语 e 的区域内必须不受约束，并且可以受更远的主语 the men 的约束。因而句子(I-2)意思是我想知道哪个（些）人 X，这些男人期待 X 将去看他们（"他们"指这些男人或者没有识别的实体）。

接下来讨论(I-3')。根据明确的主语条件，代词不能被嵌入句的主语 PRO 约束，但 PRO 受主句主语 the men 约束，因此代词不能被这一远距离主语约束，因为那将需要代词受 PRO 的约束（假定约束始终由同指来表达）。因此，在(I-3)中，代词必须不受约束，在指称上不能依赖 the men。

明确的主语条件这一约束理论原则是有动因的，独立于(I-2)和(I-3)这种类型的例句。假定明确的主语条件是 UG 的一个原则，或者是从 UG 的原则（或许带有一些设定的参数）推导出来的结果。讲英语的人知晓得出结构（I-2'）和（I-3'）的明确的主语条件和 UG 的原则，他只需学习（I-2）中的代词可以受括号内小句主语的约束，而在（I-3）中，这个代词却不能被那个成分约束。

明确的主语条件这一原则要求代词在其最近主语的区域内必须不受约束，而诸如 each other 之类的照应语则必须在这一区域内受约束。如果我们用 each other 代替（I-2'）和（I-3'）中的 them，那么判断就全然相反。

(97) (i) I wonder [who the men expected [$_s$ e_1 to see each other]]
(ii) the men expected [e_2 to see each other]

这里（97i）中的 each other 以 who 的语迹 e_1 作为它的先行语，（97ii）中的 each other 以 e_2（等于受 the men 约束的 PRO）作为其先行语。因此，（97i）的意思是我想知道对哪些人来说，这些男人们希望这些人中的每一个人看见其他的人，（97ii）的意思是这些男人期待他们（这些男人）将看见彼此。

这些例句涉及 wh-移位的语迹，它们处于动词的宾语位置或者嵌入不定式的主语位置。基于同样的论据，有理由认为有时态动词的主语位置存在语迹：

(98) who do you think [e left]

例如考虑例句（99i）经过 wh-移位，具有 S-结构表征式（99ii）：

(99) (i) *which boy do they think likes each other
(ii) [which boy]$_i$ do they$_j$ think [e_i likes each other$_j$]

根据明确的主语条件，照应语 each other 不能以 they 作为先行语，因为"最近的主语"是 [which boy] 的语迹 e_i，它不能以该语迹作为一个先行语，因为它是单数。如果该语迹缺失，那么 they 会是合适的先行语，这个句子也是合乎语法的，意思是，对于哪个男孩 x，他们中的每一个都认为 x 喜欢其他的男孩。与此相比，在（100i）中，其 S-结构是（100ii），由于明确的主语条件和 which boy 语迹的存在，them 以 they 作为先行语。

(100) (i) which boy do they think likes them
(ii) [which boy]$_i$ do they$_j$ think $[e_i$ likes them$_j]$

其他的大量证据支持同一结论。因而，在一些结构中，只有主语才能成为先行语，先行语必须是"最近的主语"，从这一意义上说，照应语具有"主语倾向性"，如（101）所示：[46]

(101) (i) they told me that pictures of each other would be on sale
(ii) *I told them that pictures of each other would be on sale
(iii) *they thought I said that pictures of each other would be on sale

现在讨论下（102）：

(102) (i) they saw the men, who (we think) [e believe that pictures of each other are on sale]
(ii) they wonder who (we think) [e believe that pictures of each other are on sale]

这里，each other 又处在一个必须以最近的主语作先行语的结构中。显而易见，在两个例句中，先行语是 wh-移位留下的语迹，而不是 we 或者 they。这些例句都归入普遍原则，即只有 wh-移位的语迹出现时，最近的主语才是先行语。

最后讨论例句（I-7）及其解读的问题，即为何它不以（I-5）和（I-4）的方式，类推（I-6）得出其解读。正如（92）中的情形，我们知

道 *talk to* 具有虚范畴宾语,并与之形成 VP,再与虚范畴主语一起形成小句,VP 作小句的谓语。因而这个结构首先表示如下:

(103) John$_i$ is too stubborn [$_S$ e_j to [$_{VP}$ talk to e_k]]

因为 *John*, e_j 和 e_k 每个都占据题元位置,每个都必须处于一个单独的语链,否则就违反题元准则。因此,虚范畴不是 *John* 的语迹,e_k 也不是 e_j 的语迹。由于 e_j 不处于格标记位置,不是变量,必须是 PRO。

再来讨论 e_k,PRO 的分布要求将它从这一位置排除(原因我们再讨论),因此 e_k 必须为变量,因为这是剩下的唯一选择。那么,嵌入的小句必须有一个约束 e_k 的空算子。因而结构须为(104),O 是空算子,e_k 是它约束的变量:

(104) John$_i$ is too stubborn [O$_k$ [PRO$_j$ to talk to e_k]]

但为了得到允准,e_k 变量必须按照前面的定义受到强约束(参见边码 55)。由于其算子是空的,并没有规定范围,算子必须与结构上处于合理位置的先行语相关,该先行语给它指派一个值。众所周知,只有 *John* 可作先行语,它也处于合适位置,它也是谓语"too stubborn to talk to e_k"的主语,因此 e_k 以 *John* 为其值,因而得出 $i=k$。

约束原则(87)要求变量在其语链中心语的区域内不受论元约束。(104)也满足这一条件。变量被 *John* 论元约束,但是后者并不在其算子 O 的区域内,算子 O 是语链的中心语,该语链是 O 从其 D-结构位置移到(104)中它所占据的位置形成的。

现在讨论一下 PRO 的解读。这一成分像代词,因为它既可以受约束,也可以不受约束。假设 PRO 受 *John* 约束,因此 $j=i$,但 $i=k$,因而可得出 $j=k$。然而这违反强跨越原则,类似于(42)(边码 78)。换句话说,这违反更具普遍性的约束原则(87)。因此 PRO 不能被 *John* 约束,但是又没有其他约束语，因此 PRO 必须不受约束，从而在解读上是任意的，正如类似（94ii）或（95）中的例句一样。

那么句子（I-7）的解读应为（105）：

（105）John is so stubborn that no one will talk to him (John)

与此相比，（I-6）的解读为（106）：

（106）John is so stubborn that he (John) will not talk to Bill

（I-6）和（I-7）这组句子并不能类比（I-4）和（I-5）推出其解读。[47] 对开始就具有普遍语法原则的大脑来说，（I-7）的解读只需要单词意义的知识。剩下的由刚才描述的这种运算过程决定，看起来是这样。[48]

同样的原则可解释第一章中更复杂的例句（9）和（10），这里重复为（I-9）和（I-10）：

（I-9）John is too clever to expect us to catch Bill
（I-10）John is too clever to expect us to catch

根据类似我们刚才给出的论据，在（I-10）中，*catch* 的"隐含"宾语等同于 *John*，*expect* 的主语是任意的，因此（I-10）的意义是"*John* 如此聪明以至于无人期待我们抓住他（*John*）"，而（I-9）的意义是"*John* 如此聪明以至于他（*John*）不期待我们抓住 *Bill*"。如果给出词项知识，结构和解读也可从普遍原则推导出来。正如我们指出的，考虑到柏拉图问题的经验性条件，这类情形应该如此。

（I-7）和（I-10）的分析蕴含在 UG 原则之中，这种分析具有许多其他可证实的后果。如果（104）中的 e_k 确实是受空算子约束的变量，它移到小句初始位置必须遵守很多条件，正如前面（27）阐述的那样。事实上，这些结构确实遵守移位的这些常见条件。例如，考虑一下（107）和

（108）中的系列短语：

（107）(i) John is too stubborn to expect anyone to talk to (Bill)
(ii) John is too stubborn to visit anyone who talked to (Bill)
(iii) John is too stubborn to ask why Tom wondered who talked to (Bill)

（108）(i) who do you expect anyone to talk to e
(ii) *who did you visit anyone who talked to e
(iii) *who did you ask why Tom wondered who talked to e

（107）中的例句有 *Bill* 时都合语法，但是如果删掉 *Bill*，只有（107i）仍然合乎语法，而且这些事实众所周知，无须指导或相关经验。假如 *Bill* 缺失，那么存在一个类似（108）的算子—变量结构，具有一个显性的算子以及合乎语法和不合语法的同样模式的结构。这些结果立刻就会从这一假设推导出来。解释（108）的界限理论（bounding theory）的那些原则因此将应用于（107），得出刚才叙述的那些判断。如果 *Bill* 缺失，句子（107ii）就是第一章中的例句（14）。正如那里注意到的，该句并不基于带有 *Bill* 的（107ii）中的类推来理解，也不是基于缺少 *Bill* 的（107i）应用的倒装策略来理解，而是根本没被指派解读。根据上文刚提出的思路，这些事实由 UG 决定。

所谓的"寄生空位"结构提供了算子—空位表征式的进一步证据以及得出该表征式的那些原则，如（109）：

（109）which book did you file e_i [without reading e_j]

这里的算子 *which book* 好像约束变量 e_i 和 e_j，因而其意义是"对哪本书 x，你把 x 归档而没有阅读 x"。我们可通过比较（109）和（110）看出只有变量而非其他虚范畴允准这种寄生空位。在（110）中，e_i 不是变量，该句的意义不是某人能把书归档而没有阅读它。

（110）*the book can be filed e_i [without reading e_j]

我们现在观察到类似（104）的结构确实允准寄生空位：

（111）John is too charming to talk to e_i [without liking e_j]

因此，例（111）应具有类似（109）而非（110）的结构。不可能是 John 约束语迹 e_i，或者其结构将同（110）中的一样，而且寄生空位不能被允准。因此，e_i 必须被空算子约束，从而允准（109）中的寄生空位。因此，我们有进一步的证据证明：嵌入的小句是一个算子—变量结构。

假定 e_j 是被空算子约束的变量，嵌入小句中可能空位的分布也得以解释，虽然通过考察同类的其他结构也能很容易地看到这一点，比如（112）中的目的结构，其中（112i）与（113）类似。

（112）(i) it is time [for us to give a present to Bill]
(ii) it is time [——to give a present to Bill]
(iii) I bought a book [for us to give——to Bill]
(iv) I met someone [for us to give a book to ——]
(v) I bought a book [——to give ——to Bill]
(vi) I met someone [——to give a book to ——]
(vii) *I bought someone a present [for you to give ——to ——]
(viii) *I bought someone a present [——to give ——to ——]

（113）John is too angry [for us to give presents to his friends]

嵌入小句似乎完整地出现在（112i）和（113）中。例句（112ii）-（112iv）说明：选择一个合适的主句语境，这三个 NP 的任何一个都可以缺省。因此，我们（"基于类推"）预期这三个中的任何一对都可以缺省，而且这三个都可以缺省，这一预期被部分证实，如（112v）-（112vi）显示的那样，但没被完全证实，如（112vii）-（112viii）所示。

到目前为止，我们假定的这些原则恰好可以预测这一系列事实。主语总是能缺省（因而等于 PRO），恰好另外一个短语也可通过应用 α-移位缺省，将一个（但不超过一个）算子放在小句前的位置。(112) 中的嵌入句与 "too stubborn S" 结构中嵌入小句的补语具有相同的结构，虽然可以实现为更多的选择，因为主语可以更复杂。

虽然这一讨论并不全面，但它足以证明存在大量的实证证据，支持刚才的论述，即基于 UG 原则的具体假设做出的分析。尤其是，若给出词项知识，(I–7)、(I–10) 和 (107) 的解读，如同 (I–2)、(I–3) 和我们已经讨论的其他例句的解读一样，都完全由 UG 的原则决定。我们假定语言官能的初始状态 S_0 包括 UG 各子系统的原则，同时假定心智能够进行这里指出的各种运算。基于上述假设，我们就可以解释儿童如何在没有指导或缺乏相关经验的情况下知道这些事实。实际上，一旦给出词项和它们的特性，这些事实就能从上述原则中推出。因此我们有重要证据证明存在心理表征式以及进入这些运算的原则，而且 UG 的原则以及确定参数后它们在特定语言的实现形式都是正确的。不管从哪种意义上来说，我们都有证据证明理论观点的正确性以及存在它们所讨论的实体。[49]

比较表征式 (104)（这里重复为 [114]）和 (115i)。后者是从 D-结构 (115ii) 得出的，(115ii) 是合格结构 (115iii) 的底层形式。

(114) John$_i$ is too stubborn [O$_k$ [PRO$_j$ to talk to e$_k$]]
(115) (i) *John is illegal [e' [PRO to talk to e]]
     (ii) e is illegal [PRO to talk to John]
     (iii) it is illegal to talk to John

我们通过应用两次 α-移位，可从 (ii) 得出 (i)。首先，将 John 移到嵌入小句的前面，正如形成 (114) 一样，留下语迹 e；接着将 John 从这一"算子位置"移到 (115ii) 中的 e 位置，留下语迹 e'。e 是受算子 e' 约束的变量。在 (114) 中，k=i。此外，e' 等同于 (114) 中的 O。因此 (114) 和 (115i) 具有 S-结构形式 (116)：

(116) John$_i$ is AP [e_i [PRO to talk to e_i]]

然而（114）合格，而（115i）却不合格。

"不当移位"（improper movement）得出（115i），它并没有被题元准则所阻止，因为在这两次移位中，John 都移到了非题元位置，被约束条件（87）阻止，因为约束条件（87）要求指称性短语必须在其语链中心语的区域内不受论元约束。在（115i）中，John 是语链（John，e'，e）的中心语，变量 e 受到 John 的论元约束，因此在其语链的中心语（即 John）的区域内没有论元自由。（114）和（115i）的区别与语链结构有关，如前面一样，语链是"移位的历程"从 D-结构到 S-结构的反映。（114）中有两个语链：（John）和（O，e），而（115i）中只有一个语链（John，e'，e）。类似（115i）的一系列例句导致我们将（56）修改为（87）。

注意：（114）不能像（115i）那样经过两次 α- 移位推导，因为主句主语位置是题元位置，因此移到这个位置将违反题元准则，生成具有两个题元位置的语链。

不当移位分析的关键之处在于要求我们将 α- 移位视作 D-结构到 S-结构的转换操作。一个可能的其他解读是将 α- 移位实际上视作 S-结构的特性，因而 D-结构是从 S-结构"抽象"出来的，这就要求对这一现象所做的分析有些不同。[50]

3.4.2 对虚范畴的进一步思考

本章节讨论的关键在于假设虚范畴存在于心理表征式中，其存在方式由移位规则的语迹理论、投射原则以及各种允准原则所决定。这些假设可以从边码 105 类似（I–2）和（I–3）的例句得到相当直接的证据支持。基于这些假设，既然上述原则能够独立解释类似（96）这样的例句，那么我们也能解释以上句子的解读。边码 105 的例（I–4）—（I–7）以及讨论的其他例句也为进一步验证该假设提供了更复杂因而更有说服力的论据。如果移位没有产生虚范畴（语迹），那么这些事实仍将是个迷。同时，这些事实也说明：移位会留下语迹是一种经验假设，这一假设已得到前文所述证据的支持。该假设像是人类语言的一个属性，但从讨论的其他情况看，它绝不是任意语言的必要属性。UG 的某些理论假定在上述结构中不存在语迹。例如，早期的转换语法理论以及提出将短语结构语法复杂化和扩展而不是试图将其简化和删除的其他理论。[51] 以上刚刚提到的这种证据表明，这些理论是错误的。

关于刚才讨论的 UG 原则所需要的其他虚范畴，其存在也有类似证据。以虚范畴 PRO 为例，例（117i）和（117ii）中的 PRO 像一个自由变量；例（117iii）和（117iv）中的 PRO 像一个受约束的代词：

(117)(i) it is illegal [PRO to vote twice]
　　　(ii) John is too stubborn [PRO to talk to]
　　　(iii) John decided [PRO to vote twice]
　　　(iv) John is too stubborn [PRO to talk to Bill]

在例（117i）和例（117iii）中，D-结构、S-结构和 LF 表征式完全相同（例 [117iii] 中的 PRO 至少在 LF 标明指称依存），PF 表征式也一样，只是缺少虚范畴。假定"句法"表征式如同例（117）一样，是正确的吗？还是同 PF 层次一样这里也缺少 PRO？这也是一个实证问题，涉及一些心理表征式的形式和特性。有大量间接证据支持（117）。我们已经讨论过类似例（117ii）和例（117iv）的证据，下面看例（118i）和例（118iii）。

允准原则要求谓语要有主语，因而以上例句应该包含 PRO。允准原则解释了类似（118）的句子中虚语义成分的分布，这一事实也为允准原则提供了支持：[52]

(118)(i) it [is raining]
　　　(ii) I expect there [to be rain tomorrow]

（iii）its [having rained] surprised me
（iv）it [seems that there will be rain tomorrow]

116 如果因为某种常见原因，上述结构括号内的短语不需要主语，那么就不清楚语义上为虚的成分 *it* 和 *there* 为何出现。[53] 另外，存在虚范畴的假设还可以从空主语语言（如西班牙语或意大利语）得到进一步证实。这类语言允许主语在 PF 缺失，但要求主语在其他层次必须以论元、虚位成分或虚范畴的形式出现。具体原因不赘述。[54] 然而还有更加直接的证据证明存在虚范畴。

投射原则要求中心语的补语成分（尤其是宾语）在每个句法层次（D-结构、S-结构和 LF）都有所表征，但投射原则未提及主语。因而，这恰好区分了埃德温·威廉姆斯（Edwin Williams）所提出的"内论元"和"外论元"，即宾语和主语。投射原则要求宾语必须具有句法实现形式，对于谓语的主语（无论是论元或虚位成分）并未做要求。投射原则以及句子要有主语的规定，这两个原则共同构成了 Chomsky（1981）提出的扩展的投射原则（extended projection principle，简称 EPP）。罗斯坦（Rothstein 1983）指出，EPP 包含的这两条规定实际上是密切相关的。我们可以把词汇中心语视作"词汇函数"（lexical function），如果它没有得到合适的论元，满足它指派的题元角色，这被称作（大致弗雷格意义上的）"不饱和"（unsaturated）。相应地，我们可把最大投射（那些准指示性的 NP 和小句除外）视作"句法函数"（syntactic function）。如果谓语缺少所陈述的主语，也是不"饱和"的。因此，EPP 是以特定的方式表达所有函数都必须得到饱和这个一般原则。[55]

外论元在小句中需要作 VP 的主语，如例（119）所示。但在相应的名词化结构（nominalization）中，外论元不必作主语，如例（120i）和例（120ii）所示，前者包含主语，后者缺少主语：

（119）they destroyed the town

（120）（i）their destruction of the town
　　　（ii）the destruction of the town

这是因为小句有 VP 作谓语，但名词化结构不包含谓语。NP 的结构为 [Det N']，由于 N' 不是中心语 N 的最大投射，除了 X-阶标理论，它不需遵守允准原则，尤其是作为谓语，不需要被允准。另外，如果边码 90 的讨论正确的话[56]，虚位成分可以作主语，但不能作宾语。

基于约束理论（或者有些人认为是格理论），PRO 只能出现在主语位置（实际上是不定式或动名词的主语位置），以满足前面假设的谓语允准原则。需要注意的是，具有任意指称的代词（比如英语的 one；或者指称更受限的德语的 man 或法语的 on）也具有 PRO 的一些特性。因此，英语以下结构中的 one 具有任意指称：

（121）（i）one shouldn't do such things
　　　（ii）one's friends shouldn't do such things
　　　（iii）we would scarcely believe [one to be capable of such actions]
　　　（iv）we would scarcely believe [one capable of such actions]
　　　（v）*one was here yesterday
　　　（vi）*they ought to meet one

具有任意指称意义的 PRO 也有以上例句所体现的情态解读的特性。One 跟 PRO 一样，一般也只出现在主语位置（如 one 在例［121i］中是小句的主语，在例［121ii］中是名词短语的主语），只不过这种限制对 one 的约束没有对 PRO 的强，如例（121vi）所示。[57] PRO 的这些特性没有得到合理的解释，用管辖理论或者格理论进行解释也存在问题。我在此只是指出这个潜在的问题，不做具体讨论，继续假定对 PRO 分布的解释是这里所提观点的内部问题。

我们要讨论的问题是：假定 PRO 处于主语位置是否正确？或者说，同 PF 表征式一样，S-结构表征式、D-结构表征式和 LF 表征式中的主语位置根本没有任何成分？需要注意的是，一般在以下三种情况下，主语可能在一些小句结构中缺失：(121i)主语在句法上实现为虚范畴；(121ii)主语是谓语 VP 的中心语 V 的成分，并被指派题元角色；(121iii)主语缺少句法表征和词汇表征。实际上，这三种情况都已经实现，并且具有截然不同的特性。[58]

例（122）说明了以上三种情况，其中，例（ii）中的 e 是 *the boat* 的语迹：

(122)(i) I decided [PRO to sink the boat]
 (ii) the boat was sunk *e*
 (iii) the boat sank

以上结构可以看作各例句的 S-结构表征式和 LF 表征式。

许多特征能够将这三种情况区分开来。首先考虑能否通过添加显性的 *by*- 短语，"拼读"出 *sink* 缺失的施事者。结果表明：只有例（ii）可以，例（i）和例（iii）均不可以：

(123)(i) *I decided [to sink the boat by John]
 (ii) the boat was sunk by John
 (iii) *the boat sank by John

例（i）和例（iii）不合语法的原因与语义无关，因为例（i）有可能表达"I decided that John should sink the boat"的意思（与"I wanted John to sink the boat"意思相似），但是没有。相反，只有具有词汇形式但缺少句法表征的主语，才能在 *by*- 短语中显性实现，如例（ii）所示。

这一特性能够将例（123ii）与例（123i）和例（123iii）区分开来。根据能否在句中添加具有"施事指向"的副词，如"voluntarily"，可以将结构（i）和结构（ii）与结构（iii）区分开：

(124)(i)I decided [PRO to leave voluntarily]
(ii)the boat was sunk voluntarily
(iii)*the boat sank voluntarily

这类副词需要施事。这个施事可以具有句法表征，如例(i)所示，也可以具有词汇表征，如例(ii)所示。需要注意的是，例(i)中的 *voluntarily* 与 PRO 相关，与约束语 *I* 不相关，而例句"I decided [PRO to leave] voluntarily"中的 *voluntarily* 与 *I* 相关。在上例中，我的决定是自愿的，而在例(i)中，我的离开是自愿的。

因而以上三种可能的情形都存在，但彼此又有所不同。尤其是有证据表明句法上存在 PRO，"缺失的论元"也有词汇实现形式。

很多其他特性也能够区分这三种情形。下面我们看一下这种形式上缺失的主语的控制（约束）问题：

(125)(i)they expected [PRO to give damaging testimony]
(ii)*they expected [damaging testimony to be given]
(iii)*they expected [the boat to sink]

在例(i)中，主句的主语控制嵌入句的"隐含的主语"。例(ii)和例(iii)中的星号表示，这两个例句中不可能存在与例(i)相似的控制关系。[59]因而只有具句法实现形式的成分才能被先行语控制。

考虑下隐含主语作控制语的情况：

(126)(i)it is time [PRO to sink the boat [PRO to collect the insurance]]
(ii)the boat was sunk [PRO to collect the insurance]
(iii)*the boat sank [PRO to collect the insurance]

在句法或词汇层次存在的成分能够充当控制语。例(iii)中，把 *the boat* 理解为 *collect* 的主语，句子仅得到一个毫无意义的解读。

考虑以下照应语受隐含主语约束的情况：

(127)(i) they decided (that it was about time) [PRO to hit each other]
  (ii)*damaging testimony is sometimes given about each other
  (iii)*the boats sank for each other
  (iv) damaging testimony is sometimes given about oneself

例（ii）不能表达"some people give damaging testimony about each other"的语义，例（iii）不能表达语义"some people sank the boats for each other"。照应语的先行语应该具有句法表征或词汇形式，相互代词的先行语应该在句中有明确体现，不能隐含在被动句的主语中。

需要注意的是，例（127i）中的照应语与 PRO 相关联，而不是 *they* 相关联，从而得到其解读。这句话的意思是"they decided that it was about time for each to hit the other"，而不是"each decided that it was about time to hit the other"。相应地 *they* 可以被 *they all* 替代："they all decided (last week) that it was about time [PRO to hit each other]"。同样，在例（128）中，*each* 与 PRO 相关联，而不是与主句的主语 *they* 相关联：

(128) they decided [PRO to read a book each]

这句话的意思不是"他们每个人都决定读一本书"，而是"他们决定每个人都应该读一本书"。这些事实再次支持以下假设：存在主语 PRO，不同于约束它的先行语。

一些附加语，例如 *together* 或 *without reading them*（在 S-结构：*without [PRO reading them]*），要有显性的论元。这些附加语可以作 PRO 的谓语，但不能作有词汇表征的隐含主语的谓语：

(129)(i)(a) it is impossible [PRO to visit together]

（b）it is impossible [PRO to be visited together]
　　（c）it is impossible [PRO to file the articles [without reading them]]
（ii）（a）*it is impossible [for me to be visited together]
　　（b）*it is impossible [for the articles to be filed [without reading them]]
（iii）（a）*the boat sank together
　　（b）*the boat sank [without seeing it]

（i）中的例句合格，因为有明确的形式主语 PRO 充当谓语的主语。需要注意的是，在例（ib）中，附加语是明确的形式主语 PRO（而不是 *visit* 的隐含主语）的谓语。例（iia）不合语法，因为 *visit* 的隐含主语仅具有词汇表征，不能充当附加语的主语；并且 *me* 也不可能是附加语 *together* 的主语。例（iii）不可能，因为谓语缺少主语。⁶⁰

接下来，考虑一下什么成分能够充当形容词性谓语的主语：

（130）（i）they expected [PRO to leave the room angry]
　　（ii）*the room was left angry
　　（iii）*the boat sank angry

形容词短语 *angry* 是 PRO（而不是 *they*）的谓语，只有具有句法实现形式的成分能够作它的主语。⁶¹

蒙塔尔贝蒂（Montalbetti 1984）为 PRO 的存在提供了不同类型的证据。在空主语语言（如西班牙语和意大利语）中，PRO（其特性我们一直在思考）和没有语音实现形式的"纯粹代词" *pro* 有所不同。*pro* 是一个空代词，在句中可以充当时态句的主语，具有特定的指称，也可作为虚位成分在句中出现。但是，空代词 *pro* 与对应的词汇性成分在解读方面具有一些不同，正如以下西班牙语例句（131i，131ii）所示，其对应的英语句子是（132）：

（131）（i）muchos estudiantes piensan que ellos son inteligentes

(ii) muchos estudiantes piensan que *pro* son inteligentes

(132) many students think that they are intelligent

英语句子（132）的一种解读是（133），这里的 *they* 是一个受约变量，意味着如果 John 是许多学生中的一员，那么 John 认为他自己聪明。例（132）也有另外一种解读，这时的 *they* 指代人的集合 S（或许是学生的集合），如果 John 是许多学生中的一员，那么 John 认为集合 S 中的成员都很聪明：

(133) for many students x, x thinks that x is intelligent

但对应的西班牙语例句（131i）没有歧义，不存在（133）中代词是受约变量的解读。[62]

然而，如果受约代词介于量化短语和显性代词之间，这一限制就不会如此严格，正如（134i）可以解读为（134ii）：

(134) (i) muchos estudiantes dijeron que *pro* piensan que ellos son inteligents
(ii) for many students x, x said that x thinks that x is intelligent

在例（134i）中，量化短语并不局部约束显性代词，因为由于 *pro* 的介入，*ellos* 可以看作约束变量。重要的是，PRO 介入时情况也如此，如例（135）所示：

(135) (i) muchos estudiantes quieren [PRO creer [que ellos son inteligentes]]
(ii) many students want [PRO to believe [that they are intelligent]]

句子（135i）可以解释为（136），正如其对应的英语例句一样：

(136) for many students, x, x wants to believe that x is intelligent

这就为上述结构中存在 PRO 提供了很直接的证据。因为如果不存在 PRO，那么（135i）的解读应该与（131i）相似，而不是与（134i）相似。

刚才讨论的证据表明，被动句含有一个隐含的未被表征的主语位置，该位置被指派主语常见的题元角色，该题元角色可以"转移"到 by- 短语指派的题元角色；但如例（123i）所示，PRO 作主语时，题元角色的转移无法进行，否则，句中会含有一个缺少题元角色的语链（即 PRO）。那么，我们要问：在其他衍生式（如名词化结构）中，是否也有类似的情况？事实证明确实如此：

（137）(i) the destruction of the city by the barbarians
（ii）the destruction of the city [PRO to prove a point]

以上及其他例句表明，（名词化结构中）含有一个隐含的主语，但与被动句中主语不同的是，这个主语类似 PRO，处于 DET 位置而不是名词位置。罗帕（Roeper 1984）证实了这一结论。他指出，如果主语位置是由 NP-移位填充，将不能控制 PRO。如由（138ii）衍生而来的（138i）所示，其中的 e 是 the city 移位后留下的语迹；如果插入 of 给后面的 NP 指派格，（138ii）就可以直接作为表层形式出现：

（138）(i) the city's destruction e [PRO to prove a point]①
(ii) pro destruction of the city [PRO to prove a point]

在例（ii）中，destruction 的隐含施事控制 PRO，而在例（i）中，PRO 则不受控制。因此，主语只有以词汇的形式（如 "their destruction of the city ..." 中的 their）或以类似 PRO 的形式出现在标志语位置，名词化形式才会给其指派题元角色。出现的许多其他问题（包括我们这里尚未讨论的词汇结

---

① 例（138）原书有误，译者跟原书作者 Chomsky 教授进行了确认，并做了相应修改。——译者注

构的考量），都与这个结论有关。我们将在下一节讨论这个问题。

当考虑其他结构（如罗曼语中的致使动词结构和感知动词结构）时，我们也能发现（主语缺失的）一些其他特性。无须探讨这些非常复杂的问题，上面的论述似乎很清楚地说明（122）中的三种情况都存在并且具有不同的特性。在某种程度上，我们通常可以预测到这些特征，但并不完全清楚它们为何分布在这几类隐含成分中。

我们从以上讨论可以看出，大量实例证明 UG 原则能够预测虚范畴的分布，并且虚范畴具有非常确定的不同特性。真正的解释性语言理论除了能够解决第一章（1）中提出的问题，也必须能解释这些语言事实。尽管提出的某些具体原则可能会有许多问题，但是作为基于实证提出的假设，它们具有很强的解释性，涉及 I-语言的本质及 I-语言出现的内在结构、也涉及语言使用、理解和句法运算背后的心理表征以及适用于这些心理表征的原则。

我们已经看到 PRO 与代词相似，可能是自由的，也可能受约束，如例（117）或例（140）所示。例（117i）和（117iii）这里重复为例（139）：[63]

（139）（i）it is illegal [PRO to vote twice]
　　　（ii）John decided [PRO to vote twice]

（140）（i）it was decided [PRO to vote twice]
　　　（ii）the decision [PRO to vote twice]
　　　（iii）John's decision [PRO to vote twice]

UG 的另一个理论模块——控制理论要解释 PRO 在什么情况下可能或必须受到约束或是自由的这一问题。[64] 这里我们将仅限于回顾这一理论必须要解决的一些情况。需要注意的是，这些例句的状况以及判断通常并不完全清楚。

例（140）和例（139ii）提供了一个核心示例。其中，PRO 是陈述句

C 的主语，C 是中心语 *decide*、*decision* 的补语。这些句子的结构如（141）所示，在该例中，α 缺少 NP 宾语：

（141）[$_{α'}$ α (NP) [$_c$ PRO to VP]]

如果这个结构中有一个潜在的约束语与中心语 α 适度相关，那么 PRO 必须受其约束。"适度相关"这一概念适用对象包括主语或宾语，如例（139ii）、（140iii）和（142）所示：

（142）（i）John persuaded Bill [PRO to vote twice]
（ii）the students asked the teacher [PRO to leave the room]

例（139ii）和（140iii）中的 PRO 受主语控制，例（142i）中的 PRO 受宾语控制（*Bill* 控制 PRO）。例（142ii）有歧义（PRO 受主语或宾语控制），事实上，如果将句中的"to leave"改为"to be allowed to leave"，那么 PRO 更倾向于受主语控制。很显然，控制语的选择涉及词汇或许还有其他因素。

在以上例句中，PRO 的句法表现与照应语很相似，PRO 和控制语的结构关系与先行语—照应语的结构关系大致相同，并且 PRO 的解读与反身代词也极其类似（事实上，基于这种原因，早期的研究把 PRO 看作反身代词的一个变体）。[65] PRO 与照应语的另一个共同点在于它（一般）没有独立的特定指称，要么受到约束，要么得到任意解读。另外，在这些结构中，PRO 与反身代词一样，不能有分裂式先行语，这一点与具有分裂式先行语的代词不同：

（143）（i）*Bill wanted [Tom to decide [PRO to swim across the pond together]]
（ii）*Bill wanted [Tom to feed themselves]
（iii）Bill wanted [Tom to decide [that they would swim across the pond together]]

然而，在同一结构（141）中，PRO可以不受约束，如例（139i）、（140i）和（140ii）所示，因为这些句子中缺少与（141）中的中心语α适度相关的先行语。在这种情况下，PRO的句法表现与代词相似，要么是自由的，具有任指意义，如例（139i）或（140i）和（140ii）所示；要么受到一个距离更远的先行语约束，如例（144i-144iii）所示：

(144) (i) John announced the decision [PRO to feed himself]
(ii) John thinks it is illegal [PRO to feed himself]
(iii) John thought Mary said that the decision [PRO to feed himself] was foolish
(iv) *John's friends think it is illegal [PRO to feed himself]
(v) John's friends think it is illegal [for him to feed himself]

如例（iv）所示，PRO仍然与照应语类似，且必须在先行语（如果有的话）的约束域内，这一点与代词不同，因而例（v）中的 *he* 可以 *John* 作先行语。事实上，例（i）和例（ii）中的PRO也具有与照应语类似的特性。[66] 当PRO不受局部约束时，它可能具有分裂式先行语，这时PRO与代词相似，不同于照应语：

(145) (i) Bill wanted [Tom to approve the decision [PRO to swim across the pond together]]
(ii) Bill wanted [Tom to agree that it was time [PRO to swim across the pond together]]
(iii) Bill's mother wanted [Tom to agree that it was time [PRO to swim across the pond together]]

但是，如同先行语必须成分统制照应语一样，即使在这些例句中，先行语似乎也必须成分统制PRO，因此（正如约瑟夫·奥恩［Joseph Aoun］所指出的）例（iii）中分裂式先行语不可能是（*Bill, Tom*）。

我们已看到，如果照应语不受局部约束，它就会具有主语倾向性（事实上，受最近的主语约束），如例（101）所示，这里重复如下：

(146)(i) they told me that pictures of each other would be on sale
(ii)*I told them that pictures of each other would be on sale
(iii)*they thought I said that pictures of each other would be on sale

但 PRO 并不表现出主语倾向性：

(147)(i) they told me that the decision [PRO to feed themselves] was foolish
(ii) they told me that the decision [PRO to feed myself] was foolish
(iii) they thought I said that the decision [PRO to feed each other] was foolish
(iv) they told Bill that everyone said that [PRO to feed himself] would be foolish

例（147ii）和例（147iv）表明，当 PRO 不受局部约束时，它受约束的情况表现出类似代词的特性：与照应语不同，PRO 不具有主语倾向性，它可能受分裂式先行语的约束（参见例 [145]）。[67] 尚不清楚例（147iii）、（144iii）和（146ii）是否存在真正的对比，即最近的主语是否必须作控制语。

以上例句说明 PRO 在一些方面与照应语相似，在其他方面与代词相似。当 PRO 在结构（141）中充当小句 C（中心语 α 的陈述性补语）的主语时，可能同时具备照应语和代词的特性。（141）这里重复如下：

(148) [$_{\alpha'}$ α (NP) [$_C$ PRO to VP]]

在该结构中，如果 α 的主语或宾语是潜在的约束语，那么 PRO 必须受其约束。如果不存在这一潜在的约束语，那么 PRO 可能是自由的并具有任意解读，或者 PRO 在其他条件下受到远距离约束。

如果由 PRO 作主语的小句 C 是中心语 α 的疑问补语时，PRO 受约束的情况会略有不同：

(149)(ⅰ)they asked me [how PRO to rig the boat]
(ⅱ)they asked me [how PRO to feed β]
(ⅲ)I thought they wondered [how PRO to feed β]
(ⅳ)John's mother asked me [how PRO to feed β]

在例(ⅰ)中，PRO 可能是自由的，也可能受到约束。例(ⅱ)清楚阐明了这两种可能性，句中的 β 可以是 *oneself* 或 *themselves*，如果用 *told* 代替 *ask*，β 可以是 *oneself* 或 *myself*。然而，在例(ⅲ)中，尽管 β 是 *myself* 不会造成语义不当（"I thought they wondered how I should feed myself"），但 β 只能是 *themselves* 或 *oneself*，而不能是 *myself*。在例(ⅳ)中，β 可以是 *herself* 或 *oneself*，而不能是 *himself*，再次说明 PRO 具有与照应语类似的特性。与陈述补语相比，PRO 在疑问补语中更自由些，但也并非完全如此，它同时表现出代词和照应语的一些特性。

附加从句（比如目的状语从句）（参见例[112]）与陈述从句相似，从句中的 PRO 必须受到局部约束。因此，在例(150)中，β 只能是 *myself*，不能是 *themselves* 或 *oneself*，尽管这样会造成解读不太自然（假定"我为他们买礼物是为了取悦他们"或"为某人买礼物是为了取悦某人"更好理解）：

(150)they thought I bought the presents [PRO to amuse β]

在这句话中，如果 PRO 被"for NP"代替，那么 β 具有任意解读（参见例[112]）。在例(151)的附加短语中，PRO 可能会受到约束，也可能是自由的，这取决于 β 的不同（比如 β 分别是 *Bill* 或语迹）：

(151)John is too stubborn [PRO to talk to β]

当 β 是 *him* 时，如果 β 是自由的，PRO 受到 *John* 的约束；如果 β 受到 *John* 的约束，PRO 一定是自由的（否则，*him* 将受到 PRO 的约束，正如 "John talked to him" 中的 *him* 受 *John* 约束一样，这违反约束理论）。

请看下列例句：

(152) (i) we told them that John is too stubborn [PRO to bother β about]
(ii) I thought you said that John is too stubborn [PRO to bother β about]

基于上述讨论的理由，PRO 不能受 *John* 的约束。在例（i）中，β 可以是 *ourselves*，*themselves* 或 *oneself*；在例（ii）中，β 可以是 *ourselves*，*myself*，*yourself* 或 *oneself*。也就是说，PRO 可能是自由的或者受到 *we*，*them*，*I* 或 *you* 的约束，并且它可能有分裂式先行语。在这些方面，PRO 与代词类似，虽然当 PRO 受约束时的释义与照应语相似——事实可能尚不完全清楚——因为（如果有约束语的话）PRO 必须在约束域内受约束；这时，考虑例（152i），其中 *we* 换作 *our friends*，β 只能是 *ourselves*。

如果由 PRO 作主语的结构 C 本身是主语，而不是补语或附加语，会出现其他复杂的情况。有些上文已经讨论过，例（153）说明了另外一些情况，其中 β 是某种反身代词形式：

(153) (i) [PRO to have to feed β] would be a nuisance for John
(ii) [PRO to have to feed β] would annoy John
(iii) [PRO to have to feed β] would annoy John's friends
(iv) [PRO to have to feed β] would assist John's development
(v) [PRO to have to feed β] would cause John to be annoyed

以上例句中的 β 不能是 *oneself*，这说明 PRO 不能被任意解读并且必须受到约束。（153）中，是潜在的约束语而非句子结构导致 PRO 不能有任意解读，正如（154）所示：

(154)[PRO to have to feed *β*] is a nuisance

除了例（iii）以外，(153)其他例句中的 *β* 是 *himself* 时，*John* 都是约束语。这一可能性在例（iii）被排除，例（iii）中的 *β* 是 *themselves*，被 *John's friends* 约束。在以上例句中，PRO 不在约束语的范围内，这与我们的一般假设相反。根据直觉判断，约束语由补语中最显著的成分充当才有道理，因而例（iv）和例（iii）中的约束语分别是 *John* 和 *John's friends*。约束语可以是介词的补语（如例[i]所示），可以是主句动词的补语（如例[ii]和例[iii]所示）；或者约束语也可以是主句动词补语的主语（如例[iv]和例[v]所示），在例[v]中，*cause* 的补语至少在 D-结构中是不定式短语 *John to be annoyed*，或许自始至终都如此。然而，约束语在句中不能嵌入太深：

(155)(i)[PRO to have to feed *β*] would result in John's being annoyed
(ii)[PRO to be able to feed *β*] would imply that John is competent
(iii)[PRO to be able to feed *β*] would cause us to conclude that John is competent

在以上三个例句中，*β* 选择 *himself* 的可能性从不确定到毫无可能。

如果（153ii）嵌入上一级小句，情况会更复杂，如（156i）或类似结构（156ii）所示：

(156)(i)we expected that [$_S$ [PRO to have to feed *β*] would annoy John]
(ii)we expected that [$_S$ [PRO shaving *β*] would annoy John]

在例（i）中，S=(153ii)。如例（153ii）所示，如果 S 没有嵌入，那么 *β* 必须是 *himself*，受 *John* 控制；*β* 不能是 *oneself*，PRO 不能具有任意解读。在例（156）中，*β* 也不能是 *oneself*，这表明 PRO 的任意解读已被排除，但 *β* 可以是 *himself* 或 *ourselves*，这表明控制语的选择（*John* 或 *we*）都是

可能的。在这些例句以及提到的许多其他情况中,还不太清楚我们讨论的是很强的倾向性,还是明显的语法差别,尽管至少在有些例句中似乎是后者。

也有人提出,具有任意解读的 PRO 可能是受"隐含论元"控制的 PRO,只不过"隐含论元"没有句法表征;因而在例(157)中,我们可以假设,存在缺少句法表征的底层隐含受益者"for γ",其中 γ 控制 PRO,如例(157i)所示:

(157)(i)[PRO to have to feed β] would be a nuisance (for γ)
(ii)[PRO voting for β] is bad (for γ) [①]

如果 γ 理解为 one,那么 PRO 受到 γ 的控制并且具有任意解读,β 是 oneself。如果语境允许 γ 被理解为指某一特定的人(比如 John),那么 β 将会是 himself,只是这种可能性很小。[68] 这种思路如果可行,PRO 只有在类似(158)或(159)的情况下才是自由的,因为这两例中没有明显的位置容纳隐含控制语:[69]

(158) the crowd was too angry [PRO to hold the meeting]
(159)(i) John is too stubborn [PRO to talk to]
(ii) it is time [PRO to leave]
(iii) it is common [PRO to sleep late on Sunday]
(iv) John asked Bill [how [PRO to entertain oneself]]

以上例句以及许多类似例句表明,控制理论涉及一些非常复杂的因素,并非所有的因素都已得到很好的理解。PRO 在解读上类似照应语,与其约束语有某种结构关系:要么 PRO 在约束域内,要么约束语在结构 K 中足够显著(PRO 是结构 K 的主语的主语)。PRO 又类似代词,当它不受

---

① 该例原书应该有误,译者做了改动。——译者注

局部约束时，可以有分裂式先行语、"远距离"控制语或宾语控制语。我们可以进一步假设，PRO 可以自由，也可以受约束。在某些结构中，最显著的潜在先行语就是强制约束语。如何准确界定这些概念以及如何解释观察到的各种语言现象，还有待进一步研究。

3.4.3 关于论元的抽象表征式

在 3.3.3.3.2 节，我们介绍了语链的概念及其部分特性，并在 3.4.1 节加以阐述。我们随后讨论"格传递"的第二种结构即虚位成分–论元语对。以（69）为例（重复如下）：

（69）there is a man in the room[①]

虚位成分–论元语对（*there, a man*）与语链相似，起始项均处于格标记位置，末尾项均处于题元标记位置，起始项的格传递给末尾项后，后者就变得可视并被题元标记。在本节，我们将讨论语链和虚位成分–论元语对的特性，根据其他原则探究它们的由来以及如何对其进行更精确的描述。下面的讨论是探索性的，部分原因是因为讨论基于的假设具有很大的争议性；另一部分原因是讨论基于的其他假设事关从 X-阶标理论和其他语法模块推导出的可能结构，然而这些语法模块还没有表述清楚。因此，我们的讨论只是简单的论证，没有详细讨论。虽然下面的很多观察对将以非论元位置上的成分为中心的非论元语链也成立。但本节主要讨论以论元位置的成分为中心的论元语链。

刚论述的这两种格传递（出现在语链中和虚位成分–论元语对中）可以在句中同时出现：

[①] 该例句编号与上例重复，为避免由于改动造成后面译文改动太多，译文采用例句原来的编号（69）。——译者注

（160）（i）there seems [e to be [a unicorn] in the garden]
　　　（ii）there$_i$ seems [e_i to have been [a unicorn$_j$ killed e_j in the garden]]
　　　　　（其中 i=j）

例（i）包括语链（there, e）和虚位成分-论元语对（e, [a unicorn]），后者与例（69）中的语对类似；例（ii）中有两个语链（there$_i$, e_i）和（[a unicorn]$_j$, e_j）以及虚位成分-论元语对（e_i, [a unicorn]$_j$）。虚位成分移位到被赋格的位置，然后格传递给"a unicorn"以满足格鉴别式的要求。如果虚位成分处于非格标记位置，就会违反格鉴别式，如例（161i）所示，与其相比，例（161ii）中的虚位成分 there 由 for 赋格：

（161）（i）*it is unimaginable [there to be a unicorn in the garden]
　　　（ii）it is unimaginable [for there to be a unicorn in the garden]

虚位成分-论元语对连接的成分不能构成语链，但是与语链相似，它们都要遵守可视性条件及其他条件。因此，例（69）中的 there 约束 a man，（160i）中的 e 约束 [a unicorn]，如此等等。事实上，语链连接成分的特性在这种虚位成分-论元语对大致都存在。[70] 我们现规定虚位成分-论元语对具有语链连接成分的特性，到 3.5.2.3 节再解释具体原因。

假定语链关系（CHAIN）包含以下两种情形：语链是一种语链关系，虚位成分-论元语对也是一种语链关系。我们可以把第二种情形概括为一个语对，该语对包含虚位成分 EX 所处的 D-结构位置和与之在 D-结构形成虚位成分-论元语对（EX, α）的论元。如果 β 是语链（EX, ..., β）的末尾项，语链的中心是 EX，EX 在 D-结构中和 α 形成虚位成分-论元语对（EX, α），那么（β, α）是语链关系。例（69）中的语对（there, a man）是语链关系；例（160i）中的（e, [a unicorn]）是语链关系，其中 e 是语链（there, e）的末尾项，there 在 D-结构中连接到 [a unicorn]。此外，如果（$α_1$, ..., $α_n$），（$α_n$, ..., $β_1$）和（$β_1$, ..., $β_m$）都是语链关系，那么（$α_1$, ..., $α_n$,

$\beta_1, ..., \beta_m$）也是语链关系（其中 n 或 m 可以等于1）。这种情况下，我们可以说语链关系（$\alpha_1, ..., \alpha_n$）和（$\beta_1, ..., \beta_m$）是由语链关系（α_n, β_1）连结起来的。一般来说，α_n 是虚位成分或者是虚位成分的语迹，β_1 是受其约束的论元，其他两个语链关系是语链。因而在例（160i）中，序列（*there, e, [a unicorn]*）是一个包含语链（*there, e*）和（*[a unicorn]*）的语链关系，这两个语链由语链关系（*e, [a unicorn]*）连接。在例（160ii）中，序列（*there$_i$, e$_i$, [a unicorn]$_j$, e$_j$*）是一个包含语链（*there$_i$, e$_i$*）和（*[a unicorn]$_j$, e$_j$*）的语链关系，这两个语链由语链关系（*e$_i$, [a unicorn]$_j$*（其中 *i=j*）连接起来。

我们把题元角色和格看作语链关系的特性，受到严格格标记的语链关系中的每一项都可视，并被题元标记。

在以上例句中，每个语链关系 C=（$\alpha_1, ..., \alpha_n$）都具有以下特性：对每个 *i* 来说，α_{i+1} 都在 α_i 域内；语链是通过一些规则形成的，这些规则将一个成分"提升"到一个嵌入程度较少的位置（如被动和提升），虚位成分-论元语对中的论元在虚位成分域内。我们这里只讨论上述情形，更常见的情况在 3.5.2.3 节再简要讨论。我们还假定，虚位成分（或者其语迹）必须连接到一个论元，正如到目前为止给出的例句所显示的那样。因此，如果语链关系 C 是最大的，它就包含一个源于 D-结构题元位置的论元。这个论元是它最大语链 C'（C 的子语链关系）的中心，并且如果 C'=C，这个论元本身是 C 的中心；或者这个论元连接到语链 C_{EX}（可能由单个或多个成分组成）的末尾项，该语链以虚位成分为中心，这时 C=（C_{EX}, C'）。

假设上述概念也可扩展用来包含（162i）中的非论元 *it* 和 *believe* 的补语从句之间的冗余成分-论元关系，因此例（i）中有语链关系（*it*, S），例（ii）中有语链关系（*it, e*, S）：

（162）（i）it is believed [$_S$ that John is intelligent]

（ii）it seems [*e* to be believed [$_S$ that John is intelligent]]

那么假设大致就是:

(163) 每个最大语链关系都包含一个题元位置。

我们应该能料到: 这一假设只要正确,也可从其他条件得出。一些例子显然证明了这一点。因此,如果最大语链关系 C 包含论元 α,那么对 C 来说,(163) 就成立,因为 C 包含 α 的 D-结构位置,而根据定义,D-结构位置也是题元位置。类似 (68) 违反了条件 (163),因为 there 构成的最大语链(即最大语链关系)不包含题元位置。例 (68) 这里重复如下:

(164) *John [$_{VP}$ V there]

不过,上文所述理由也能独立解释类似的例句。

如此一来,违反 (163) 的唯一可能性就是如下结构: 在该结构中,虚位成分处在主语位置,但与其他成分不连接;或者以虚位成分为中心的语链,其末项处于不与其他成分连接的主语位置:

(165) (i) *there hit John
　　　(ii) *there's fear of John
　　　(iii) *there seems [e to have hit John]

根据我们的假设,即虚位成分必须与其他成分相关,就可以排除可能违反 (163) 的例句。这个假设可以说要求过于严格,因为其中一种情形,即类似例 (164) 这样的结构,已经用其他独立的理由排除。而其他例句都可从以下条件得出: 类似 there 的虚位成分在推导过程中插入以及将 D-结构定义为纯粹的题元结构表征式这一定义要稍微放宽,这样就允许 D-结构中非题元位置由与论元连接的虚位成分填充。[71] 假定任何成分都与自身连接,可得出下列 D-结构条件:

（166）当且仅当 α 与论元相连接，D-结构中的论元位置被非空成分 α 占据。

例（165i），（165ii）和（165iii）不能推导出来，因为 S-结构中的 *there* 与其他成分不连接；在 D-结构中，*there* 不能与其他成分不连接，在句法推导过程中不能被插入。

需要注意的是，我们仍然不得不排除（165），虽然在虚位成分-论元语对中 *there* 连接到 *John*，但这一问题并不影响（163）的独立性。该条件是基于非常合理的独立假设推导出来的。

（163）的后果之一是，每个动词都必须指派至少一个题元角色；因而 *seem* 不能给主语指派题元角色，必须给其补语指派命题的题元角色，如例句"it seems that John is intelligent"和 *"it seems"所示。对任何动词 V，这都可以从（163）以及 V 的 VP 投射为了得到允准必须有主语这一要求得出。根据（163），主语必须是包含题元位置 P 的语链关系的中心；如果 P 是 V 的主语或包含在 V 的补语之内，那么 V 指派题元角色（即指派给主语或者包含 P 的补语；补语必须被语义选择，因而必须具有被 V 指派的题元角色）。以上只是仅有的一些可能性，因为独立于这一问题，其他原则排除了语链关系中（α, β）连接存在的可能性，其中 α 是 V 的主语，β 并不在 V 的补语之内；例如，NP 不可能自从句的附加语位置移位到主语位置。[72]

如果题元角色和格确实是语链关系的特性，那么语链关系就应该被唯一指派题元角色并被赋格，虽然对这个规定如何理解尚有讨论余地。一种合理的规定是一个语链关系只包含一个题元角色位置和一个格标记位置，前者决定语链关系得到的题元角色，后者决定语链关系获得的格。下面我们进一步讨论语链关系的这些特性。

关于格，我们有如下定义：

（167）如果语链关系只包含一个格标记位置，那么它就会受到格标记；受到格标记的语链关系包含的位置对题元标记是可视的。

据此，我们可以重新表述题元准则（参见边码 93）：

(168) 语链关系最多包含一个题元位置；题元位置在其最大语链关系中是可视的。

我们假设（168）对 LF 层次的表征式是成立的。

如果论元 α 处于 D-结构的论元位置 P，D-结构纯粹是题元结构的表征式（同时满足条款［166］），那么根据定义，P 一定是一个题元位置。根据（168），在 LF 层次，P 在其最大语链关系中是可视的，并且也是这一语链关系中唯一的题元位置。这样 α 就能够得到 P 位置指派的题元角色，并且只能通过这种方式从包含 P 的最大语链关系中获得一个或（多个）题元角色（参见边码 97）。如果 α 处于一个非论元位置，那么它必须通过其他方式获得允准（参见［81］）。另外，由于最大语链关系含有一个题元位置（参见［163］），那么它必须含有一个论元，也就是说，该论元在 D-结构中占据这一题元位置。[73]

由于论元在 D-结构中占据题元位置，因此论元不能移位到一个题元位置，否则形成的语链将有两个题元位置，从而违反（168）。同样地，非论元不能移位到题元位置，否则也会违反（168）。[74] 因此，移位总是移到非论元位置（3.5.2.4 节会讨论与该结论相关的一些问题）。例如，(169i) 不可能从 (169ii) 衍生出来，否则形成的语链（*John, e*）将有两个题元位置：

(169)(ⅰ) John hit *e*
   (ⅱ) *e* hit John

根据（163）和（168），最大语链关系 $C=(\alpha_1, ..., \alpha_n)$ 只有一个题元位置。根据（168），这个题元位置必须是可视的，所以 C 必须被赋格，这就意味着 C 必须有一个格标记位置（参见［167］）。因此，根据题元准则的表述和推出（163）的那些假设，我们得出结论：C 必须只有一个题元位置，也只有一个格标记位置。

另外，C 中的题元位置一定由末尾项 α_n 占据。如果 α_1 是论元，C 是语链，就可以得出上述结论，因为根据 D-结构的定义，α_n 占据题元位置。假定 α_1 是论元，C 不是语链，该情况由早先的假设排除，该假设假定在虚位成分-论元语对中，虚位成分约束论元，而不是相反，这种相反的情况是虚位成分-论元语对具有语链连接成分的特性这一假设的特殊情形，那么就要假定 α_1 是非论元。如果语链（$\alpha_i, ..., \alpha_n$）以论元 α_i 为中心语，且 α_n 又要占据 C 中唯一的题元位置，那么 C 就不成立。

假如我们现在补充另一条件，即 C 的中心语是被格标记的，因此：

(170) 如果 C=($\alpha_1, ..., \alpha_n$) 是最大语链关系，那么 α_1 处于格标记位置。

我们进而可以得出以下一般性条件：

(171) 如果 C=($\alpha_1, ..., \alpha_n$) 是最大语链关系，那么 α_n 占据唯一的题元位置，α_1 占据唯一的格标记位置。

这一规则似乎普遍适用，对合格**语链**是成立的，违反它的结构不合语法。我们期待这一规则能从 UG 的独立特性推导出来，正如我们看到的那样，它也确实可以从一些合理的假设（包括［170］）推导出来，但如何从 UG 的独立特性得出（170）（因而完整的［171］）是有待讨论的问题（参见下文边码 144 提供的一种可能思路）。还需要一个广义规则来解释习语语块（参见注释 71）；如果允许虚位成分与其他成分不连接的话，可能还需要其他的修正。

类似（165i）、（165ii）（这里重复为［172］）和（173）的不合格结构违反了规则（171）：

(172) (i) *there hit John

（ⅱ）*there's fear of John

（173）*[there to hit John] is forbidden

上文已经提出了一个基本原则，如果 there 与其他成分不相连，就可以排除以上例句。假设以上例句中的 there 与 John 相连。John 被 hit 或 of 赋格；there 在例（172i）中获得主格，在例（172ii）中获得属格。John 在（172i-ii）中均处于语义选择的题元位置。根据题元准则，不需根据（171），就能直接排除例（172）中的两个句子；John 在最大**语链**中不可见，因为该最大**语链**包含两个格标记位置，因而 John 不能被赋格（参见[167]）。根据（170）和（171）可以排除例（173）。我们在 3.5.2.5 节将从不同的视角分析例（172）。

考虑以下可能成立的原则：

（174）如果词汇语类 α 具有一个被格标记的宾语和主语，那么主语必须被 α（或它的投射）指派题元角色。

我们已经大致确立这一原则，该原则只对动词或名词 α 适用，因为介词和形容词没有主语。正如我们刚刚看到的，虚位成分不能充当主语，只有某个成分 β 通过 α-移位插入主语位置时，主语才可能不被题元标记。根据（170），β 必须从一个不被格标记的位置移位，因而不可能是 α 的唯一宾语。剩下的可能性是当 α 是及物动词时，β 可以从 α 的命题补语位置提升到主句的主语位置。如（175）中的 D-结构所示，β 提升到 e 占据的位置：

（175）[e V NP [$_s$ β to VP]]

目前尚不清楚这种情况是否原则上应被排除。以下例句也许能够说明这种结构："John struck me as stupid"，这句话可以视作 "it struck me that John is stupid" 进行提升操作得到的。如果用与 β 相关的虚位成分取代（175）

中的 e，正像例句 * "there struck me [a man as stupid]"（或 "... [as a man stupid]"，这取决于关于嵌入结构的假设）那样，这样也会违反（174），因此在这种情况下不合语法。这也是注释 70 提到的问题（即虚位成分-论元语对中的成分不能跨越 S-边界）。虽然一些问题有待进一步探讨，（174）似乎至少是大致正确的。

以下例句说明（174）的一些影响：

（176）（i）John's offer of a loan
（ii）the offer of a loan
（iii）*there's offer of a loan

（177）（i）John offered a loan
（ii）*offered a loan
（iii）*there offered a loan

以上例句中都含有一个格标记的宾语；因而根据（174），如果主语存在，必须被 *offer* 指派施事的题元角色，正如例（176i）和（177i）那样。例（176ii）和例（177ii）没有主语，无法指派题元角色；例（177ii）中的谓语 VP 缺少主语，因此不合语法；但（176ii）不会出现这种情况，因为 N' "offer of a loan" 不是最大投射，因而只需 X-阶标理论允准。例（176iii）和（177iii）含有主语，但未被指派题元角色，因此这两例被（174）排除。[75] 因此，如果存在接受题元角色的主语，那么题元角色由（174）中的中心语 α 指派，这对 VP 来说是必须的，因为 VP 必须含有主语，并在 D-结构中得到允准。

下面以不及物动词（如 *depart*）的名词形式为例：

（178）（i）the departure
（ii）John's departure

例（ⅰ）没有主语，所以题元角色无法指派（参见对［137］和［138］的讨论以及 3.5.2.3 节）。例（ⅱ）含有主语，它必须接受 depart 指派给主语的题元角色（如同在例句"John departs"中一样）。因此，如果主语存在，动词或名词 α 具有可以指派的题元角色，那么 α 似乎就会给主语指派题元角色。我们已注意到，这对缺少补语的动词也是成立的（参见边码 134—135）。

下面我们进一步讨论哪些因素决定题元角色的指派。首先考虑动词的情况。动词的最大投射 VP 必须含有主语才能被允准（作谓语）。根据（174），如果动词是及物动词，必须给主语指派题元角色。一般而言，以下观点被称为"Burzio 定律"（参见 Burzio，即将出版），除了一些可疑的情况（正如我们刚刚讨论的那些情形），它似乎对带有宾语的动词适用。[76]

(179) 当且仅当（带有宾语的）动词给其主语指派题元角色，该动词才能给宾语赋格。

上文的讨论说明了（179）如何从左到右推导出来；早期对被动词和提升动词的讨论说明（179）从右到左推导出来。假设动词给主语指派题元角色但是没有给宾语赋格，那么宾语在以虚位主语为起始成分的语链关系中将无法获得格，因为主语已经被题元标记了；只有宾语移位到格标记位置，才不会违反格鉴别式。根据题元准则，宾语只能移位到非题元位置，即主语位置。同时，约束理论的特性要求宾语移位到离它"最近的"主语位置，也就是充当宾语的小句的主语位置。但是因为这个主语位置被题元标记，所以移位不可能实现，因此违反了格鉴别式，最终也违反了题元准则。

如果动词 α 给宾语赋格，那么主语会被 α 指派题元角色。假设 α 没有补语，根据（163），它必须给主语指派题元角色（参见边码 134—135）。假设 V 的补语不是 NP，如例句（180）所示：

(180)(i) it seems that he had won
(ii) John believed that he had won
(iii) it believed that he had won

在每个例子中，动词必须给语义选择的补语指派题元角色。在例(i)中，动词没有题元标记其主语（即与补语从句相连的冗余成分 it，正如例[162]中一样），这也是(163)的要求。[77] 但是，在例(ii)和例(iii)中，动词题元标记其主语，所以例(iii)中的 it 不能理解为例(i)或(162)中的冗余成分 it。我们假设 believe 与 seem 不同，能够给从句补语赋格，可以把这种情形归入(179)。上文的论证也随之成立：由虚位成分—论元构成的语链关系(it, clause)被(170)排除（正如前面讨论的那样），因为从句在移位后留下一个有格标记的语迹；因而我们无须以某种方式规定题元标记是强制性的。

这一提议对我们正在讨论的情形是合理的，因而 believe 与 seem 不同，后面可以跟一个格标记的宾语（正如[181]中那样），甚至可以格标记嵌入句（而非小句补语）的主语（正如[182]中那样），嵌入句的结构必须和上文假设的一样（参见边码91）：

(181) John believed the claim that he had won

(182) John believes [$_s$ Bill to be intelligent]

在例(182)中，尽管 Bill 不是主句动词 believe 语义选择和题元标记的成分，它也必须被 believe 赋格，因为只有这样才不会违反格鉴别式。但是，在类似的结构(183i)中，不及物动词 seem 不能给嵌入句的主语赋格，所以主语必须提升至主句的主语位置，形成(183ii)中的 S-结构：

(183)(i) e seems [$_s$ Bill to be intelligent]
(ii) Bill seems [$_s$ e to be intelligent]

以下例句能够进一步说明这一论证是正确的：

(184) (ⅰ) John believed that Bill is intelligent
(ⅱ) what did John believe *e*?
(ⅲ) it seems that Bill is intelligent
(ⅳ) *what does it seem *e*?

一般来说，当且仅当动词给主语指派了题元角色，其所带的小句补语才允许被提问，所以 *believe* 属于这类动词，而 *seem* 则不属于。另外，例（ⅱ）中的变量 *e* 需要被赋格，因此刚才概括的思路似乎能够合理解释类似例（180）中题元标记的可选性及强制性。[78]

需要注意的是，得出（174）的论据也适用于例（180）和例（182）。这两个句子中的 *believe* 给补语的主语 *Bill* 赋格，如果 *believe* 没有给主语题元标记，主语一定是与 *Bill* 相关的虚位成分（根据 [168] 和 [170]，这是不可能的），或者某个非格标记成分必须移到主语位置，按前面讨论的情况，这是不可能的。因此，(179) 可以概括为：

(185) 当且仅当具有补语的动词对其主语进行题元标记时，它才能够赋格。

除了上文提到的问题（参见 [175]），只要虚位成分必须与其他成分相关联（即只要 [163] 成立），上述概括就成立。[79]

尽管许多其他情况还有待探讨，但有理由认为，没有必要规定动词题元标记具有强制性是普遍特性。如果动词（如动词 *believe, say* 等，但不包括 *seem*）能够对其主语进行题元标记，那么主语一定会被指派题元角色。

现在讨论名词中心语指派题元角色的问题。同样，我们只需关注主语的题元标记问题，因为补语只有在被语义选择（即被题元标记）时才会出现。在上文讨论过的例（172ⅱ）中，题元角色可以但并不必须指派给 *there* 占据的位置，例（186）也可说明这一点：

(172ii) *there's fear of John
(186) (i) Bill's fear of John
(ii) the fear of John

在例（186i）中，*Bill* 和在对应的句子"Bill fears John"中同样获得了感受者的题元角色，但在例（186ii）中，对应的题元角色并未指派。[80]

因此，虽然在小句中能对主语题元标记的及物动词必须对主语进行题元标记，但名词短语的名词中心语并不如此。造成这一差别的原因在于，小句必须有主语，否则谓语 VP 不能被允准；而例（172ii）和例（186）中的 *fear of John* 是 N'，不是最大投射，不必受谓语的允准。它作为中心语 *fear* 的 X' 投射就可被允准，因此不需要主语，正如例（186ii）所示。如果出现主语，它必须被题元标记，就排除了（172ii），因为这里的主语不能是虚位成分。以上语言事实可由题元准则和（171）得出，因此名词中心语有主语的情况下，不需要规定它必须题元标记其主语。

上述论证用到了（171），因而也借助以下假设：名词不能格标记其补语，我们假定它需要通过插入语义为空的介词 *of* 间接格标记其补语，因为名词不直接赋格，这个问题后面再讨论。暂不讨论其他情形，先考虑名词缺少补语（如 *book*, *expectations* 等）但指派题元角色的情况：

(187) (i) John's book (expectations, ...)
(ii) the book (expectations, ...)
(iii) *there's book (expectations, ...)

例（iii）不足以说明 *book* 必须对主语进行题元标记，因为虚位代词必须与其他成分相联系的要求（参见（163）和（166））能够排除这个可能。*Book* 的主语可有可无，因为 *book* 不是最大投射，因而也不是谓语，因此这种情况下主语的题元标记问题仍有待进一步研究。事实上，主语和名词短语之间可能存在多种关系。[81]

虽然有一些问题尚未解决，但仍有理由假定题元标记并不是必须的，即使存在必须进行题元标记的情况，也是为了满足其他原则的要求。这一般可能是语法过程的特性。[82]

（170）的后果之一是 NP 语迹没有格。由于受算子约束的语迹（变量）必须有格，因此当且仅当语迹被格标记，它才是变量（受算子约束）。NP 语迹缺少格通常被看作是一个独立的原则，[83] 下文会讨论其后果。直觉上，移位是"最后一招"（last resort）；NP 只有必要时才会移位，或许因为 NP 必须（至少在 LF 层次）是处于算子位置的 wh- 短语，又或是因为 NP 需要避免违反某一原则，如在被动和提升结构中，NP 需要满足格鉴别式；或者 NP 需要满足虚范畴 PRO 不受管辖的规定（后面再讨论），在这种情况下，（171）要求 PRO 移位的起始位置不能被格标记。

包含 there 的结构（如 [69]）违反了约束原则（87），因为（69）中的 a man 受到 there 的论元约束。人们提出很多方案来解释为何（69）违反了约束原则却仍合乎语法。（大致根据 Rizzi（1982a）的观点，）我们仅提出以下规定（188）：

（188）论元受非论元的约束，不受约束理论的影响。

（188）简单来说就是：约束理论本质上是一个有关所指依存的理论，非论元约束论元，不存在这种依存性。

我们可以把这个原则概括为（189）：

（189）论元与非论元的约束关系不受约束理论的影响。

同样，鉴于约束的核心概念与指称依存有关，这也符合直觉。

（189）排除了约束理论适用于 NP 移位的可能性，因为语迹是非论元，受语链起始成分（一般是论元）的约束。有理由假设约束理论的确适用于 NP 移位（参见 3.5.2.3 章节）。我们将非论元限于被格标记的非论元，可以解决这一问题（如果是的话），并将（189）重新表述为（190）：

（190）论元与被格标记的非论元之间的约束关系不受约束理论的影响

NP 的语迹只有受到约束，因而遵循约束理论（要求 NP 语迹在某一区域受到约束）的情况下，才能被允准。基于这个假设，根据（190），论元 NP 的语迹不能被格标记。另外，根据（190），在虚位成分-论元语对中，虚位成分必须被格标记，否则会适用约束理论，并且违反（87），因而我们几乎可以得出（170），从而得出关于**语链**关系的基本条件（171）。[84] 这个结果是我们所期望的，因为（170）虽然具有解释力，但是存在的理由似乎还不够充分。我们会在下文讨论（190）存在的问题，并因此放弃这个原则，继续采用（170），其基本涵盖了这些事实。

概括来说，本节提出了题元准则（168）和关于语链的条件（171）。（171）可以根据（170）、题元理论和其他合理的假设推导得出。除了上文中讨论的可能性，我们暂且认定它是一个独立的准则。我们提出了约束的限制条件（188），并且结合条款（166）对 D-结构的概念做了少许修改，从而得出上文描写的一些观察结果。

3.5 作为原则与参数系统的 UG

3.5.1 对一些问题的重新思考

我们一直在讨论近年来生成语法框架下语言研究的两次主要的观念转变。第一次转变用生成语法的术语对许多传统问题进行重新表述；第二次转变形成于解决柏拉图问题的过程中，该问题的一些案例在语言研究中出现的形式非常引人关注。试图对已提出的想法或正在探究的系列问题进行全面或准确的阐述，这远超我们现在讨论的范围。我将在本节中简要回顾语言和即将出现的语法的概貌，在出现的诸多问题中挑选几个有待研究的问题进行评述，然后结束这一节的讨论。下一节将进一步阐述语法的各模块。

3.3 和 3.4 两节的讨论说明，UG 概念的阐述从早期基于规则系统到基于原则与参数模式的转变是一个独特而重要的特点。其论证变得更为复杂，因为理论本身变得更加精简；它基于极少数普遍性原则，这些原则必须能够推导出语言特有的复杂规则系统所产生的结果。近来研究特点的这一显著变化反映出在解释充分性上取得了重大进展。一直以来，我基本都采用英语例句，但事实上，这在增加了解释深度的同时，也带来了这些术语所分析的语料范围的大幅增长。许多重要且具有深远影响的研究都涉及其他语言（尤其是罗曼语），其中很大一部分研究是基于理查德·凯恩（Richard Kayne）的开创性工作。[85]

诚然，最近的研究提出和阐述的一些想法仍有待讨论，但在论证深度和复杂性方面所表现出的质变，似乎鲜被质疑，这也是正确的发展方向。换句话说，正确的 UG 理论，不论最终表现形式如何，它都很有可能具有这项工作呈现的特征。具体来说，即操作性原则和一些特定语言特征的极其复杂的推导，这种推导基于统一有限的语言的基本原则。正如我们屡次观察到的，此类结论隐含在柏拉图问题的本质之中。

就第二次观念转变而言，我们认为 UG 不再为规则系统提供模式或作为评价标准。更确切的说，UG 不仅包含原则的各种子系统，而且具有模块化的结构，我们在对认知系统的研究中经常会发现这类结构。其中许多原则与参数相关联，而参数必须由语言经验确定。参数必须具备以下特性：通过非常简单的证据便可设定，因为儿童也只能获得这些证据；举例来说，中心语参数的值可以通过"约翰看见了比尔"（*John saw Bill*）（对比"约翰比尔看见了"（*John Bill saw*））这样的句子进行确定。[86] 参数值一旦设定，整个系统便可运转起来。借用詹姆斯·希金博瑟姆（James Higginbotham）的比喻，我们可以将 UG 设想成一个结构复杂的系统，但只是有部分"贯通"。这一系统与有限数量的一组开关相联系，每个开关具有有限数量的位置（可能是两个）。设定开关需要语言经验，一旦开关设定，系统便开始运转。

从初始状态 S_0 过渡到稳定状态 S_S，就是个开关设定问题。可能是一些通用原则决定着开关如何设定，如贝里克（Berwick 1982）所讨论的子集原则规定如果一个参数有正（+）负（-）两个值，负值生成的句子为正值生成的合法句子的真子集，那么在缺乏证据的情况下负值就是被选择的"无标记值"；只要参数是独立存在的，这就是仅学习正面证据的充要条件。可能也存在与各种参数相关的标记性（markedness）特定原则，但它们无须也不可能完全独立。[87]当特定的语言通过设定参数值确定下来，语言表达式的结构也随之确定，有时是通过相当复杂的计算过程（如上文讨论的几个例句），我们将会看到，这些还是相对简单的结构。

前面的讨论讲了我们熟知的索绪尔-布龙姆菲尔德理想化操作：语言社群具有同质化特点，但上述想法仍需进一步阐述。通常被称为"语言"的系统允许例外的存在：不规则的形态、习语等。这些例外并不能顺理成章地归入原则—参数概念下的 UG。假设我们区分"核心语言"（core language）和"边缘语言"（periphery），核心语言是通过设定普遍语法参数值得到的系统，边缘语言是讲话人—听话人的心智/大脑中真实表征系统上的所有附加成分。这一区分是理论内部的，关键取决于对 UG 的阐述。它超越了先前的理想化表述，因为即便是在同质化假设下，核心—边缘这一区分依然存在。

为方便研究，同质语言社群的理想化假设离析出了心智/大脑的一个真正特性。换句话说，这一特性不仅可在理想化条件下解释语言习得，而且无疑也是现实世界语言习得的基础。对核心语言的理想化也同样如此。特定个体心智/大脑中的语言是多种偶然因素相互作用的产物，这与更具重要现实性的 S_0 以及核心语言（及其核心语法）形成对比，因为 S_0 以及核心语言是初始状态所允许的诸多选项中的一种特定选择。

基于核心和边缘的区分，便有了关于标记性的三个概念：核心与边缘、核心的内部以及边缘的内部。第二个概念涉及在缺乏证据的情况下参数的设定方式。对第三个概念而言，毫无疑问，即便它们与核心规则相背离（例如，英语中动词的不规则形态）也存在一些重要的规律。边缘结构与核心语法之间可能具有系统性的关联，比如通过放宽核心语法的某些限制条件。虽然要想准确阐释这些概念并不简单，但一直都是一个经验问题，而且有许多类型的证据或许与确定这些概念相关。例如，我们预计边缘语法现象会有足够"密度"的特定证据支持，同时在不同语言和方言中有所变化，等等。

构建规则系统并达到一定程度的描写充分是相当困难的。现在随着视角转向原则与参数系统，我们面对的是一个更加严峻的经验性挑战。除非把某些现象交给边缘语法，否则，我们必须从业已确定参数的恒定原则出发，通过计算（本质上是演绎）过程对其进行解释，该过程或许与我们以往对某些例句的讨论一样复杂。此外，UG 系统是一个错综复杂且受到严格制约的结构；对一些原则和概念描述的细微变化会对研究的特定语言产生广泛而复杂的影响，对其他语言也是如此。涉及这些原则和概念的任何提议都应该解释大范围的证据（现在人们对这些证据已经相当理解），更不要说很多不断扩张的领域仍然缺乏任何有说服力的分析。正如每个研究者所知，在这些方面，这一领域已与几年前有了质的不同；它变得更加困难，但也更有趣。即便在原则与参数理论的视角明显转向之前，这些问题和挑战在类似乔姆斯基和拉斯尼克（Chomsky & Lasnik 1977）的研究中已足够清晰。也正是从那时起，这些问题与挑战愈发明显，也更吸引人。

基于前面已经讨论过的原因，我们特别感兴趣的现象缺乏直接证据，因此以明确的形式提出了刺激贫乏问题。人们可能期待这一点同样适用于有些边缘的结构，如寄生空位结构（parasitic gap constructions）（边码 109）。这些结构的特征很难理解，而且正是因为其边缘性，它们不大可能是习得的，UG 中也不太可能具有与其相关的特定组成部分。[88] 因此，我们预测它们的特性可由 UG 得出。如此一来，这些特性在经验上就对 UG 构成了严重的挑战，我们也可以推出这些特性在所有语言中都相同。然而，我们发现不同语言似乎在如何对待这些结构或者是否允许这些结构都存在广泛差异。这一**表面**（*prima facie*）矛盾只能通过一种方法解决，即展示如何通过所讨论语言中其他特性的参数设定来推出这些差异，因此我们面临的任务是错综复杂的，而且实证条件也非常困难。此前已有很多对"不确定性"的讨论给语言研究带来了诸多麻烦——所谓的问题是由如下事实导致的，即原则上存在无限多的语法与我们可能找到的所有证据相一致。尽管这一观察在语言学中是正确的，正如在其他任何实证领域一样，真正的问题却在别处：即基于一系列有趣的证据，哪怕只找到一个合理的 UG 理论。

如果我们把目标仅限于大概覆盖主要的结构即可，那么的确存在很多其他选择和可行办法。如果我们继续坚持描写，而不去面对柏拉图问题所带来的挑战，那么情况亦然。我们不能指望平常轻而易举观察到的现象在确定操作原则的本质时起关键作用。通常来说，研究很难发现和确认的奇异现象，更能给人启发，这一点在科学领域一般也适用。当对柏拉图问题的思考引导我们的探索时，这种情况就很有可能发生。柏拉图问题将我们的注意力准确指引到那些基于贫乏且不确定的证据但却为人所知的事实上，这些事实很可能为理解 UG 的诸多原则提供最深刻的洞察力。

正如早期研究设想的那样，UG 能够允许无限多的语言。但是刚才勾勒的构想只允许数量有限的核心语言（除了词库）：存在很多参数，但其数量有限，并且每个参数值的数量有限。当然，这是质的变化。奥舍森（Osherson）、斯托贝（Stob）和韦恩斯坦（Weinstein）最近关于形式学习理论的研究表明，从一个完全独立的视角看，这一变化可能是合理的。他们提出"强先天论"的观点，声称存在很多**本质上不同**的语言，但数量是有限的。那么，基于这一论点，S_0 只允许有限数量的本质上不同的实现形式。他们接着指出，强先天论的论点是由一些与学习功能特性相关的合理假设推导得出。[89] 如果两种语言只在有限多的句子中有所差异（如英语添加了 n 个法语句子），或者它们在不改变句法的词项上有差别（因此，如果 L 有 *John*，*Bill* 和 *Tom* 这些名字，而 L' 也是一样的，只是它有的名字是 *John*，*Bill* 和 *Mary*，那么 L 和 L' 本质相同；但是如果 L 有动词 *persuade*，但是 L' 缺乏任何具有这一选择特性的词汇，那么 L 和 L' 本质上不同），那么这两种语言在本质上被认为是相同的。这样一来，强先天论的论点便可由以下假设得出，即学习功能 f 不会因有限数量的噪音而受到打扰（即有限数量的干扰不是来自正在学习的语言本身，每一个干扰都可能不定期地经常出现），它具有某种局部特性（即下个猜想是基于当前猜想以及近期句子的记忆），同时要求可及假设的空间按照"递进式的复杂性"排列，这种排列方式使得学习程序在形成下个猜想时，从不会有太大的跳跃（即如果有一个过于复杂的假设即将运作，那么也会有一个距当前猜想不远的假设开始运行）。这些都是自然要满足的条件。因此，有独立的理由相信强先天论的论点是正确的，这一论点与我们基于完全不同的理由所得出的结论很接近。

奥舍森、斯托贝和韦恩斯坦指出，如果强先天论的论点是正确的，那么语言官能很可能是人类心智中一个独特部分；也就是说，语言习得并不是将一般学习机制（如果存在的话）应用于语言这一特定情况的结果。当然，我们不能假设"认知有界性"一般会受到这一观点的影响。除了强先天论的观点，至少如果之前的讨论完全在正轨上的话，这一结论看起来也是合理的。很难想象，我们一直在讨论的这类原则在语言官能之外还具有任何普遍的适用性。据我所知，目前尚未提出对我们一直在努力解决的问题有所启发的普遍机制或原则。

回到第一章（1）中的问题，我们"天生知道"的是 S_0 内各个子系统的原则、交互方式以及与这些原则相关的参数。我们学习的是参数值和边缘要素（以及词库，也适用于类似的观点）。那么我们所知道的语言就是一个包含原则和已设定参数的系统，还附带由标记性例外组成的外围部分。我们所知道的并非传统意义上的规则系统。事实上，或许这个意义上规则的概念，就像 E-语言的概念（看似也如此），在语言学理论中并无地位。人们可以基于 UG 参数值的选择制定投射规则系统的算法，但并无迹象表明这是一个重要的操作，或者这一过程如何实现很重要。

这一概念上的修正表明，我们看待第一章（1ii）这一语言习得方式上的变化：这不是习得规则的问题，而是在一个大致确定的系统内设定参数的问题。这也标示着对问题（1iii）的一个方面即语法分析（parsing）问题的重新思考。语法分析程序一般以规则为基础；实际上，语法分析器映射规则系统，并问询这些规则如何将结构赋予逐词分析的字符串。以上所讨论的例句以及许多其他例证都表明，我们需要换一个思路。在给定词库的情况下，结构可由中心语投射而来，这种投射基于投射原则、X 阶标理论以及 UG 中其他涉及成分允准的子系统，这些子系统通过这些原则相互联系，具体方式上文已做阐释。或许，语法分析器根本不应基于规则而应基于词汇特征和 UG 的原则，后者决定基于前者生成的结构。基于规则的语法分析器在某些方面是不可信的。首先，随着规则的激增，分析的复杂程度迅速增加；其次，如果从规则系统的角度来看，不同语言之间似乎存在实质性差别，既然如此，如果分析是基于规则的话，那么不同的语言需要用完全不同的分析器，这是不太可能的结果。整个问题值得重新充分考量，看起来也的确如此。[90]

原则与参数理论的概念转向也为研究带来了一些新的经验性问题，这表明其他一些问题也需要重新表述。下面考虑几个例子。

注意：单个参数值的变化可能会带来复杂的影响，因为其效果会渗透整个系统。单一值的改变可能带来一系列结果，而这些结果貌似毫无关联。因此，即便是最近才分离的语言也可能在一系列特征上有差异，这是语言的比较研究已观察到的事实。我们可以利用此类信息来确定 UG 原则与参数的结构。因此，比较语言学和普遍语法中一些新的有趣问题值得探究，而且在一些语言区域，尤其是在罗曼语，针对这些问题已经做了非常富有启发的工作。[91] 我们也期待能够发现，并且显然的确已经发现，一些参数的改变会产生不同类型的语言，这是另一个目前被广泛研究的课题。考虑到不同类型的语言可以基于某一确定的 S_0，利用有限语料同样容易习得，这些结论在本质上可能是正确的。

研究参数的细微变化所带来的经验性影响，还会以其他方式对普遍语法产生广泛影响。正如前文指出的，黄正德对移动-α 移位各参数的研究开辟了此类研究的新思路。wh-移位可以在句法层次进行，影响 S-结构，或者在 LF 部分进行，影响 LF 表征式而非 S-结构。英语就是第一类语言，汉语—日语属于第二类（虽然英语也有 LF 层次的 wh-移位，前文已提及）。因而我们会发现（36）和（38）中的语料排列，这里重复如下：

(36)（i）you think [$_{NP}$ who] saw John
　　（ii）who—you think [$_{NP}$ e] saw John

(38)　　　　　　汉语—日语　　英语
　　D-结构　　　（36i）　　　（36i）
　　S-结构　　　（36i）　　　（36ii）
　　LF　　　　　（36ii）　　　（36ii）

假定某些疑问词解读的范围在汉语—日语和英语中相同。我们有理由得出以下结论，即这些解读是由 LF 条件所决定的，因为这些语言只在这一层次具有相似性。假设解读的范围在汉语—日语和英语中不同，那么，可以假定这些解读是由 S-结构的条件决定，因为这些语言在这一层次不同。因此我们就有了一个研究工具来确定 UG 的各种条件在系统内应用的确切位置。

为说明这一点，请思考下面的例子：

(191)（i）*who does John believe [the claim that [Bill saw e]]
　　（ii）*what$_i$ does John know to whom$_j$ [Bill gave e_i e_j]

(iii) *to whom$_j$ does John know what$_i$ [Bill gave e_i e_j]

(192) (i) what$_i$ did you wonder how$_j$ [to do e_i e_j]
(ii) *how$_j$ did you wonder what$_i$ [to do e_i e_j]

　　（191）中例子违反了界限理论：wh-短语移位"太远"（参见边码71—72、76—77）。但是，黄正德观察到，如果 wh-短语位于合适的位置，汉语—日语中对应的句子是合法的。因此，我们得出结论：界限理论的条件适用于狭义的句法、S-结构表征式或者形成这些表征式的规则，但不适用于 LF 表征式或者将 S-结构转换为 LF 的规则。原因在于英语在 S-结构，而非在 LF（的有关方面），与汉语—日语不同。

　　支持这一结论的另一例证来自于英语中 wh-移位的 LF 规则。请看与（191）相对应的多重 wh-结构，其中 who 取代 John 作主句的主语：

(193) (i) who believes [the claim that [Bill saw whom]]
(ii) who knows to whom$_i$ [Bill gave what e_i]
(iii) who knows what$_i$ [Bill gave e_i to whom]

　　与（191）不同，（193）中的这些句子合法，并且（ii）和（iii）还允许内嵌的 wh-短语取宽域解读，这对（i）来说是必须的；例如，（ii）的解读之一是"对哪个人 x 和哪个东西 y，x 知道 Bill 把 y 给了谁。"这也同样适用于（194i）这样的句子，它可以解读为（194ii）或（194iii）：

(194) (i) who remembers where John read what
(ii) for which person x and which thing y, x remembers in which place z, John read y in z
(iii) for which person x, x remembers for which thing y and which place z, John read y in z

　　对（ii）的回答可能是"Tom 记得 John 在哪里读了《白鲸》(Moby Dick)

并且 Bill 记得 John 在哪里读了《荒凉山庄》(*Bleak House*),"对(iii)的回答可能是"Tom 记得 John 在哪里读了什么"(用"不记得"替换"记得"这一结构可能更为自然)。(ii)中,内嵌的 wh-短语(193ii 中的 *what*)取宽域,违反了界限理论的条件,因为这些条件适用于句法本身中的 wh-移位,如下所示:

(195)*what do you remember where John read

那么,结果便是 wh-短语的 LF-移位不受界限理论原则的约束,但这些原则会阻止(191)和(195)的出现。

现在讨论(192),两个例子都由 D-结构(196)衍生而来,对英语和汉语—日语都是如此:

(196)you wondered [to do what how]

在汉语—日语中,这同样也是 S-结构,但在英语中,(192)中(i)或者(ii)是 S-结构,这取决于 α-移位规则如何在句法中使用。

然而,黄正德观察到 LF 表征式(192ii)不论在汉语—日语还是在英语中都是不合法的。在汉语—日语中,(196)句必须被解读为(192i),在英语中句子"how did you wonder what to do"不能有(192ii)的解读。更确切地说,这个句子有一种异常解读,其中 *how* 与 *wonder* 而非 *do* 相关联,所以,它不是由 D-结构(196)而是由(197)衍生而来:

(197)you wondered [to do what] how

这一解读在汉语—日语的句子(196)中是不存在的,因为 *how* 处于内嵌短语中(在实际的语序中可清楚看到这一点,这里不予讨论)。

既然汉语—日语与英语在这方面相似(尽管疑问句的表层形式和

S-结构形式存在差异），我们就可以得出以下结论：LF 的某一特性禁止（192ii）这一 LF 表征式的存在。这一结果可由虚范畴原则（ECP）得出，该原则为虚范畴施加了某些严格的"识别条件"，并产生了多种影响。[92]

如果 UG 的解释正确，那么英语类语言和汉语—日语类语言异同的程度就可根据与 α-移位规则相关参数值的选择推导出来：α 可能包含狭义句法中的 wh-短语，这样 wh-小句便被 S-结构的界限理论和 LF 层次的 ECP 所约束；或者 α 可能只包含 LF 部分的 wh-短语，这样 wh-小句就仅仅被 LF 层次的 ECP 所约束。这再次证明，语言类型之间的异同不是通过其他的规则系统，而是通过一个稳定的原则系统内某一参数值的选择表达的。这里会出现许多有趣的问题：其中有 S-结构和 LF 的区分及各层次表征的特性，UG 各种原则适用的时间点，原则与参数相互作用的方式所产生的语言之间的类型学差异以及虚范畴和算子—变量结构的地位。

在这一讨论过程中，我们已经考虑了一些普遍的原则，如投射原则，完全解读（FI）原则以及它的各种允准条件，语法各模块（如 X 阶标理论、题元理论、约束理论、格理论、控制理论、界限理论）的特性。我们也考虑了由这些原则相互作用所决定的表征层次：D-结构、S-结构、LF 和 PF（语音形式或"表层结构"）。虽然我们一直保留着扩展的标准理论（EST）的基本框架，但事实上删除了它所预设的规则系统。D-结构现可定义为题元结构的"纯粹"表征式：每个论元都处于一个题元位置，同时每个题元位置都被一个论元占据，论元是为了满足允准条件必须被赋予题元角色的短语。

因而 D-结构通过 α-移位与 S-结构相联系就成了经验性假设，α-移位这一规则具有确定的特性，涉及与移位相关的两个位置（特别是基于结构来确定距离的意义上，这两个位置不能"离得太远"）。我们一直都认为，S-结构是 D-结构使用 α-移位之后衍生而来的。或许有人会认为 α-移位实质上是 S-结构上适用的一种关系，从而 D-结构可以根据这一规则从 S-结构抽象出来。这两种路径之间可能存在的差异是经验性的；实际上，我们已经遇到了一些差异,尽管它们十分微妙,也几乎不具有决定性作用。对大多数目标(最终或许对所有目标)来说,我们可以把它们作为两个同等的表达方式。[93]

通过形态和音系规则,S-结构可推导出 PF 的表征式层次。在这一层次上,句子被表征为语音形式并带有成分标记。通过 α-移位由 S-结构可推导出 LF 表征式层次,并可指派辖域,但显然不受界限理论条件的制约。很难想象 LF 成分的规则受制于参数差异,因为目前还不清楚确定这些规则特性的哪些证据对语言学习者来说是可获得的。只要语言在这一层次存在特性差异,我们就可认为这是由 UG 的一些原则所决定的语言显性特征的直接反映。这一领域我们还所知甚少,因为有限的证据带来了许多严重的问题。[94] 事实大致如此,几乎没有必要强调。确实,虽然过去几年已取得了实质性的进展,但暴露出的问题比解决的问题还要多——这种现象很正常,令人鼓舞,也是我们在一个值得探究的领域所希望看到的。

然后,基于这些假设,普遍语法模块设定好参数值,并为每一个表达式分配一个结构(D, S, P, L),其中 D 是其 D-结构,S 是 S-结构,P 是表层结构,L 为"逻辑形式"。

LF 的特性是一个经验性问题,因而可能与传统哲学逻辑中的"逻辑形式"不一致。LF 这一术语的使用有明确的条件,因为 LF 看起来的确有许多与逻辑形式相似的特征,包括量词—变量表示法的使用。当然,这绝不是一个先验的必要条件,但是存在很多实证理由让我们相信这一假设是正确的。[95]

一般来说,表征式层次的选择及其特性是一个经验性问题,要通过它们在解释中的作用加以验证。前文对这一问题的讨论主要与 S-结构的特性联系在一起,特别是由投射原则和允准原则(该原则要求虚范畴出现在某些特定位置)决定的一些特性。缺乏语音形式的虚范畴的存在及其特性是个特别有趣的问题,因为语言学习者缺乏与此相关的直接证据。

我们可以假定:PF 和 LF 是形式结构与思维/大脑其他部分之间的

"接口"，这些部分与（这里讨论的）语言官能在使用语言进行思考、解读和表达等方面具有互动。

如果将 D-结构单纯看作题元结构的表征，就有理由假设词汇项以一种"缩减"的形式出现在这一层次，即缺乏屈折元素，不影响题元标记，也不进入语义选择。因此，衍生形式 *destruction* 在这一层次作为一个名词 N 出现，因为它充当诸如 "the destruction of the city" 这类 NP 的中心语，这是语义选择要素的典型结构实现形式（此外，该衍生式的语义特征通常并非严格地由组合性原则决定），但是诸如一致、被动等动词屈折不会出现，因为它们不参与确定题元结构。因此，*John was killed* 深层 D-结构可能是：

（198）[$_{NP}$ *e*] INFL be [$_{VP}$ [$_V$ kill] [$_{NP}$ John]]

然后词缀化（affixation）规则将被动语素附加在 *kill* 之上形成 *kill-en*（在 PF 部分具有语音形式）。被动语素具有吸收格的特性，因此这一规则之后必须应用 α-移位，否则（198）就会违反格鉴别式。[96] 接下来，一致规则将确保 INFL 中的 AGR 成分与衍生主语的特征相匹配，而后续的句法规则会将这些特征指派给动词。

像英语这样形态结构贫乏的语言，支持这些问题的证据几乎没有。但在这一领域，形态较为丰富的语言确实提供了富有启示的证据，正如马克·贝克（Mark Baker）所观察到的。[97] 在对多种语言的调查中，贝克发现语言都遵守他所谓的"镜像原则"（mirror principle）。该原则主张形态结构的层级在一定意义上明确反映句法结构。举例来说，如果一个语言的形态结构同时标示主语—动词一致和被动，并且动词的形态结构是（199i），那么结果就是被动化在一致关系前适用，从而使被动动词与其表层主语相一致（正如在 "the books were read" 中一样），这在具有相关形态特征的语言中是常态：[98]

（199）（i）[[[verb] passive] agreement]
　　　（ii）[[[verb] agreement] passive]

我们无法找到结构为（ii）的动词，其中动词与表层主语保持一致。

假设一个语言除被动和一致之外，还有"施用"（applicative）结构，它把 D-结构的受益者变为宾语，把原来的宾语变成"第二宾语"，我们可以把这一过程简单描述如下：

（200）NP_1　V　NP_2　NP_3　→　NP_1　V　NP_3　NP_2
　　　 subj　obj　ben　　　subj　obj　obj_2

该操作会把"John bought a book for the children"这种结构形式转化为"John bought the children a book"。在一些语言中（虽然不是英语），这类能产性句法过程很常见。现在假设施用过程的结果（[200]的右侧）先经历被动化过程然后是一致，这样整个衍生过程如（201）所示，其中（i）是 D-结构，（iv）是 S-结构，动词形式 V_i 是在衍生过程中通过词缀化形成的。因此，V_2 包含施用词缀 *App*，V_3 包含 *App* 和被动词缀 *P*，而 V_4 除此之外还包含一致词缀 *Agr*：

（201）（i）e V_1 NP_2 NP_3 (by NP_1)
　　　（ii）e V_2 NP_3 NP_2 (by NP_1) (by applicative)
　　　（iii）NP_3 V_3 e NP_2 (by NP_1) (by passive)
　　　（iv）NP_3 V_4 e NP_2 (by NP_1) (by agreement)

这一衍生将形成与"the children were bought a book (by John)"相对应的 S-结构，因而根据镜像原则，V_4 的实际层级形式将为：

（202）[[[V *App*] *P*] *Agr*]

假设语言还有一个宾语一致规则，通过宾语一致（O-A）成分使动词发生屈折变化，从而与宾语保持一致。如果这一规则用在施用过程之前，那么 D-结构（201i）会被转变为（203），继而被转变为（201ii），而 V_4 的实际抽象形式会是（204）：[99]

(203) $e\ V_1\ NP_2\ NP_3\ (by\ NP_1)$

(204) [[[[V O-A] *App*] *P*] *Agr*]

这里，我们无须假设（200）实际上是一个移位规则；事实上，在我们所假设的限制性理论框架内不容易表述一个几乎与（200）相对应的转换过程。更确切地说，这一规则增加了施用屈折 *App*，因而改变了格指派的结构和语法功能，VP 内的实际语序大概就是上述因素和其他因素的反映。我们或许可以假设 *App* 可以使其附加的动词为底层受益者指派宾格，于是底层宾语变成了"第二宾语"，通过其他机制得到格，如同在"John gave Bill a book"中一样。[100]

贝克指出镜像原则可以解释多种情况下词汇的层级结构。他还观察到这一原则对促进形态复杂语言的习得将发挥关键作用。镜像原则可由以下假设推导出来：假设 D-结构是"纯粹的"，因为其只包含进入题元结构的成分，所以省略了只与句法角色相关的所有词缀，并进一步假设衍生式都是（201）这样的形式，其中句法操作指派词缀，词缀"触发"应用 *α*-移位。

我们可以多种方式落实这些想法。举例来说，我们可以继续假设规则 *α*-移位一般只作为"最后一招"（last resort）使用（参见边码143），具体来说，就是不用这一规则会导致一个结构违反类似格鉴别式这样的条件时才使用。我们可进一步假设词缀可随意添加，当结果是不正确的选择或不存在的词汇时，会被其他原则和词库的特性过滤掉。这对投射原则和其他概念的精准表述具有更加深远的影响。

3.5.2 语法模块

现在让我们来更深入地讨论一下语法中的几个模块、它们之间的互动以及其中所涉及的概念。

3.5.2.1 X-阶标理论　我们首先进一步考虑 X-阶标理论，回顾并拓展前面的讨论。每一个词汇范畴 X（X=N，V，A，P）都可作 X'（X-阶标）的中心语。X' 由 X 及其补语构成，X' 叫作 X 的**投射**。我们假设进一步的投射 X" 包含 X' 及其标志语，其中 N' 的标志语是限定词（DET：介词、量词、属格 NP）。X" 称为 X 的**最大投射**，同时 X 是 X"（和 X'）的中心语；我们将继续使用传统上的符号 NP，VP，AP 和 PP 分别作为 N，V，A 和 P 的最大投射。这些成分的顺序由参数的设定来决定，参数的设定涉及格指派的方向、题元标记的方向，其他情况下则选择默认值（左或者右）。补语的顺序进一步受制于格邻近原则（Case adjacency principle）。以上就是 X 阶标系统的词汇核心，可能会存在多种改变和修正。

现在我们把这一系统扩展到小句结构当中。假设存在成分 INFL（屈折），该屈折包括时态、一致成分以及情态动词。依据音系规则，抽象的时态和一致成分一般都与临近的动词相关联。INFL 作投射 INFL' 的中心语，INFL' 由中心语 INFL 及其补语 VP 构成，最大投射 INFL" 包括 INFL' 及其标志语（即 INFL' 的 NP 主语）；这一最大投射就是我们之前所说的 S。进一步假设存在另一个非词汇性成分 COMP（标句词，complementizer），英语中可为 *that*，*for* 或者为空。COMP 选择 S 作补语，并充当 COMP'（文献中一般称为 S'）的中心语，我们将把它称为 C 并假定其为（缺失的）最大投射，即 C'=C"；关于将 C 纳入总体的 X 阶标架构的可能性，参见乔姆斯基（即将出版）。

因而，小句的大致结构可表示为（205），NP 的结构参见（206），其中 ... 代表 V 和 N 的补语（如果存在的话）：

（205）[c COMP [s NP [INFL, INFL [VP V ...]]]]

（206）[NP DET [N' N...]]

现在我们可以将语法功能**宾语**定义为 X' 的 NP,[101] 语法功能**主语**定义为 X" 的 NP，后者的情况包括（205）中的 NP 主语以及（206）中处于 DET 位置的属格 NP。宾语就是由中心语语义选择并题元标记的内论元，而主语并不被语义选择，只作为标志语，被其所在的 X'（INFL' 或 N'）题元标记（如果有的话），一般情况下只与词汇中心语 V 或 N 的特性有关，有时也体现组合特征。

X-阶标理论应用在 D-结构层次。移位规则形成的一些结构可能与 X-阶标架构不符，但在 D-结构，X-阶标理论的条件得以满足。D-结构是词汇结构的直接投射，这种投射受制于其他允准条件（如保证谓词结构存在主语的条件）。

3.5.2.2 成分统制和管辖　此前我们把**区域**定义为一个成分所出现的最小短语。现在我们把这一概念限定为最大投射：α 的区域是包含 α 的最小的最大投射。（205）中，V 的区域是 VP，INFL 的区域是 S，COMP 的区域是 C。（206）中，N 的区域是 NP。我们说 α **成分统制**其区域内所有不被包含在 α 内的成分。

如果一个范畴 α 和一个最大投射 X" 相互成分统制，我们说范畴 α **管辖** X"；如果 α 在此意义上管辖 X"，那么 α 管辖 X" 的标志语和中心语 X。因此，中心语 α 管辖其补语，这是管辖的核心案例；在 [VP V NP] 结构中，NP=（206），V 管辖 NP，DET 和 N。此外，主语和谓语互相管辖。只有词汇范畴及其投射才能充当管辖成分：N，V，A，P，NP 和 VP，其他则不能（例如，标句词 *that* 或 INFL 中的不定式成分）。我们假设 INFL 中的一致成分（AGR）算作一个管辖成分，因其包含人称、数、性等特征，从这个意义上讲，它是"名词性"的，这样一来，AGR 管辖主语。

我们进一步假设 AGR 自动与主语同标，以表达一致关系。我们预期管辖定义的第二个条件（非核心案例）可基于其他一些理由推出；也许是这样，但这里不再继续探讨这个问题。

成分统制和管辖的概念在整个 UG 模块中发挥着核心作用，因此它们的精准表述蕴含着许多复杂的影响。这里我基本上沿用奥恩（Aoun）和史坡堤（Sportiche）（1983）的路径，这一方法在其他学者建议下有所改进，包括凯恩（Kayne 1984）、贝莱蒂和里齐（Belletti & Rizzi 1981）等。

这里主要聚焦语言的句法部分和 LF 部分以及 D-结构，S-结构和 LF 三个层次。有证据表明管辖这一概念也与 PF 部分有关。一个例证涉及（207）中的缩略规则，得到（208）这样的口语形式：

（207）want + to → wanna

（208）I don't wanna visit them

众所周知，这一规则有时会被阻断。比如（209）中,（i）无歧义（意思是"对哪个人 x，你希望拜访 x"，而不是"对哪个人 x，你希望 x 去拜访"），而（ii）是不可能的：

（209）（i）who do you wanna visit
　　　（ii）*who do you wanna visit Tom

假设缩略规则（207）适用于 PF 部分，wh-移位语迹的存在使得 want 和 to 不能相邻，因此缩略规则被阻断。[102] 基于上述假设，以上语言事实得到解释。

除（209）以外，还存在缩略规则（207）被阻断的其他一些例证，如：

（210）（i）I don't [need or want] to hear about it
　　　（ii）we cannot expect [that want] to be satisfied

(iii) they want, to be sure, a place in the sun

奥恩和莱特福特（Aoun & Lightfoot 1984）提出只有当 *want* 管辖 *to* 时，（207）才适用，显然（210）中并非如此，而且管辖要求对此类过程是普遍适用的。这一假设十分自然，加上语迹理论，似乎可以解释这些语言现象，这说明缩略规则所适用的条件并不需要通过例证为人所知，这又是柏拉图问题的一个典型案例。如果这一想法是正确的，那么管辖这一概念就与 PF 部分相关。[103]

在另一类缩略现象的分析中，*wh*-移位的语迹在"重音清除"（destressing）规则使用时也是存在的，这一规则是助动词简略规则（auxiliary reduction, AR）适用的前提条件。助动词简略规则可得出句子"where's John"却不能得出"I wonder where John's"：因而重音清除规则在"where's John"中作用于 *is*，但在"I wonder where John is e"中不起作用。[104] 如果任一范畴在 PF 层次不要求包含词汇成分，那么删除这一范畴也就缩减了 PF 层次本身，而且 AR 规则适用于这一缩减的结构——例如，作用于缩减结构（211）中，得出"who's here,""what do you think's happening,"等：

(211) (i) who [$_{INFL}$, is here]
(ii) what do you think [$_{INFL}$, is happening]

因此，在 PF 部分，*wanna*-缩略（207）和重音清除规则适用于没有词汇成分要求的范畴缩减之前，以及 AR 规则适用于缩减之后的情况。语序则被假定由更普遍的因素所决定。虽然语迹本身没有语音内容，但它可作为语障阻碍其他规则的应用，从而间接影响语音形式，其中包括个性化缩略规则（207）和重音清除规则。

如上述讨论所示，PF 部分的内部结构问题很有趣，但这里不做进一步讨论。

3.5.2.3 约束理论 虚范畴的概念在整个这一讨论中起核心作用。我们已经发现了四类虚范畴：NP-语迹、变量、PRO 和 *pro*。NP-语迹是缺少格标记的非论元，变量是非论元约束的指称性短语，根据可视性原则，它必须有格。PRO 要么被约束，要么保持自由，这时它（一般）接受任意解读，类似英语的 *one*，如"one's beliefs often prove false"。*pro* 是一个纯粹的代词成分，其意义为 *he*，*they* 等，或者是一个虚位成分，这一成分在英语中没有实现形式，只存在于允准空主语的语言中。

我们假设这四类短语表达式是 [a]（照应性）和 [p]（代词性）这两种基本特征的实现形式。NP-语迹是一个纯粹的照应语 [+a, -p]，*pro* 是一个纯粹的代词 [-a, +p]，变量既不是照应语也不是代词，因此特征为 [-a, -p]。我们进一步认为 PRO 是一个代词性照应语 [+a, +p]，同时具有代词和照应语的特征（参见 3.4.2 节）。同样的特征也可区分显性范畴。因此我们有纯粹的照应语反身代词和相互代词（*himself*, *each other*），纯粹的代词性成分（代词），还有既非照应语也非代词的指称性短语（*John*, *the child* 等）。代词性照应语这一类别则不存在，我们能直接看到这一点，这并不意外。

现在开始讨论约束理论。我们说当 α 成分统制 β 且与 β 同标时 α 约束 β。当 α 约束 β 且不存在 γ 使得 α 约束 γ 且 γ 约束 β 时，α 局部约束 β。约束理论的原则决定了刚刚明确的几类不同范畴是否可以或必须被约束。

我们上文已经提到了约束理论的两条原则：原则（87）此处重复为（212）以及明确的主语条件（SSC），如（213）所示：

（212）指称性短语（在其语链中心语的区域内）不受论元约束

（213）（i）the men$_i$ expected [$_S$ the boys$_j$ to see them$_k$]
　　　（ii）the men$_i$ expected [$_S$ the boys$_j$ to see [each other]$_j$]

SSC 规定在最近主语的区域内，代词是自由的，而照应语受约束；这样一来，(213i) 中 *them* 不可被 *the boys* 约束，但可能被 *the men* 约束；而 (213ii) 中 *each other* 必须被 *the boys* 约束；k 与 j 所指不同，但可以 i 同标，l 必须与 j 同标。

显然，代词和照应语并不遵守约束理论 (212) 中的原则。更确切地说，与指称性短语相反，照应语必须被约束，而代词可以被约束，如下例：

(214) (i) they$_i$ like [each other]$_i$
(ii) they$_i$ wanted Bill to like them$_{i,j}$

将受约束的成分替换为一个受约束的指称性短语将生成不合法的表达式。此外，照应语和代词在受约束可能性上表现不同。事实上，它们的分布更接近互补：在照应语受约束的语境里，代词一般都是自由的。例如 (214) 中，*each other* 和 *them* 不能相互替换得出 (215)：

(215) (i) *they$_i$ like [them]$_i$
(ii) *they$_i$ wanted Bill to like [each other]$_i$

这些例子显示，在某个局部区域内，照应语必须被约束，而代词必须不受约束。那么，约束理论将有以下形式，其中"局部区域"的概念还需继续阐释，且 (C)=(212)：

(216) (A) 照应语在其局部区域内受约束
(B) 代词在其局部区域内不受约束
(C) 指称性短语（在其语链中心语的区域内）是自由的

明确的主语条件 (SSC) 给出了局部区域的一个例句，如 (213) 所示。这一原则将最近的成分统制的主语所在的区域定义为 (216) 的局部区域。在这一区域中，照应语必须受到约束而代词必须是自由的。需要指出的是，照应语的先行语不必非得是主语，虽然它不能位于主语的区域之外：

(217)(ⅰ)I told them$_i$ about [each other]$_i$
(ⅱ)*I told them$_i$ that Bill liked [each other]$_i$

同样，在主语的区域内，代词不能被非主语所约束：[105]

(218)(ⅰ)*I told them$_i$ about them$_i$
(ⅱ)*I told them$_i$ that Bill liked them$_i$

SSC 同样适用于名词短语中：

(219)(ⅰ)they$_i$ told [stories about each other$_i$]
(ⅱ)*they$_i$ heard [my stories about each other$_i$]
(ⅲ)*they$_i$ told [stories about them$_i$]
(ⅳ)they$_i$ heard [my stories about them$_i$]

根据条件（A），主语 *my* 阻碍了（ⅱ）中的约束；同时，依据条件（B）（SSC 的例子），主语 *my* 约束成立。SSC 在（ⅰ）和（ⅱ）中都不适用是因为其中的 NP 没有主语。因此，依据条件（A），（ⅰ）中的约束成立；依据条件（B），（ⅲ）中的约束被阻断。

假设我们将（219）中的 *tell* 和 *hear* 互换，将得到：

(220)(ⅰ)they$_i$ heard [stories about each other$_i$]
(ⅱ)*they$_i$ told [my stories about each other$_i$]
(ⅲ)they$_i$ heard [stories about them$_i$]
(ⅳ)they$_i$ told [my stories about them$_i$]

例（ⅰ），（ⅱ），（ⅳ）都可预料到，（ⅲ）则不能。有一种解释基于以下事实，即在（219ⅲ）中，我们假设故事是**他们的**，而在（220ⅲ）中，我们假设故事是其他人的。这样一来，提供这一意义的表征式大致为：

(221) (i) *they$_i$ told [PRO$_i$ stories about them$_i$]
(ii) they$_i$ heard [PRO$_j$ stories about them$_i$]

SSC 恰好适用于这些表征式。那么，也许 DET 位置可包括一个隐含的论元，这一论元带有 PRO 的特征，如 3.4.2 中所提议的那样（见 [137] 和 [138] 的讨论）。事实上，如果我们做出如下（不合理的）假设，即正被讲述的是其他人的故事，那么（219iii）也可以接受。如若这一选项被排除，那么这一形式就不合法：

(222) *they$_i$ took [pictures of them$_i$]

在（220i）中，我们也假设故事是其他人的，但 each other 同样被允许。因此，是否存在隐含论元作主语是可选的：如果出现，那么依据同标情况，解读是确定的；如果不存在，解读就是自由的。

霍华德·拉斯尼克（Howard Lasnik）注意到，(223) 中的例子也可以为这一假设提供支撑，这些例子罗斯（Ross 1967）讨论过：

(223) (i) [the knowledge that John might fail] bothered him
(ii) [the possibility that John might fail] bothered him

在 (ii) 中，我们可以把 John 当作 him 的先行语，但 (i) 中则不能（除非我们借助某类未归属的常识）。这一差别可确切地归于如下假设，即 (i) 的句法表征式中包含一个占据 DET 位置的 PRO（或相关成分），PRO 被 him 所控制，如下例常规控制结构 (224)（参见 [153]）：

(224) [PRO knowing that John might fail] bothered him

在（223i）和（224）中，如果 him 指称 John，便违反了约束理论（216）的条件 C，因为现在 John 被 PRO 所约束。这一问题不会出现在（223ii）中，因为不存在出现在 DET 位置的 NP 这一选项：因此，我们可以说"我们关于 S 的知识"但不能说＊"我们关于 S 的可能性"。下面的例句也可说明这一点：

（225）[the realization that John would fail] bothered him

如果我们把正在讨论的例子理解为其他人的认识（和"普遍的认识……"一样），代词可选择 John 为先行语；但如果讨论的是 John 的认识，情况则不然。后一例中，我们自然可以假设存在一个隐含论元，充当**认识**的主语，类似于处在 DET 位置的 PRO。

还有一个位置可容纳受约束的代词但却排除照应语，即时态句的主语位置（主格孤岛条件，nominative island condition 简称 NIC）：

（226）(i) they expected [each other to win]
　　　 (ii) they would prefer [$_c$ for [$_s$ each other to win]]
　　　 (iii) *they expected [that each other would win]

（227）(i) *they$_i$ expected [them$_i$ to win]
　　　 (ii) *they$_i$ would prefer [$_c$ for [$_s$ them$_i$ to win]]
　　　 (iii) they$_i$ expected [that they$_i$ would win]

在不定式的主语位置（i，ii），照应语可以出现，受约束的代词则不能出现。而在时态小句的主语位置，情况则恰恰相反（iii）。因此，局部区域的概念将不得不同时扩展到这一情形。

如果我们将（216）中的照应语或代词 α 的局部区域理解为 α 的最小**管辖语域**（governing category），其中管辖语域是指同时包含一个主语和一个管辖 α 的词汇范畴（因此也包含 α）的最大投射，那么，以上这些例子都可以得到统一解释。管辖语域是一个"完全功能复合体"（complete functional complex，简称 CFC），因为所有与其中心语相兼容的语法功能都在这里实现。依据投射原则，必然有补语；还有主语，主语是可选的，除非依据其定义要求主语出现来允准谓词。因此，（216）中一个照应语或代词 α 的局部区域是包含一个词汇管辖成分的最小 CFC，即 α 的最小管辖语域（MGC(α)）。

管辖语域必须包含一个主语，所以它可能是 S，或是带主语的 NP，因为在核心例句中，没有必要规定管辖语域的选择。

如果 α 是一个宾语或动词所选择的补语 PP 的宾语，那么 MGC(α) 是包含 α 的最小 S，因为 α 为动词或介词所管辖且 S 包含一个主语。如果 α 处于名词的 PP 补语中（包括 of- 插入后 α 充当名词宾语的情况），如（219），（220），（221）所示，那么，当后者有主语时，MGC(α) 是最小 NP；否则 MGC(α) 为最小 S。[106] 如果 α 是时态句的主语，那么后者则为 MGC(α)，因为 INFL 管辖 α（参见边码 162）而且 S 包含一个主语。如果 α 是一个不定式小句 β 的主语，那么它可以不受管辖，这种情况下它就是 PRO，或者它可能受到管辖。在后一种情况中，它要么被主句动词管辖，如（226i）和（227i），要么被标句词 for 管辖，如（226ii）和（227ii）；这就是所有可能的情况。不管在哪一种情况下，直接包含 β 的 CFC 是 MGC(α)，因为它就是包含主语和 α 的管辖成分的最小范畴。

这样，我们通过将局部区域定义为最小管辖语域，同时吸纳了 SSC 和 NIC，从根本上统一了约束理论。

约束理论的结构让我们期待以下情形，即在一个照应语 α 出现的位置受其先行词 β 约束，代词 γ 不能在被 β 约束的情况下出现。所以，正如上文提到的，照应语和代词之间呈现某种程度的互补分布。这一预期一般能够实现，但存在两个为人熟知的例外，都是出现在名词性短语中：[107]

(228) (i) the children heard [stories about each other]

(ⅱ) the children heard [stories about them]

(229)(ⅰ) the children like [each other's friends]
(ⅱ) the children like [their friends]

与预测相反，在（228）和（229）中，照应语 each other 和代词 they（包括 them，their）都能被 the children 所约束。假如 S-结构与 LF 表征式对应于（228）和（229）的表层结构，那么就会违反约束理论。

我们已经看到，在处理释义时，允许一个类似于 PRO 的成分选择性地出现在限定词位置——因此（ⅱ）中出现，而（ⅰ）中不出现。这样一来，（228）的许多例句都可以自然而然地在约束理论中得到解释。假设这一思路可行，我们便只剩下（229）需要解释。

（229）显示的差异表明，对于照应语和代词来说，两者相对应的局部区域在某方面存在差别。人们可能认为这一差异是两者本质不同的直接结果——即照应语必须受到约束而代词必须保持自由——并无任何必要在约束理论条件中对两类表达的差异做出进一步的规定。我们来探讨一下这种可能性。[108]

按照现有的约束理论，（229ⅱ）满足要求，（229ⅰ）则会违反这一要求。原因在于当 α 为照应语或代词时，内嵌的名词短语充当了 MGC(α)，因其包含一个主语（照应语或代词本身）和一个该位置的管辖成分，即中心语名词。然而，我们想说的是，尽管名词短语是代词的合法 MGC，但对照应语来说，则不然。更确切地说，照应语的 MGC 是整个小句：each other 必须在这个短语内受到约束，例如，我们不能说：

（230）the children thought that [I liked [each other's friends]]

直觉上讲，为何理应如此是十分清楚的。（229ⅱ）中，当宾语 NP 看作代词的管辖语域时，可通过加标操作（indexing）使代词满足约束理论，[171]

因为代词在 NP 内不会受约束，所以代词被允许保持自由。然而，当宾语 NP 充当照应语的管辖语域时，就无法加标操作，使照应语满足约束理论，因为在这一 NP 内，照应语不能受到约束；更确切地说，小句才是照应语可被约束的最小管辖语域。那么，我们想说的是，短语表达式 α 的相关管辖语域是包含 α 的管辖成分的最小 CFC，其中 α 可通过某种加标操作，满足约束理论（可能不是正在讨论中的短语的实际标引）。因此，（229）中，小句是照应语的相关管辖语域，而 NP 是代词的相关管辖语域。在约束理论的这一解读中，（229）也恰好符合我们的预测。

因此，让我们据此对约束理论重新进行表述。假设有短语 E 标引为 I，其中标引是指与短语 E 的指称相关联。我们说如果 α 在下标为 I 的局部区域 β 内满足约束理论，那么标引 I 与 (α, β) 在约束理论框架下相容：

（231）I 与 (α, β) 在约束理论下相容，如果：
 （A）α 是照应语，且在下标为 I 的 β 内受约束
 （B）α 是代词，且在下标为 I 的 β 内不受约束
 （C）α 是指称性短语，且在下标为 I 的 β 内不受约束

现在我们为标引为 I 的表达式 E 中被词汇范畴 γ 管辖的范畴 α 添加允准条件（232）：

（232）对满足下列（i）或（ii）的 β，I 与 (α, β) 在约束理论下相容：
 （i）α 是指称性短语，如果 α 为此语链的中心语则为 a，其他情况则为（b）
 （a）β=E
 （b）β 是 α 所在语链的中心语的区域
 （ii）α 是一个照应语或代词且 β 是包含 γ 的最小 CFC，其中存在一个标引 J 与 (α, β) 在约束理论下相容

条件（232）目前表达了约束理论（216）修改之后的内容。

指称性短语的约束条件保持不变。对 α 是照应语或代词（情况 [ii]）来说，允准条件等于说 α 的相关管辖语域是其可以通过某种标引满足约束理论最小的那一个。因而我们把这一意义上的 α 的相关管辖语域称为 α 的管辖语域。如果 α 没有管辖成分，那么允准条件（232）则不适用。

在这一表述中，之前讨论的照应语和代词的情况也没有改变。如果 α 在 VP 内，那么 α 在 VP 内被管辖，并且它的管辖语域是包含这一 VP 的最小 S，因为总会存在一个与约束理论相容的标引：如果是照应语，α 可与主语同标；如果是代词，α 可与中心语 INFL 中的 AGR 同标（后者并非严格意义上的先行语，但目前我们可认为这一点并不相关）；如果是代词，α 可不受约束。如果 α 是不定式的主语，那它要么被管辖，使得允准条件（232）失效；要么被 COMP 中的 *for* 或主句动词所管辖；和之前一样，以上任一情况中，主句 S 都是管辖语域。

最后要考虑的是 α 位于 NP β 中的情况。若 α 位于 N 的补语位置，那么以中心语为 N 的 NP β 为其管辖语域，前提是它包含一个主语（可能是之前所讨论的"隐含的代词"）；但若 β 缺少主语，那么包含 β 的最小 CFC 为其管辖语域，其影响前面已讨论过。如果 α 是 NP β 的主语，那么 α 为中心语 N 所管辖且 β 包含一个主语，若存在同标的 I 与 (α, β) 约束理论下相容，那么 β 便是管辖语域。如果 α 是一个代词（即 α 是自由的），这样的 I 就存在；但若 α 是一个照应语，这样的 I 便不存在，在这种情况下，包含 β 的最小 CFC 为管辖语域，α 必须在其中受到约束。

还有一种情况可能分析有误，即 α 为 NP 主语中 N 的补语或主语的情况，如下例：

(233) (i) the children thought that [$_S$ [$_{NP}$ pictures of each other] were on sale]
(ii) the children thought that [$_S$ [$_{NP}$ each other's pictures] were on sale]
(iii) the children thought that [$_S$ [$_{NP}$ pictures of them] were on sale]
(iv) the children thought that [$_S$ [$_{NP}$ their pictures] were on sale]

在以上所有例子中，α（=each other，them，their）都可以被主句主语 the children 约束。[109]（iv）可以得到恰当的分析，其中 the children 即为管辖语域。（ii）或许如之前分析的一样，NP 的限定语中包含一个"隐含的代词"。若真如此，此例也没有问题。这一假设背后的动机通常看起来也是合理的。试比较：

（234）(i) we felt that [$_S$ [$_{NP}$ any criticisms of each other] would be inappropriate]
(ii) we felt that [$_S$ [$_{NP}$ any criticisms of us] would be inappropriate]

我们感觉不合适的，在（i）中，是**我们的**批评，而在（ii）中，是其他人的批评，如果我们假设内嵌句主语的限定语包含一个隐含的代词，这一语感与约束理论的要求也是相一致的。如若（233iii）中缺少一个隐含的代词，那么 S 则为 them 的管辖语域，因为代词在 S 内可以是自由的，约束理论得以满足。

但是，例句（233i，233ii）会违反（232）中给出的约束理论，因为 S 应为管辖语域：S 包含一个 each other 的管辖成分和一个主语，且 each other 可与内嵌句 S 的中心语 INFL 中的一致成分 AGR 同标。显而易见，标引 I 的这一选择必须排除掉。注意包含 each other 的 NP（pictures of each other，each other's pictures）本身就与 INFL 中的 AGR 同标，后者是以 INFL 为中心语的小句的主语（见边码 162）。这样一来，我们自然假设如果标引 I 违反了"i 在 i 之内"（i-within-i）条件（235）那么它与（α，β）无法在约束理论下相容，因为"i 在 i 之内"会阻止一个短语与包含该短语的另一短语在某些情况下同标，这里我忽略这些情况：

（235）*[$_i$ ... α$_i$ ...]

这样一来，在（233i）和（233ii）中，就不存在与（each other，S）在约束理论下相容的标引，因此主句必然是 each other 受约束的管辖语域。

经过以上修正，约束理论可把主要的语例都囊括进来，无须再规定照应语和代词之间约束理论条件的差异。它们之间的差别仅在于在各自的管辖语域内，前者必须受到约束，而后者必须不受约束。照应语与代词对管辖语域的不同选择是两者约束理论基本属性的差异造成的结果。因此，我会采用约束理论的这一解释，方便起见，继续参照（216）中所述的三个条件。我们直接讨论这一系统可能的简化版本。

（233）的例子（有时候我们称之为"长距离约束"）揭示了移位规则和照应语约束之间的差别。这些例子中的照应语可以被主句主语约束，但是一个成分无法从这一位置提升到主句的主语位置：

（236）*[the children] seem that [[pictures (of) e] were on sale]

这句话的意思是："似乎孩子们的画在出售。"依据格理论条件，不存在这样的长距离移位，我们之后会再讨论（还有另一个独立的原因，即之前论述的移位的局部性条件）。

长距离约束还有其他一些值得注意的特点。正如我们已经看到的，它具有主语倾向性：[110]

（237）they told us that [[pictures of each other] would be on sale]

这里 each other 的约束语必须是 they，而非 us，该句的语义上就清楚表明了这一点。主语倾向性并不适用于如下简单句中的照应语：

（238）they told us about each other (themselves)

这里，they 和 us 都可能充当 each other 和 themselves 的先行语。

如果我们假设照应语在 LF 中移位至 INFL 位置，并留下一个语迹，与（238）（类似（237））这样的句子所对应的 LF 表征式为（239），其中

α 为照应语：

(239) they α_i-INFL [$_{VP}$ tell us about e_i]

这样一来的结果是 α 只能被（237）、（238）和（239）中的主语 they 约束。（238）中的宾语约束要求其嫁接在 VP 上，所产生的结构可允许被提升的照应语为 V 的宾语所约束，这里需要对成分统制的概念进行略微修改，也是这里没有讨论的其他语例所要求的。约束理论条件（A）现在对照应语—语迹关系来说成立，而非先行语—照应语关系。先行语—照应语关系将转为一种管辖关系，而非约束理论关系。类似的观点参见勒博（Lebeaux 1983）。

这一建议等同于使用罗曼语中的反身代词化（reflexivization）来处理英语中的照应关系，即由一个反身代词附缀（reflexive clitic）约束宾语位置上的语迹：英语中存在照应语的 LF-移位，相当于罗曼语中的 S-结构表征式（事实上，两种情况都存在于罗曼语中，只是特征有所差异）。这样一来，我们可尝试将这些情况下照应语特性的差异归结为 S-结构和 LF 表征式限制条件的差异，而非前面所讨论的 wh-移位的方法（参见边码 152）。那么在 LF 层次，将不存在处于论元位置的显性照应语，而是只有照应语的语迹。如果把约束理论（或者至少是条件 A 和条件 B）限制在 LF 层次，那么它将不会直接作用于显性照应语，而是应用于照应语—语迹关系，这一关系与附缀—语迹关系类似。这一关系仍将满足 SSC，但我们现在可以删除限制照应语的条件 NIC。这相当于删除由 AGR 充当限定句主语先行语的选择（见 [231] 和 [232] 的定义）；这一成分的管辖语域将是它所内嵌的上一级小句（如果小句不内嵌则会违反 [232]）。这样一来，为了阻止照应语出现在此位置，我们将不会诉诸于约束理论，而是转而求助 ECP 原则（参见边码 155），后者使得 wh-移位的语迹不能出现在 *"who do you think that e saw Bill" 的这一位置。因此，我们认定出现在限定小句主语位置的照应语是变量而非被约束的代词。

这一举措消除了以下人为假设,即 AGR 可能是一个约束语。现在我们无须再诉诸于针对限定小句照应语主语的假设(参见边码 173),因为在这种情况下,即便不考虑约束理论,这一语例也将违反 ECP 原则。删除了 AGR 作为约束语这一选项,现在我们也可避免求助于与约束理论相容的限制条件(235),并摈弃了这一条件,因为无论在何种情况下,内嵌句都不会成为(233i)和(233ii)中的管辖语域。我们还消除了 ECP 和 NIC 之间的冗余。此外,对于注 107 中所提出的问题,我们现在有了一个合理的路径。那里所提到的两例中,位于限定小句主语位置的照应语实际上与 wh-语迹表现一致(两者都可存在于汉语—日语中,但禁止使用在虚拟语气中,除了 wh-移位中连续层级性移位的情况),它与受约束的代词在行为上明显分离,这一点可得到直接解释,正如前面讨论的那样。这样一来,事实上,相关例子中的 NIC 就可归结为 ECP。[111] 在这一点上,还有很多有趣的问题,但这里我们无法继续探讨,因为所需的基础性工作尚未完成。

我们忽视了以下事实:不同于相互代词,反身代词不会出现在 NP 的主语位置。相反,我们有短语 X 自己的(X's own):

(240)Mary's mother likes her own friends best

希金博瑟姆(Higginbotham,即将出版)观察到 her own 在这里具有照应语特征,正如我们在(240)中所看到的,此句并无歧义,先行语只可能是 Mary's mother,而非 Mary,这与成分统制的要求也一致。

这一版本的约束理论很自然地克服了之前提到的经验性问题,同时也在概念上比早期的几个版本更加简洁:它消除了 i 在 i 内限制条件(i-within-i condition)(尽管这一条件下的某些例子现在需要不同的解释)以及"可及主语"的相关概念;在定义"管辖语域"时,它不需要扩展主语的概念来包含 AGR，如此便消除了 AGR 作为约束语的可能性，也避免了人为将主句设定为被管辖成分的管辖语域的附加规定（参见乔姆斯基 [1981] 及后续修正）。但再看一眼英语中的其他问题或是其他语言，就会发现，正如我们所熟知的，这一讨论只触及了问题的表面。参见注释 23。

因为 NP-语迹是一个纯粹的照应语，它将满足约束理论（216）中的原则 A。因此，它必须在（232）意义上的管辖语域内得到约束。关于论元语链（以位于论元位置的成分为中心语的语链）的许多结论随之得出。特别是，如果 $C=(\alpha_1,....,\alpha_n)$ 是一个语链，那么在每一个语链环节（α_i，α_{i+1}）中，α_i 成分统制 α_{i+1}；也就是说，存在一些规则将 α 提升到不那么内嵌的位置（提升和被动化），但不存在"下降规则（lowering rules）"，将 α 移动到被成分统制的内嵌更深的位置，也不存在"侧移规则（sidewards rules）"将 α 移动到成分不统制它的位置。我们在 3.3.3.3 节中关于语链关系的讨论始于对语链关系特征的制约，即提升至一个成分统制它的位置（参见边码 133）。现在我们可以看到，至少对于语链而言，在约束理论方面，这一制约具有充分的理由。

实际上，我们有充足的理由弱化这一假设，以使语链像移位的曲线一样自由形成，并以此来允准"下降规则"。一个例子就是诸如意大利语这样的空主语语言中的 NP 后置，它基于（241i）通过 α-移位衍生出（241ii）：[112]

(241)（i）Giovanni [$_{VP}$ parla]（"Giovanni speaks"）
（ii）e [$_{VP}$ parla Giovanni]

上例中，e 不可能是一个照应语，否则将违反约束理论条件 A。事实上，e 的表现与虚位成分 *pro* 相似，因此我们可假设它是这一类成分。这样一来，可以推断这些后置规则只会出现在空主语语言中，而非英语或法语这样的语言中，因为前者允许这一成分出现在主语位置（照旧继续假设虚位成分如 there 不能在衍生过程中插入；参见边码 134）。考虑到这种可能性，我们可以对 α-移位的惯例稍加修正。目前为止，我们已经默认到论元位置的移位所留下的语迹具有 [+a, -p]（照应语）特征，而到非论元位置的移位所留下的语迹具有 [-a, -p]（指称性短语、变量）特征。假设我们允许到非论元位置（如（241）中的附加位置）的移位留下的语迹是 [-a, +p] 成分（纯粹的代词 pro）。这一选项可以允准且不受限制，但只在作为移位语迹的成分在其被允准的位置出现时才有意义，具体来说，该成分应作为空主语语言中时态句的主语出现。[113]

如果采纳这一选项，那么（241ii）中我们便有了因移位而形成的语链（Giovanni, e）但同时还有语链关系（e, Giovanni），这是虚位成分-论元语对。两者均不能满足我们已提出的语链的一般特征（171），这一特征很大程度上是基于早前讨论中更为严格的假设所得出的。这样一来，这一特征依旧只对涉及论元位置的语链关系成立，对包含非论元位置的语链关系不一定成立，如例（241ii）。

尽管移位是自由的，但只有以下两种可能性：α 移动到一个成分统制它的位置，留下语迹 e，形成语链（α, e）或者是 α 移动到一个成分统制它的位置，留下 pro 并形成虚位成分-论元语对（pro, α）。这种配对共享语链环节的特征，这一要求将移位的可能性限制在了较小范围的类别。尤其是当 α 从 X 位置移动到 Y 位置时，那么（X, Y）或者（Y, X）需要满足约束理论条件 A 对于语链环节的要求。

虚位成分-论元语对具有语链环节的特征，这一要求目前为止还是人为规定，而它应该根据约束理论得出。如果虚位成分不被允许出现在 LF 表征式中，那么这一结果便顺理成章了。也就是说，在 LF 中，所有的语链关系都是语链；只有论元或它们的语迹才会出现在论元位置（考虑到 LF 的作用是表征语言对于语义解读的贡献，这一要求非常自然）。依据删除的可恢复性条件，我们或可假设只有当 α 被同标成分 β 所取代时，虚位成分 α 可被删除，如此移动 β 到 α 所占据的位置便可形成语链（α, e）。

这一语链会违反约束理论，除非虚位成分–论元语对（α，β）具有语链环节的起始特征，如此 S-结构中语链关系的这一特征便可由适用于 LF 的约束理论推导出来。举例来说，我们找不到例（242）这样的句子，该句中 there 与 several books 相连接，主句获得复数的一致：

（242）there were decided that several books would be on reserve

现在，这一结构在 LF 便可被排除，因为将 several books 移位到 there 所占据的主句主语位置会违反约束理论（也许是 ECP，参见边码 176）。这一例中到论元位置的移位同样将违反语链条件（171）。还需注意至少在 LF，我们现在可排除条件（188），这一条件无法解释论元被非论元所约束的情况是如何违反约束理论的。深入探讨这一想法会有很多复杂情况，但或许值得研究。如果我们采纳这一想法，我们便可以摒弃语链关系这一概念，仅把它作为 S-结构中的描述性人为产物。我们将只有存在于 S-结构和 LF 的语链。

语链的每一个环节都需满足约束条件 A，这一要求限制了可允许的衍生式的类型。考虑下例：

（243）（i）*[a book] is unusual [for John to read *e*]
　　　（ii）*e* is unusual [for John to read [a book]]
　　　（iii）*[a book] is unusual [for there to be read *e*]
　　　（iv）*e* is unusual [for there to be read [a book]]

因为 SSC 我们不能从 D-结构（ii）衍生出（i），但是依据"最后一招"条件（170），不能存在被格标记的语迹，这一衍生同样会被阻止。为了避免这一冗余，我们或许可以考虑基于（iv）所衍生出的（iii）。这里，（170）并不适用，因为被动化的动词无法赋格。但要记得，在这一结构中，*there* 必须与（iv）中的 *a book*，即（iii）中的 *e* 同标，所以，事实上，

（243iii）并不违反 SSC，因为语迹在其管辖语域内嵌句 S 中（被 there）所约束。实际上，（243iii）完全不违反我们所构造的后一版本的约束理论，也不违反我们到目前为止所讨论的其他任何条件。可能有人认为（243iii）会违反最大语链关系的单一性要求；此处（iii）中的语迹 e 出现在两个最大语链关系中，语链（[a book], e）和虚位成分-论元语对（there, e），自然可以要求两个不同的最大语链关系不能在同一位置终止。[114] 还有一种可能是沿着前一段的想法，要求（243iii）中的 e 在 LF 移位到 there 的位置，得到（244），作为与（243iii）所对应的 LF 表征式：

（244）*[a book] is unusual [for e to be read e']

然而，（244）这一结构被以下原则所排除，即禁止通过提升由（245i）得到（245ii），也可能被 ECP 条件所排除，这一点我们在这里并未讨论（参见边码 155）：

（245）(i) e is illegal [for John to drive]
　　　(ii) John is illegal [for e to drive]

不论根据哪种方案，（243iii）都不违反约束理论。相应的不带 for 的例句则会被（171）所阻止，因为（244）中的语链 (e, e') 现在将缺少格。

事实上，如果我们刚才所提到的想法证明可行的话，约束条件 A 或许也可以解释虚位成分-论元语对的特性，但是除了要求语迹必须被约束以便移位到成分统制它的位置。我们并不清楚是否存在单纯由约束条件 A 阻断的 NP 移位的情况，这样一来，系统内部便存在了某种程度的冗余。假设 UG 并不允许存在这样的冗余，接受这一工作假设，并重新设计 UG 的内部原则以避免冗余，这通常被证明是大有裨益的。或许，这里也同样适用。这一暂定设想在生物系统案例中并不显著，人们或许会基于功能性的考虑期待看到相当多的冗余。然而，一旦研究冗余，它一般都被证明是合理的，这是一个非常奇怪的事实。

撇开这些问题暂且不谈，语链的一些特征，比如语链环节的约束条件，都可根据与照应语相关的一般规则得出，因此无须特别规定。事实上，如果不考虑格的情况，NP-语迹与照应语的分布几乎是一致的，正如对 each other 和 e 的比较所示：

(246) (i) (a) they saw each other
　　　　 (b) they were seen e
　　 (ii) (a) they expect [each other to like Bill]
　　　　 (b) they seem [e to like Bill]
　　 (iii) (a) their [destruction of each other]
　　　　 (b) their [destruction e]

除了格之外，显性照应语和 NP-语迹分布的表面差异可以归结为其他独立因素，比如之前提到的移位的界限理论条件以及我们尚未论及的 ECP。这些相似之处提供了进一步的证据，证明 NP-语迹的某种抽象存在。

如之前注意到的，在论元位置语链的每一个环节 (α,β) 中，α 约束 β。但是似乎存在一个更加严格的条件：

(247) 如果 (α,β) 是语链的一个环节，那么 α 局部约束 β

不存在 γ，α 约束 γ，γ 约束 β。事实上，这一条件通常可延伸到语链关系中。乔姆斯基（1981）在介绍语链的概念时，只是对（247）做了规定。然而，这一原则的一些乃至所有情况，似乎都可以从独立的假设中推导出来。[115]

我们刚刚考察了违反（247）的一种不合语法的结构，即（243iii）。这里或许是针对最大语链关系所提出的唯一性原则作用的结果，或者是虚位成分在 LF 必须消除的要求所决定的。我们还讨论了（247）作用于非论元语链的另一例证，即强跨越（strong crossover），如下列事实所示，

（248i）可解读为（249），但（248ii）不能。

  （248）（i）who e thinks he is intelligent
    （ii）who does he think e is intelligent

  （249）对某人 x，x 认为 x 是聪明的

在（i）和（ii）两例中，who 都约束 e。但是 who 约束 he，he 转而约束 e 的情况是不可能的。（247）的这一情况可由（216）中约束理论原则 C 得出，这一原则要求指称性短语必须在特定区域内不受论元约束。

  （247）这一特性在如下结构的论元约束中同样成立：[116]

  （250）*John$_i$ is believed that [$_a$ he$_i$ likes e$_i$]

这里 John 由 D-结构位置的 e_i 衍生而来，并不违反约束理论，因为 e_i 在其管辖语域 a 中为 he$_i$ 所约束。然而，这一例句违反了（171），因其阻止 NP-语迹接受格标记。下面我们讨论其他几种因为各种独立原因违反（247）的情况，尽管我们还不完全清楚是否可以将这一条件在整体上归为其他条件。正如里齐所注意到的，（247）的几种特殊情况需要用不同的方法推导出来，这一点十分奇怪，就像存在着一个"神秘合力"来保证局部约束的实现。

  我们有理由怀疑局部约束条件（247）或许过于严格，而且事实上，只有基于其他理由得到的例子才是有效的。考虑以下例句：

  （251）（i）they seem to each other [e to like Bill]
    （ii）it seems to him [that John is a failure]
    （iii）it seems to his friends [that John is a failure]

虽然在（iii）中可以，但在（ii）中，him 不能以 John 为先行语。因

此，(ii) 中 him 成分统制 John，适用约束理论条件 C。此例中 to- 短语并未充当阻止成分统制的最大投射；更确切地说，这一短语就好像是被 to 格标记的 NP。

现在假设 (i) 的结构在相关方面也是如此，[117] 那么 each other 成分统制并约束 they 的语迹 e。但是，they 同时约束 each other 和 e，违反了局部约束条件 (247)，然而这一例句并不违反其他原则。

现在讨论一下 PRO 的地位，我们此前把它当作代词性照应语。如果 PRO 被管辖，那么它受允准条件 (232) 制约。但这一条件永远都不能被满足，因为不管是何种标引 I，都不可能存在 β 使得 I 与 (PRO, β) 约束理论下兼容；作为一个照应语，PRO 将不得不在标引为 I 的 β 内受到约束，作为一个代词，它又不得不在标引为 I 的 β 内不受约束。所以，PRO 不能被管辖。[118]

这样一来，我们得出了决定 PRO 分布的基本特征，正如此前所讨论的：

(252) PRO 不能被管辖

因此，PRO 被限制在不定式和动名词的主语位置，主要是不被管辖的位置。PRO 不能是补语，或限定小句的主语，或 PRO story 这样非动名词 NP 的主语（意思是"某人或他人的故事"），因为这些都是受管辖的位置。

如果存在一个显性的代词性照应语，它也必须不被管辖，因此就排除了所有标准的格标记位置。但如果是显性的，依据格鉴别式它又必须被格标记。所以它存在的唯一条件是被限制在不被管辖的格标记位置，这最多是一种边缘情况。

我们一直把变量看作指称性短语，它带有 [-a, -p] 的特征，是移位到非论元位置留下的语迹。结果是一个变量被一个算子局部非论元约束。然而，无须要求被算子局部非论元约束的虚范畴必然是一个变量。特别是 PRO 也可具备这一特性，如 (253) 和 (254) 所示：[119]

（253）（i）[PRO getting his teeth filled] generally upsets John
　　　　（ii）*[PRO shaving himself] convinced Mary to trust John

（254）（i）who does [PRO getting his teeth filled] generally upset e
　　　　（ii）*who did [PRO shaving himself] convince Mary to trust e

（253）中的例句阐明了 PRO 的一些控制特征；PRO 在（i）中可以被 John 所控制，在（ii）中则不能；参见边码 128。这些特征同样出现在（254）中，其中变量 e 控制 PRO。这一相似性一般可扩展，表明动名词主语位置是 PRO，而非变量；事实上，变量不能出现在这一位置。如果用 John 替换（254i）中的 e，就会使动名词的主语变成变量，导致句子不合语法，我们在下例可以看到这一点：

（255）*who does [e getting his teeth filled] generally upset John

尽管（254i）中 PRO 被 who 局部约束，它并非是被算子 who 所约束的变量。

　　还有一些更为复杂的情况，这里不予考虑；参见前面所引文献中的讨论。然而，我们已经具有一个简单直接的约束理论的雏形，可以解释的例句范围相当广。

3.5.2.4 题元理论　接下来考虑题元理论。它的根本原则是题元准则，表达了一个直观的想法，即每个论元只在一个题元位置（即 D-结构）被指派题元角色，每一个可指派的题元角色必须指派给一个论元。我们已将这一原则表达为（168），它在论元语链（实际是语链关系，虽然在 LF 只有语链，如果在 LF 虚位成分替换方案可行，在 LF 就只有语链。）和题元位置之间建立起一对一的关系：每一个这样的语链只包含一个题元位置，每一个这样的位置只出现在唯一一个论元语链中（该语链还必须满足可视性条件）。如 3.4.3 节所讨论的，可以得出如下结论：移位总是移到非题元位置。

这一表述（本质上还是乔姆斯基［1981］的观点）或许稍显严格了。基于路易吉·里奇（Luigi Rizzi）早期的分析，布尔齐奥（Burzio）（即将出版）讨论过一个可能的意大利语反例。这一反例涉及非人称附缀（impersonal clitic）*si*，其意义大致为任意指称的 PRO 和非人称的 *one*。我们不再回顾这一分析，因其中涉及许多复杂的情况以及有待进一步讨论的问题。可能存在的问题如例句（256i）所示，其结构表示为（256ii）：

(256)(i) alcuni articoli si leggeranno ("one reads some articles")
(ii) $NP_1 si_2 – V\ e_3$

我们把这里的下标视作句法位置。短语 *alcuni articoli* 经历过移位，依据宾语前置规则，作为 *leggere* 的宾语从其 D-结构的位置 3 移到主语位置 1。然而，布尔齐奥坚持认为 si 从主语位置 1 移到附缀位置 2，留下一个语迹；语迹随后被宾语前置所填充。如果这样，我们便有了两个重叠的语链，同时宾语前置将一个成分移到了题元位置 1。如果这一分析正确的话，[120] 那么此前表述的题元准则就须略加修改。我们现在假设一个语链被其最后位置的成分题元标记，只要求题元位置和其所题元标记的语链之间保持一一对应关系，而不再要求题元位置和包含题元位置的语链之间保持一一对应关系。

基于上述分析，再讨论（256），我们有两个语链：

(257)(i)(2, 1)
(ii)(1, 3)

第一个是 *si* 的语链，第二个是 *alcuni articoli* 的语链。虽然根据宾语前置规则，存在到题元位置的移位，但是我们所要求的题元标记和语链之间的一一对应关系得以保留；*si* 被语链（257i）中的位置 1 题元标记，*alcuni articoli* 被语链（257ii）中的位置 3 题元标记。

不论这一分析是否正确，直觉上，论元的题元标记是唯一的。以上例句的确表明对这一直觉的精确表述十分微妙；表述稍有不同就可能会产生经验性差异，而这些差异必须加以研究。正如我们已经看到的，这一情形非常典型，预期在我们自始至终假定的计算系统中也能看到。

3.5.2.5 格理论　我们接下来讨论格理论。基本的想法源自对带主语的不定式小句的研究。我们发现了语料（258）的典型结构配置，表明小句可以出现在介词或动词之后（如（i），（ii），（iii）），但不能出现在名词或形容词之后（（iv）和（v）；比较（vi）和（vii）），事实上是不能出现在任何其他位置（例如（viii）和（ix）；比较（x）等）。

(258) (i) for [John to be the winner] is unlikely
(ii) I'd prefer for [John to be the winner]
(iii) I believe [John to be the winner]
(iv) *the belief [John to be the winner]
(v) *proud [John to be the winner]
(vi) the belief [that John is the winner]
(vii) proud [that John is the winner]
(viii) *[John to be the winner] is unlikely
(ix) *I wonder to whom [John to give the book]
(x) I wonder [to whom John is to give the book]

要生成这类例句的正确形式需要相当复杂的规则系统。一个更加可行的路径是寻找某种"输出条件"，即在 S-结构中"过滤"不想要的例句的条件，这样便可允许简单规则的使用不受语境限制。基于这一思路的第一个尝试是假定存在一个过滤式充当某种样板，以剔除掉不想要的 S-结构。语料（258）便是此类过滤式作用的结果，即禁止 S-结构中出现 NP-to-VP 的形式，其中 NP 不是 PRO，除非这一结构位于 V 或 P 之后。因而，（258）中的（iv），（v），（viii）和（ix）便被排除了，而（i）(ii)，(iii) 因**除非小句**（unless clause）得到允许。乔姆斯基和拉斯尼克（Chomsky &

Lasnik 1977）已经提出这一思路，当时是作为使用模块化方法解决复杂现象这一更具普遍性尝试的一部分，该模块化方法取代了纷繁复杂的短语结构规则系统和转换规则系统。

尽管这一过滤条件对相当大范围的事实来说都能达到描写充分，而且的确帮助切分出了简单且相互作用的几个部分用以解释复杂的结果，但是，这一过滤条件看起来是临时规定的。怀尔诺（Vergnaud）观察到其效果在很大程度上可以被包含进格鉴别式（34）中。[121] 那么，在（258）中，（iv），（v），（viii）和（ix）可以因不定式主语 John 缺少格标记被排除掉，但（i），（ii），（iii）可以允准是因为 V 和 P 赋格给 John。更进一步，借助之前讨论的可视性条件，我们可以将格鉴别式归结为题元理论，其进一步的影响已指出。[122] 语言之间表面上的多样性现在可以进一步精简。尽管只在部分语言中才存在形态实现形式，所有语言都受制于赋格这一核心系统。英语在很大程度上缺乏形态格，但赋格的核心特征也有所表现，如（258）这样的结构，还有作用于短语结构的格邻近条件以及对变量的赋格要求等。

格理论目前处理的是如何赋格的问题。这一问题主要依赖 UG 中其他子系统的决定。UG 的模块系统紧密联系，内部结构复杂，每一特定方案都具有大范围的影响，所以如何确切表达基本概念这样的问题很多还没有解决。我将概述一个可能的思路，也是乔姆斯基（Chomsky 1981）的修正版，并继续坚持到目前为止简述的诸多假设。

如果范畴 α 有一个格要指派，那么可以将格指派给它管辖的一个成分。例如，在结构（259）中，如果 V 是及物动词，它将宾格赋给 NP，DET 和 N：

（259）[$_{VP}$ V [$_{NP}$ DET [$_{N'}$ N...]]]

介词也以同样的方式指派（斜）格。INFL 的一致成分与主语相关联（我们已假设两者同标），因为两者共享所有的最大投射，所以 INFL 管辖主语，同时赋主格。属格成分 POSS 附加在 NP 的主语之上，充当它所附加的 NP 的格实现形式。因此，在 *John's book* 和 *John's reading the book* 中，格都被赋予主语 *John*。[123] 注意赋格统一在管辖关系下进行。

属格名词短语具有一些众所周知的分布特性：

（260）（i）a book of John's (is on the table)
　　　（ii）that book of John's
　　　（iii）*the book of John's
　　　（iv）the book of John's that you read
　　　（v）*John's book that you read
　　　（vi）John's book

一般来说，*John's* 这一短语具有限制性关系小句的一些特性，它可与任何限定词共现，定冠词除外（除非出现一个约束性的修饰语如"that you read"或"with a blue cover"），短语类型［DET-N-of NP's］的分布缺口由短语［NP's N］所填补，并且后者恰好表达了缺失选项的意义（因此（vi）的意思是"John 的那本书"而非"John 的一本书"）。这些语料表明（vi）可能是次级的形式，通过一种 α-移位由（iii）衍生而来，这种情况下不存在［DET-N-of NP's］结构的分布缺口，尽管 X-阶标理论仍然表明像"their destruction of the city"和"their refusal to leave"这样的结构直接在 D-结构中以［SPEC N'］的形式生成，其中 SPEC=NP，按常规方式接受属格。[124]

现在讨论（258）的结构，这里重复如下：

（261）（i）for [John to be the winner] is unlikely
　　　（ii）I'd prefer for [John to be the winner]
　　　（iii）I believe [John to be the winner]
　　　（iv）*the belief [John to be the winner]

(ⅴ)*proud [John to be the winner]
(ⅵ)the belief [that John is the winner]
(ⅶ)proud [that John is the winner]
(ⅷ)*[John to be the winner] is unlikely
(ⅸ)*I wonder to whom [John to give the book]
(ⅹ)I wonder [to whom John is to give the book]

我们关注的是 John 的赋格问题。在不合法的例句中，它没有被赋格，所以违反了格鉴别式。在（ⅵ），（ⅶ），（ⅹ）中 John 作为携带时态和一致的限定小句的主语得到主格。在（ⅰ）和（ⅱ）中，标句词 for 管辖 S，所以也管辖其标志语，即主语 John，并给它赋格。现在只剩下（ⅲ）需要解释。

注意（261ⅲ）中的 believe 与 try 不同，如下所示：

(262)(ⅰ)I believe [$_a$ John to be the winner]
(ⅱ)*I believe [$_a$ PRO to be the winner]
(ⅲ)*I tried [$_a$ John to be the winner]
(ⅳ)I tried [$_a$ PRO to be the winner]

如果我们假设 try 选择 C 而 believe 选择 S，[125] 这样（ⅰ）和（ⅱ）中 α=S，（ⅲ）和（ⅳ）中 α=C，自然可以得出上述结果。那么（ⅲ）和（ⅳ）中 try 的补语是：

(263)[$_C$ [$_{COMP}$ e] [$_S$ NP to be the winner]]

动词 believe 和 try 分别管辖它们的补语 S 和 C。此外，believe 管辖 S 的主语 John（S 的标志语），但是 try 只管辖 C 和 C 的中心语 COMP。因此，（262ⅰ）中 believe 可以对 John 进行格标记，但是（262ⅲ）中 try 无法对 John 进行格标记，所以违反了格鉴别式。像（262ⅲ）这样的结构，只有在 COMP 是 for 即它本身是一个赋格成分的情况下才能成立；实际上，这一结构形式在英语一些方言中确实成立,因它们允许 try 携带一个 for- 不定式补语。[126]

以上解释了(262i)和(262iii)。那么(262ii)和(262iv)呢?它们的地位源自基本特性(252),该特性决定 PRO 的分布。正如我们看到的,这一特性是基于合理假设,依据约束理论的原则得出的。从(252)可知,PRO 只能作为不定式或动名词的主语出现,前一种情况中,PRO 不能作为如动词 believe 补语中的不定式主语出现,因为这是一个受管辖的位置。但是它可充当 try 的补语中的不定式主语,因为这一位置不受管辖。

一般来说,动词选择一个完整的小句 C 而非 S;C 是命题的正常的典型结构实现形式(CSR)(参见边码 87),而不是 S。因此,try 而非 believe,展示了常见的情况;类似(262i)(=(261iii))这样的例子通常被叫作"例外赋格"结构。在与英语很相似的语言中(如法语和德语)并不存在这样的结构,同时与 believe 相对应的结构与英语中的 try 表现相似。所以我们假定英语中 believe- 类动词(一般是认识类动词)的例外赋格特性必须从(261iii)这样的例句中,经过专门学习才可获得。

考虑以下与(262)相似的名词性结构:

(264)(i)*the belief [$_a$ John to be the winner]
　　　(ii)*the belief [$_a$ PRO to be the winner]
　　　(iii)*the attempt [$_a$ John to be the winner]
　　　(iv)the attempt [$_a$ PRO to be the winner]

例句(iii)和(iv)依旧可以解释:attempt 与 try 相似,选择 C,因此 PRO 可以出现在(iv)中不受管辖的主语位置,而(iii)中 John 被格鉴别式阻止,与相对应的动词短语情况完全一致。例句(ii)与(262ii)相似。believe 的名词形式保留了选择 S 而非 C 的词汇属性,所以 PRO 依旧处在一个受管辖的位置,违反了(252)。再看(i),名词 belief 不能赋宾格,所以即使 John 没有处在一个受管辖的位置,这一形式也被排除了。

现在，我们基本解释了带有显性主语的不定式小句的分布。它们只能出现在被赋格的位置，即动词或介词之后。拥有了格理论以及 UG 中的其他子理论，语言学习者无须专门指导，便可知晓上述例子所示的合法以及不合法的结构。因此，便无须规定复杂的规则系统或者解释它们是如何可能被学习的。

然而，还遗留了一个主要问题。我们之前注意到英语通过 of-插入规则可容许"规避"格鉴别式的限制，运用这一规则可得到如（58iii）和（65iii）这样的例句，这里重复如下：

（265）(i) I persuaded John [of the importance of going to college]
(ii) John is uncertain [of the time]

那么，我们可能会问为何这一规则不用于（264i），从而得到（266）以避免违反格鉴别式？

（266）the belief [of John to be the winner]

同样的问题还出现在其他地方；因而 of-插入不适用于下例：

（267）(i) there was [$_{VP}$ killed (of) John]
(ii) it seems [$_S$ (of) John to be happy]
(iii) it is certain [$_S$ (of) John to be happy]

如果 of-插入适用于这些例句，那将没有必要运用 α-移位规则使 John 移到虚位成分 there 或 it 占据的位置，并得到（268），以避免违反格鉴别式：[127]

（268）(i) John was [$_{VP}$ killed e]
(ii) John seems [$_S$ e to be happy]
(iii) John is certain [$_S$ e to be happy]

因此有必要更细致地说明 of- 插入规则适用的区域，并尽可能解释它的特定属性。

基于 3.5.1 节所讨论的原因，这是一个有趣的问题。这一规则非常的边缘化——这种情况无疑是边缘语法而非核心语法的一部分——貌似这一规则适用的相关证据非常有限。问题始终是：为何语言学习者并没有基于已呈现的例子，概括出不想要的例句？相关的（即正面）证据的确很匮乏，从这个意义上讲，这一规则的特性是从 UG 中得出的，因而，或许可以为我们认识这一普遍原则系统的具体结构提供一些洞察力。

正如之前所讨论的，*of*-插入原则以及其他语言中类似规则的"功能性角色"是使相关范例规则化。因此，投射原则预测 NP 会出现在某些位置，但是格鉴别式会阻止其出现。之前讨论的两个例子是（265i）和（265ii）。总体来说，X-阶标理论让我们期待名词和形容词应该具有与动词基本相同的补语结构。因此，举例来说，与 *discover America* 或 *destroy the city* 相对应，我们应该可以找到类似（269）这样的表征式：

（269）(i) [$_{N'}$ discovery [$_{NP}$ America]]
　　　(ii) [$_{N'}$ destruction [$_{NP}$ the city]]

但是格理论排除了这些结构，因为 *America* 和 *the city* 缺少格。*of*-插入规则的功能性角色允许 X-阶标理论所允准的表征式，其中 *of* 是一个语义为空的格标记成分。考虑到被 X-阶标理论所允准的 D-结构形式（270i），我们必须使用某种方法为宾语赋格，可以使用 α-移动以及属格赋格规则生成（270ii），或者是 *of*-插入生成（270iii）；（271i）这样的形容词短语允许 *of*-插入生成（271ii）并且需要这一规则，因为携带属格的名词短语不能出现在形容词的标志语位置（不存在与"John's book"相对应的形容词性结构）：

（270）(i) the [destruction [the city]]

（ⅱ）[the city]'s destruction *e*
（ⅲ）the [destruction [of the city]]

（271）（ⅰ）proud [John]
（ⅱ）proud [of John]

事实上，（270ⅱ）这一表达是（270ⅰ）的"被动"，正如（268ⅰ）是（267ⅰ）的对应被动结构。[128]

假设我们对前面论述的格理论版本进行修正，在动词和介词之外将名词和形容词也作为赋格成分。[129] 我们对"结构格"和"内在格"进行区分，前者是在 S-结构位置所指派的宾格和主格，后者赋格在 D-结构进行，包含介词所指派的斜格，现在也包括属格，我们假设它由名词和形容词指派，正如动词正常赋予宾格一样。内在格与题元标记相关联，而结构格则不然，正如我们期待的分别在 D- 和 S-结构中所使用的过程一样。因此，我们假设内在格由 α 指派给 NP，当且仅当 α 题元标记 NP，而结构格的赋格与题元标记无关。[130]

现在所有的词汇范畴都赋格：P、N 和 A 在 D-结构指派内在格，而 V（以及包含 AGR 的 INFL；在英语中通常为限定性 INFL）在 S-结构指派结构格。任何词汇范畴的 NP 补语都可被格标记，V 可以对其管辖但不题元标记的 NP 指派结构格，如例外赋格结构。

假设词汇范畴的赋格方向是统一的，并且在无标记的情况下，与 X-阶标理论的中心语参数相一致，这一假设是合理的，那么在英语中，词汇范畴赋格应该统一向右。[131] 如果我们假设这一条件总体上是有效的，那么属格应该被赋给名词或形容词的补语。但如（270）所示，属格可以由名词短语的补语或主语位置来实现。因此，我们必须区分 D-结构的赋格和 S-结构的格实现。赋格和格实现都受制于管辖关系：在 D-结构中，N 管辖并题元标记其补语，给其赋格。在 S-结构，N 管辖补语和主语，因此格可以在任一位置实现。让我们继续讨论这些假设。

进一步假定内在格与题元标记之间的关联可以扩展到格实现以及赋格中，因此我们便有以下一致性条件：

（272）如果 α 是一个内在格指派成分，那么 α 对 NP 进行格标记，当且仅当 α 题元标记中心语为 NP 的语链。

这里"格标记"包括赋格和格实现。因为赋格发生在 D-结构，在这种情况下，N 中心语为 NP 的语链将是只包含单一成员的语链（NP）。这一扩展的解释相当于要求内在格必须由受管辖的 NP 来实现，该 NP 在 D-结构中被题元标记它的那个范畴所管辖。

现在讨论（270），重复如下，属格在（i）中被赋予补语，在（iii）中也在相同位置实现，但在（ii）中在主语位置实现：

（270）（i）the [destruction [the city]]
　　　（ii）[the city]'s destruction e
　　　（iii）the [destruction [of the city]]

赋格和两种情况下的格实现都满足一致性条件。

属格是通过将某个成分附加到 NP，从而具有形态实现形式：补语位置的 of，主语位置的属格成分 POSS。基于前面的描述，这些特定的方式无疑属于边缘而非核心语法。每种方式都有特定的属性需要进一步明确。我们逐一讨论。

of-插入规则是一种"默认情况"，当不存在介词内在指派合适的题元角色时，这一规则才适用，如在以下结构中：

（273）（i）our promise to John
　　　（ii）the order to John to leave

同样，这一规则不能通过附加 of 到间接宾语得到与（274ii）所对应的

(274i),因为 to 在(274iii)和(274iv)中可指派目标的题元角色,这时 of 被默认合理插入(参见注释 130):

  (274)(i)*the gift of John a book
    (ii)give John a book
    (iii)the gift to John of a book
    (iv)the gift of a book to John

  现在讨论 POSS-插入,对应于(270ii)中的名词化,属格可以在名词短语的主语位置实现:

  (275)(i)[John's story] disturbed me
    (ii)[John's reading the book] disturbed me

  在(ii)中,reading the book 题元标记 John,如果我们认为它也格标记 John,那么一致性条件得以满足。然而在(i)中,没有词汇性中心语题元标记 John,除非我们根据格鲁伯(Gruber 1976)和安德森(Anderson 1983)的观点,假设一个"所属性的题元角色"可能在管辖关系下由具体名词 story 赋予这一结构位置,在这种情况下一致性条件也能得以满足。与此不同的是,抽象名词会赋予它们的主语一些特定的题元角色。安德森注意到,这一差别相当普遍,如(276)这样的例子所示:

  (276)(i)John's reconstruction(s) of an eighteenth-century village
    (ii)John's reconstruction of the crime

  (276i)中,中心语名词词义具体,John 的语义角色覆盖"所属"范畴之下的所有可能性;(276ii)中,John 为施事者。[132] 关于这些结构还存在许多有争议的问题;我们假设解决这些问题的方式是满足一致性条件。

POSS 插入的背景是：

(277) [$_{NP}$ NP—]

(275i) 中，α=N'；(275ii) 中，α=VP，大概还存在更深一层的小句结构。在缺乏与 (277) 相对等的结构的语言中，不存在从 α 的补语到标志语位置的移位。因为 (277) 被限制为 NP，从 α 的补语到标志语位置的移位则被限制为 α=N 或动名词的情况，如 "John's having been appointed"。限制为 NP 大概是处于 X-阶标理论的考虑。

如果针对 POSS-插入的一致性条件 (272) 是以语链而非语链关系论述，就无法给 (278i—278iii) 中的虚位成分指派属格。如果这一条件基本成立，(278iv) 这样的形式也将被排除掉，因为 *seem* 并不题元标记中心语为 *John* 的语链。

(278) (ⅰ) *there's destruction of the city
   (ⅱ) *there's having been too much rain last year
   (ⅲ) *it's seeming that John is intelligent
   (ⅳ) *John's seeming to be intelligent

这一结论在很大程度上看似是正确的。"it is obvious (believed，certain，…) that S"这一形式的结构确实允许 POSS-插入，[133] 许多影响随之而来，其中一些与违反 (171) 的虚位成分-论元语对问题有关，在边码 137 上有所讨论。注意这一路径本身可以独立排除 (278i)，之前的讨论中我们是借助条件 (171) 来排除的 (参见 (172))。一致性条件作用于语链而非语链关系的限制可由虚位成分替代理论直接推导出来，后者消除了语链关系的概念 (参见边码 179)。考虑到格在 PF 和 LF 都有所显现，一致性条件在 S-结构的应用也就顺理成章了。

这些看似微不足道的假设，排除了 PRO 充当内在格标记成分补语的可能性。假设我们有这样一个结构，如（279）所示，其中 α=N, A 或者 P：

（279）[$_{α''}$ SPEC [$_{α'}$ α PRO]]

如之前所讨论的，PRO 的位置在 D-结构必然会被题元标记，因为这是一个补语位置（PRO 是一个内部论元，是 α 的宾语）。根据（252），PRO 必须从这一位置移至一个不受管辖的位置，形成语链（PRO, *e*）。PRO 不能移位至 SPEC 位置因为这一位置受 α 管辖。因此，它必须移至某个更远的、不受管辖的位置，如（280ii），它是由 D-结构（280i）推导而来：

（280）(i) it is difficult [*e* to be believed that he was [proud PRO]]
（ii) it is difficult [PRO to be believed that he was [proud *e*]]

这里的意思是"他为某人或其他人感到骄傲，这一点让人难以置信，"细致的差别在（ii）中并未表达出来。原因是（ii）违反了一致性条件：*proud* 是一个内在格的指派成分，它题元标记语链（PRO, *e*），但不能格标记 PRO。因此，这一结构不合法。有人可能会假设（ii）违反了约束理论（216）的条件 A，但如果 *he* 和 PRO 同标，则不违反约束条件 A。[134]在这种情况下，（280）会违反（247），后者需要对语链中的环节局部约束。因此，（247）这种情况本身也可由其他思路推导出来。

另一种可能违反（247）的情况来自 D-结构（281），其中 *John* 是名词 *pictures* 的补语，因此在 D-结构中被 *pictures* 题元标记并指派属格：[135]

（281）(i) it seems that [(his$_j$) pictures John$_i$] are on sale
（ ii) the story about [(his$_j$) pictures John $_i$] (is silly)
（iii) reading the book about [(his$_j$) pictures John $_i$] (is silly)

若 *his* 缺失或者 j ≠ i，三例中的属格都可以通过 *of*-插入来实现。如果 *his*

存在并且 j=i，便直接违反了约束理论（216）的条件 C。

相反，假设我们使用 α-移位，可得到：

(282)(i) John$_i$ seems that [(his$_j$) pictures e_i] are on sale
　　(ii) John$_i$ story about [(his$_j$) pictures e_i] (is silly)
　　(iii) John$_i$ reading the book about [(his$_j$ pictures e_i] (is silly)

若 j ≠ i，则违反约束理论（216）的条件 A。假设 his 要么缺失，要么在 j=i 的条件下出现；后一种情况违反（247），因为语链（John，e）现在不属于局部约束的情况。[136]

在（282）中，John 分别被主句的 INFL、story 和 reading the book 格标记。假设定义（167）中的格标记不包括赋格，[137] 就不会违反一个语链只能有一个格标记位置的要求。但是（i）中存在格冲突，因为 John 在 S-结构被指派主格，在 D-结构被指派属格。三个例句都违反一致性条件，如果（ii）和（iii）中 John 处在一个题元标记的位置，还会违反题元准则。因此，（282）这样的结构不能成立，而且也并未违反条件（247）。

现在考虑下（270），一般说来，D-结构（283）的表层为（284）：

(283)(i) the [$_{N'}$ destruction [$_{NP}$ the city]]
　　(ii) they [$_{N'}$ destruction [$_{NP}$ the city]]

(284)(i)(a) the destruction of the city
　　　(b) the city's destruction
　　(ii) their destruction of the city

因为格鉴别式，D-结构表征式（283）不能以此形式在表层出现。在（i）中，destruction 题元标记其补语 the city 并为后者指派属格。现在有两个选择，destruction 可以通过 of-插入在此位置实现格，得到（284ia）；或者使用 α-移位，得到（285），形成语链（the city，e）：

(285) [$_{NP}$ the city] [$_{N'}$ destruction e]

POSS-插入的规则（277）应用于这一结构，得到表层形式（284ib）。这满足一致性条件，因为 destruction 在其题元标记的语链的中心语位置实现格。在（283ii）中，α-移位这一选项不能再使用，因为目标位置已经被占据。因此，必须使用 of-插入以得到 of the city。但是 destruction 也管辖主语 they，并对其进行题元标记，赋予其施事的题元角色，这与相对应的小句题元指派的情况完全一致。因此，根据一致性条件，destruction 赋予 they 属格。现在使用 POSS-插入规则形成 they + POSS = their，最终得到（284ii）。

在 D-结构被赋格的 α 使用移位后，会出现一个问题：格是否与被赋格的成分一起移位？或者留在语迹的位置上？换句话说，格是指派给 NP 呢，还是指派给它所占据的位置？关键在于结构（285）。条件（170）禁止出现被格标记的 NP-语迹，使得移位成为"最后一招"。如此一来，为了满足（170）这一原则，我们必须假设在（285）中，语迹没有被格标记。所以，我们的结论是：格跟着移位成分一起移动；格被指派给 NP，而非其所占据的位置。换句话说，我们可以假设（170）指向的是实现的格，而非被指派的格。

假设我们采纳原则（190），重复如下，3.4.3 节曾考虑过这一原则但并未采纳（边码 144）：

(190) 论元和被格标记的非论元之间的约束关系不受约束理论制约

这一原则的优势在于，它同时包含了两个要求，一是 NP-语迹不能被格标记（因此得到普遍性语链条件［171］的完整形式）；二是论元不能被非论元所约束。但是（285）这一结构也存在问题。

首先，因为（190）禁止出现格标记的 NP-语迹，我们必须再次假设（285）中的语迹没有被格标记。其次，针对论元被格标记的非论元成分统制的情况,(190)并不会判定其违反约束理论。在(285)中,主语 *the city* 被其语迹成分统制,这会违反约束理论,除非语迹被格标记从而使这一违反被(190)判定无效。所以便出现一个矛盾:语迹必须被格标记,以避免根据(190)被判定违反约束理论,同时又必须不被格标记,以满足(190)中的语迹不被格标记的要求。这一矛盾始终存在,不论我们如何解释(190)中的"格标记":包含赋格、格实现或者两者。这就是我们未采纳(190)的一个原因。

如果不采纳(190),我们就不得不假设格标记的语迹不存在,这也是格只能出现在语链中心语位置这一原则的体现(见 [170])。我们还不得不采纳原则(188),该原则要求一个论元不能被一个非论元所约束,因此避免出现(285)中对约束理论的违反。(虽然不是这里讨论的问题,但 [188] 的主要情况可以由以下要求解释:虚位成分必须在 LF 删除;参见边码 179)。如果我们可以通过某些重新调整,克服上述矛盾,比如沿着莱因哈特(Reinhart)(1976)的思路定义约束理论中的"成分统制",那么上述两个假设都可以从(190)得出。我们看到条件(170)更广泛地适用于语链关系。在诸多选项中该如何选择,并不十分清楚。虽然态度有所保留,我们假设的是(170),而非(190),因而,关于语链一般性条件(171)中的一例,即(170)仍具有规定性,虽然剩余部分是基于独立的原因推导出来的。①

现在让我们回顾有问题的例句(265),(266),(267)和(270),重复如下:

(286)(i)I persuaded John [of the importance of going to college]
　　　(ii)John is uncertain [of the time]
　　　(iii)*the belief [of John to be the winner]
　　　(iv)*there was [$_{VP}$ killed (of) John]

---

① 根据上下文,我们推测 gerunds 应为 grounds。——译者注

(ⅴ)*it seems [$_s$ (of) John to be happy]
(ⅵ)*it is certain [$_s$ (of) John to be happy]
(ⅶ)*the [destruction [the city]]
(ⅷ)[the city]'s destruction *e*
(ⅸ)the [destruction [of the city]]
(ⅹ)*proud [John]
(ⅺ)proud [of John]

（ⅰ）和（ⅱ）中，属格在 D-结构被指派给 NP，并在 S-结构通过 of-插入在同一位置实现。以上都是唯一的选择，不可能进行 α-移位，因为缺乏任何可能的移位目标（或者在（ⅱ）中，因为（277）中的 NP 限制；还可参见注释 130）。在（ⅲ）中，属格没有被指派给 *John*，因为它未被 *belief* 所题元标记，所以这一结构被格鉴别式排除了。在（ⅳ）和（ⅴ）中，*John* 未被指派属格是因为管辖成分并非一个名词或者形容词；具体来说，（ⅳ）中被动形态删除了赋格能力，（ⅴ）中管辖成分 *seem* 并不题元标记 *John*。同样的原因阻止了（ⅵ）中对 *John* 的赋格，尽管它被形容词 *certain* 所管辖（比较（ⅱ），其中 *time* 作为 *uncertain* 的补语同时被管辖和题元标记）。因此，与（ⅳ）—（ⅵ）相对应的 S-结构必然是（268）。在 D-结构（ⅶ）和（ⅹ）中，属格被分别指派给 *the city* 和 *John*。后者中的格必须通过 of- 插入实现，得到（ⅺ）；前者中的格可以通过 of- 插入实现，得到（ⅸ），或者在 α-移位之后，通过 POSS-插入实现，得到（ⅷ）。

一致性条件（272）可能对"介词滞留"（preposition stranding）现象产生一些影响，如下（287ⅰ）和（287ⅱ）所示，两者分别从（288ⅰ）和（288ⅱ）衍生而来：[138]

(287)(ⅰ)*John was given a book to *e*
(ⅱ)who did you give the book to *e*

(288)(ⅰ)*e* was given a book to John

(ⅱ) you gave the book to who

　　首先考虑被动的情况即（ⅰ）。介词 to 是一个内在格的标记成分，它在 D-结构（288i）中题元标记其宾语 John 并给其指派斜格。在 S-结构（287i）中，to 题元标记以 John 为中心语的语链，基于一致性条件，to 必须对 John 进行格标记，但这是不可能的。因此，类似（ⅰ）这样的情况因为不合法被排除了。但是如果我们继续接受"最后一招"的原则（170），即禁止出现格标记的语迹，那么以上论证没有说服力，因为（170）这一条件足以阻止（287i）出现，除非我们再一次假设内在格与被赋格的 NP 一起"移位"（参见边码 179）。诸如"the bed was slept in"这样的例子可能是通过重新分析衍生出来的，这一过程将 sleep in 看作一个单一动词，在被动形态下失去了赋格的特性。

　　现在讨论（ⅱ），如果我们将（272）中的"语链"理解为包含非论元语链，那么 S-结构（ⅱ）被禁止出现，因为对语迹进行题元标记的 to 并不格标记论元语链的中心语 who。如果我们将（272）限定于论元语链，那么（287ii）满足这一条件：to 题元标记并格标记只由语迹所构成的论元语链。

　　那么，我们可以得出以下结论，NP-移位导致介词滞留的情况被统一排除了，而在到非论元位置的移位中（如 wh-移位）滞留的状态会有变化，依据对（272）的不同解读，这种解读可能会呈现参数化。

　　换句话说，我们可以把（272）扩展到非论元语链，因而可得出结论：（287ii）是有标记的结构，可用英语的特有属性（可能与英语格的实现形式比较"弱"有关）进行解释。或许介词指派的斜格与宾格在英语中并无区分，理查德·凯恩此前表达过这一观点，他还基于这一假设得出了很多有趣的结论。

　　与标句词 for 有关的一些问题还会出现，如（261i）和（261ii），这里重复如下：

(289)(i) for [John to be the winner] is unlikely
(ii) I'd prefer for [John to be the winner]

我们已经假定 *for* 对 *John* 进行格标记，但如果 *for* 是一个内在格标记成分，这一假设就会与一致性条件相背离，因为 *for* 并不题元标记 *John*。我们可以再次借用凯恩的建议，即英语中介词指派宾格而非斜格，这样内在格的指派成分便只剩下 N 和 A，它们指派属格，因而英语会拥有一套退化的格系统（主格、宾格、属格），缺少斜格。(289) 中的格标记现在就被允许了，我们把这些看作是有标记的结构，它们可能出现在格系统退化的语言中。[139]

我们对格理论的相关讨论加以总结，继续假定格鉴别式是由题元标记的可视性条件所决定。格理论决定了格标记的特性。我们区分了结构格和内在格，前者包括在 S-结构位置指派的主格和宾格，后者包括在 D-结构指派的斜格和属格，后者还通过一致性条件与题元标记相关联。属格通过 POSS-插入或 *of*-插入实现。因为属格的实现取决于 S-结构的位置，我们对属格在 D-结构的赋格和 S-结构的格实现进行了区分，两者都受制于一致性条件。*of*-插入规则的作用是消除格鉴别式对投射原则的限制，它是一项默认规则，只在没有介词指派需要的题元角色时才适用。

除格理论的这些特性外，我们还做出了如下假设，包括 X-阶标理论和约束理论的原则、题元准则、α-移位及其特性（具体来说，就是界限理论的原则，我们进行了说明，但未做进一步讨论）、普遍语链关系的限制条件 (171)，[140] 另外还有一些辅助性假设。此外，还有一些普遍性原则，如投射原则，FI（完全解释原则）。我们还阐述了参数差异带来的一些可能性以及一些有标记性的选项（如例外赋格）。

上述假设带来很多影响，有些具有普遍性，有些取决于英语特定的属性，当然这些本身也受一些普遍原则的制约。

这一分析只代表诸多复杂选项中的一个选择。这些假设自然而直接，但显然绝非相关语料确定的唯一选择。我们也在这一普遍性框架内提出了许多不那么自然或直接的假设以及其他非常合理的路径，其中一些得到大量的实证支持。有人自然会期待，对英语和其他语言的进一步探究会证明这里所提出的假设，至少细节上很有可能在总体构思上都是错误的，因而我们期待用其他方法进行改进或替代。然而，在某种意义上，这一讨论所达成的结论，对我来说很有可能在本质上是正确的。我们通过具有一定概括性的 UG 的简单原则对前面回顾的语言现象进行解释，以某种语言所特有的选项对其进行详细论述并进行扩展，而这些进一步由语言不同模块的相互作用（很可能是通过错综复杂的计算，即拥有一定深度的演绎结构）所决定。此类结论隐含在柏拉图问题的实证条件中，在若干领域已被赋予实质性内容，已经出现了令人鼓舞的进展。

语言官能涉及一个精确表达的计算系统，当不同的模块得到合理区分时，这一系统的基本原则就会非常简单，但其所产生的结果又异常复杂，这一总体想法似乎已经被广泛接受，这不无道理。正如我们之前所说，这并非生物系统的明显特性。的确，这在很多方面都是一个令人为之惊叹的特性。然而，其支撑证据十分充足，而且在过去这些年来尝试提出的 UG 系统内上述结论经历的修正很有可能是不可避免的。

注释

1 对这一程序的各种解读，主要是 Chomsky（1975a；1955—1956；1965），参见 Chomsky（1975b）。现在有一些关于语言习得可能程序形式化的重要研究，参见 Wexler & Culicover（1980）以及 Berwick（1982）。关于这一通用路径各种错误解读的重要探讨，参见 Lightfoot（1981）和 Bracken（1984）。
2 例如，Hyams（1983）认为语言习得的早期阶段基于以下假设进行，即类似意大利语和西班牙语的语言不需要显性主语。这一结论后来在英语习得中被推翻了。
3 关于成熟过程的统一性，参见 Gleitman（1981）。假定 UG 的一些原则在语言生长的早期阶段并不存在，那么如何解释儿童语言的一些现象。关于这方面的一些看法，参见 Borer & Wexler（1984）。关于普遍性问题，参见 Chomsky（1975b，1980b）和 Berwick（1982）。

4 参照 Tomas(1957)。然而,皮尔斯将自然选择看作**解围之神**(*deus ex machina*),来解释科学中成功的理论建构,也是行不通的,参见 Chomsky(1968,1975b)。

5 参见 Chomsky(1965:61—62;1980b:120—122),Berwick & Weinberg(1984)。关于 UG 的生成能力,假定给出按照边码 46 页所说的一系列层次 $L_1, ... L_n$,L_1 是普遍语音系统,规定了可能句子 $S_1, S_2, ...$ 的类别。规则系统 R 给每个 S_i 指派了结构 $S^R_i = (m^i_1, ... m^i_n)$,$m^i_j$ 是在 L_j 层次指派给 S_i 的标记,$m^i_1 = S_i (m^i_j$ 可能为空,这表明在 L_j 层次,R 没给 S_i 指派标记)。那么 R 生成了结构 $\{S^R_i\}$ 的集合。如果 UG 为每个递归可数集合的结构提供了规则系统,从这一(UG)概念其中一个意义上说,它允许规则系统类型的最大化。如果外化语言这一概念用生成结构的集合以某种方式来界定,倘若 UG 为每个递归可数外化语言提供了规则系统的话,那么我们可以视 UG 为最大化。

6 注意:即使存在不是 NP-V-NP 形式的其他类型的习语结构,这并不影响这一结论。例如,"the roof fell in on X"(X 飞来横祸)。从类似但并不相同的视角对这些问题的讨论,参见 Chomsky(1981)和 Marantz(1984)。关于不同方法的研究,参见 Bresnan(1982),Perlmutter(1983a)和 Rothstein(1983),还有其他的一些研究成果。

7 参见 Whitman(1982)和 Saito(1985)。关于更复杂的情况,参见黄正德(Huang 1982)。

8 早期的研究称作"深层结构"。我已不再使用这一术语,因为它引起太多的误解;参见 Chomsky(1980b)。

9 参见 Chomsky(1966)。

10 从生成语法最早期的著作来看,这很明显。这些著作主要论述语言结构设计的理论(UG)问题,因而,选择的规则系统将足以解释短语表达式的语义特性。通常假设这一早期著作不考虑语义,但这一假设是对非常不同的立场的严重错误解读,即句法特性很明显不能用语义术语来定义,至少是不能以人们通常所提的方式来定义。这是一个完全不同的问题。关于这一问题的进一步讨论,参见 Chomsky(1977)第一章;Hornstein(1984)。

11 LF 的地位和特性是实证问题,不能用有效推理或类似的分析解决。参见 Chomsky(1980b)。

12 注意:这不是一个统一的概念。例如,(27viii)中的违反比其他的更"弱"些,这一事实也必须予以解释。

13 实际上,这出现在更早出版的两个版本中。虽然这三个版本对相关原则提出多少有些不同的观点,这里我还是对它们不做区分。人们常常认为,试图降低转换规则的丰富性和类型,原因是担心生成能力过强。例如,参见 Johnson-Laird(1983),他声称"对转换语法的重新评价"从 20 世纪 70 年代后期开始,因为 Stanley Peters 和 Robert Ritchie 评论到：这种不受限制的语法可以生成每个递归可数集（更有意思的是，他们表明，一个简单的形式特性足以将生成能力归结为仅包含递归集合更为有限的类别）。这一断言在两方面是错误的。由于其他一些原因，研究工作在 20 世纪 60 年代早期就开始了，也没受到这一评论的影响。此外，几年前就已经有人指出，这一结论即使合理，也没有实证价值（参见注释 5）。Johnson-Laird 也认为 Peters-Ritchie 的结果有其他"令人尴尬的后果"，具体说来就是削弱了"乔姆斯基的'普遍基础'假设"。这一假设确有人提出，但我从未接受。此外，主要基于已指出的原因，这一假设也不受这一评论的影响。

14 我们或许将 wh- 视作语类 some，any，every 中的限定词，语音规则将 who-one 拼读为 who，等等。这里有很有趣的问题，我将忽略，涉及类似 friend 的"关系"名词，不同于非关系名词，例如 book。很多类似问题有待进一步讨论。

15 参见 Chomsky（1965，1977）和 Chomsky & Lasnik（1977）。

16 参见 Rouveret & Vergnaud（1980），Vergnaud（1982）和 Chomsky（1980a，1981）。

17 从这里开始，为了避免混淆，我将单词"Case"大写，体现其作为专门术语的用法。

18 被动语素的特性如何因常规原因在词汇和句法成分中应用不同，关于这个问题的讨论，参见 Borer（1983，1984a）；关于有些不同的方法，参见 Fabb（1984）。

19 关于这些问题的讨论，参见 Chomsky（1981）。之后的观点有 Rizzi（1982）、Burzio（即将出版）等。基于有些不同的思路，最近有些研究（有些下文有引用）提出其他的可能性，我这里不予讨论。我回顾的这些话题的研究都在积极进行中。许多其他的想法在这里列举的总体框架内都有些讨论。

20 在一些情况下，它或许被完全确定为短语结构特性的反射。关于普遍规则 α-移位相关的其他可能参数的讨论，参见 Baltin（1982）。

21 关于这个参数如何表述以及这里没有提到的其他变体，请参见 Lasnik & Saito（1984）。

22 关于（40）的一些相关参数，参见 Rizzi（1982a）。

23 众所周知，这一假设过于简单。参见 Lasnik（1980），他认为有必要回到 Chomsky（1980a）提出的更复杂的标引系统。关于为解决这些和其他问题所做的修正，参见 Higginbotham（1983a）和 Finer（1984）。希金博瑟姆认为先行语—照应语两者关系的不对称应嵌入标记法。Finer 提出双重标引系统，以便表示集包含和交集。这里我将忽略这些问题。在过去几年里，究竟约束理论的操作原则是什么，这一问题有大量的研究。早期很有影响的一篇论文是 Lasnik（1976）。关于进一步的讨论和有关文献，参见 Chomsky（1981），还有 Reinhart（1983），Higginbotham（1983a，即将出版），Manzini（1983a），Bouch-

ard（1984）以及 Freidin（即将出版）等等。也参见 Yang（1983）所做的跨语言的研究，提出了约束理论中的参数变化并进行了分析。

24 我们规定 X 是一个**不同**的成分，允许如 "he_i said that he_i would be there" 这样的句子，在该句中第二个 *he* 以第一个 *he* 为先行语。正如表述过的，该原则现在排除了合乎语法的表达式 "John hit himself"；我们随后讨论这个问题。

25 该术语是 Thomas Wasow 提出的，参见 Wasow（1979），基于他 1972 年的 MIT 的博士论文。跨越研究始于 Paul Postal（1971）。

26 在这种情况下，强跨越（strong crossover）也被其他原则排除，尤其是在缺少复指代词（代词被算子局部约束）的语言（例如英语）中，代词不能被算子局部约束。一般来说，即使在具有复指代词的语言中，在像（42i）这样的结构中，代词也不能被算子局部约束。参见 Chomsky（1982）在不同假设基础之上，对这一分析和其他分析进行的讨论，也可参见 Higginbotham（1983a）。这里我将继续依靠约束理论原则，我们下面将看到，该原则可以用各种方式进行概括。

27 Howard Lasnik 观察到，例如在泰语中，代词不能约束它们的先行语，这一原则似乎不能适用于成对的指称性短语。

28 虽然这一观察应该可以扩展到其他结构，但这里仅限于名词短语。

29 Joseph Aoun 已提出将约束理论也扩展到非论元约束，这很有意思。参见 Aoun（1982），（1985）。我将不讨论这些观点，因为它们主要关于语法的若干方面，这些方面这里不讨论。

30 注意：后者类型的形式是可能的，尤其是当 NP 结构复杂时。此时，它是由另外的规则将 NP 右移衍生而成的结构。有证据表明，这一"重 NP 后移"（Heavy NP-shift）规则属于句法部分，且如同其他规则一样，它留下一个语迹。参见 Chomsky（1982），其基础是 Elisabet Engdahl 所做的观察。关于格邻近条件，参见 Stowell（1981）。

31 关于这些问题，参见 Chomsky（1981），Stowell（1981），Koopman（1984）和 Travis（1984）等研究。

32 关于投射原则应该如何理解的各种观点，参见 Chomsky（1981），Borer（1983，1984a），Pesetsky（1983）。对这一话题更广泛的讨论和稍有不同的解读，参见 Marantz（1984）。

33 假定关系小句的中心语是处于论元位置上的短语 *the man*。这一假设可能会受到质疑。具有更清楚含义的其他例句下文将出现。

34 参见黄正德（Huang 1982），他提出指称性短语在 LF 一般可被视作变量。

35 下列评论基于 Pesetsky（1982）（原文为 Pesetsky [1983]，原文有误，译者做了更正——译者注），Pesetsky（1982）修改了 Grimshaw（1981）的一些观点。

36 参见边码 82。实际上，仅仅能得出（58i，58ii）的结果。为将该结果扩展至实例（58iii），需要进一步的规定，这个假定与格理论和题元理论之间的互动有关。

37 在这方面，这一构想与句法结构的研究路径—依存语法并无不同，依存语法来自 Lesniewski 和 Ajdukiewicz，后来的 Y. Bar-Hillel 以及其他人，虽然这里的操作原则有很大的不同。

38 Burzio（即将出版）认为在意大利语中，强调代词大致对应于（iii）中的 himself，仅限于非格标记位置，尤其是 NP-语迹位置。

39 这里我们忽略了涉及这一结论的许多重要且有争议的问题。参见 Chomsky（1981），Stowell（1981），Safir（即将出版）以及很多后来的研究。注意：假定有语音实现的成分需要格，但语迹需要格的要求，不能通过将格鉴别式扩展到 who 推导得出，因为在关系结构以及带有空算子的其他结构中，也同样如此，例如（53）及其他例句，下文我们再讨论。

40 准确来说，一个语链包括一些位置，即一些成分在特定位置出现。一个语链可被视作线性的移位过程（没有重复的一系列位置），不允许移回空位。语链可能不需要施加其他条件，所有的其他条件都可由 UG 的原则得出。这里我们暂且不讨论这些问题，将以非正式的标记表示语链，这也已变成惯例。关于语链的其他构想，参见下文的边码 156 和 157。

41 自从 Freidin（1978）表达这一基本的直觉以来，这一想法就有几种不同的表述。参见 Bresnan（1982），Chomsky（1981）以及 Marantz（1984）等，还有下面的 3.5.2.4 节。

42 根据 Williams（1980），他发展了谓语理论（predication theory），在这一研究和后续研究中，涉及的范围更广。另见 Rothstein（1983）。Chomsky（1981：335）对题元准则的正式定义对应于（83）。早期的非正式讨论假定，论元题元角色的指派具有唯一性，这一事实已经造成一些困惑。

43 准确地说，我们现在必须规定讨论中的语链不是以指称短语为中心语的语链，因为这一短语在该语链中不受论元约束。

44 由于我们接下来要讨论的原因，主语不受题元标记与宾语没有格标记是相关的，因而它可从以下假设得出，即被动形式的唯一句法特性是"吸收"了该动词的格指派特性，参见边码 74。

45 PRO 也可能具有内在的数，因而正如我们可从形容词一致看到的，任意 PRO 在意大利语中是复数，而在西班牙语中是单数。关于这些事实的不同解读，参见 Bouchard（1984）。

46 参见 Giorgi（1983）。

47 正如指出的，（I-4）和（I-5）的"类推"解读也值得怀疑，参见边码 8。

48 关于这里提到的这一情况和其他情况的进一步讨论,参见 Chomsky(1981, 1982)。

49 我们可以说有足够的证据证明这些构式的"心理现实性"(psychological reality),我们使用了一个令人误解的术语,且已经被滥用,参见 Chomsky (1980b)。

50 参见下文的 156 和 157 页。关于一些其他不同的分析,参见 Chomsky(1981)。

51 例如,参见 Johnson-Laird(1983)的观点。基于 Stanley Peters 的研究,Johnson-Laird 提议扩展短语结构语法,认为 wh-结构衍生的过程中不会产生语迹,可以利用其他方法表示必要的句法联系。但该理论无法解释文中提到的例句。Johnson-Laird 和其他学者一样,认为他们提出的理论优势在于未运用 α-移位规则。即使不考虑文中提到的例句,该理论也不具备这种优势。α-移位的普遍性(如约束理论的局部性)必须通过某种方式阐明。此外,将短语结构语法复杂化很难看作是对语法的简化,相较而言,将 α-移位作为语法原则反而可以不必设立其他规则。正如上文指出的,生成能力与此无关,这与通常的假设相反。

52 例如,根据动词必须指派题元角色的结论(下文再讨论),我们无法解释例(i)中 it 的存在,因为该结论基于的假设存在问题。但是,这一讨论要求 rain 的主语位置被指派题元角色。关于这个问题的讨论,参见 Chomsky(1981)。

53 我们可以假设 there 的存在符合格理论和题元理论的要求。rain 必须处于一个受格标记的语链中,才满足受题元标记的可视性条件。参见上文对(69)的讨论。但是,该论证不能用于分析 it 存在的原因。

54 参见 Rizzi(1982a),Burzio(即将出版)以及 Chomsky(1981)对相关研究的述评。关于不同的研究路径,参见 Borer(1984b)。

55 对其他情况的论述和扩展(如 PPs),参见 Rothstein(1983)。又见 Zagona (1982)。Fabb(1984)认为将 EPP 归为格理论更具有普遍性。关于致使结构和其他结构出现了很多有趣的问题,这些结构似乎违反 EPP。关于这一议题,过去几年里有大量的文献,包括文中引用的很多参考文献。

56 或者不考虑 90 页的讨论,根据 Chomsky(1981)对投射原则更为严格的定义,虚位成分也不能作宾语。

57 例(iii)和例(iv)中 one 的存在符合以下假设:例(121)括号内的成分是具有主语的从句短语,正如投射原则所规定的那样。参见对例(72)的讨论。

58 对相关问题的讨论,参见 Manzini(1983a),Keyser & Roeper(1984)以及 Roeper(1984);另见 Koster & May(1982)。

59 在空主语语言(如意大利语)中也存在这种情况。如结构"e [VP sank the boat]"可以看作"the boat sank"的变体,其中的"the boat"处于宾语位置。

该结构中的虚范畴不是 PRO，而是虚位成分，相当于英语例句"there arrived three men"中的 there。具体讨论参见 Burzio（即将出版）。

60 例（iib）可能存在问题，因为句中可能包含某个难以理解的情态成分；比较 "the articles can be filed without reading them"。

61 Roeper（1984）指出，类似"the game was played barefoot (nude)"的例句似乎没有遵循文中所阐述的范式。Luigi Rizzi 认为"nude"尽管形态上是形容词，实际上可能和其他一些语言中对应的词语一样，是副词。进一步的讨论参见 Roeper（1984）。

62 代词的其他相关特性比较普遍；我们在此只讨论特殊情况。详细讨论参见 Montalbetti（1984）。尤其是 Montalbetti 指出，代词的这种特性进一步证明，类似（104）的例句具有量词—变量结构。

63 类似（140i）例句比较少。decide 这一类动词并非都具有这种结构：对比"it is often preferred (*wanted, *tried) to spend a sabbatical in Europe"。即使有些动词勉强可以用在这种无人称被动结构中，它们也不允许发生 NP 移位：*"John was preferred (decided, wanted, etc.) to win."原因不在于这些动词不具有被动形态（如"the meat is preferred raw"中的动词具有被动形态），而是虚范畴原则（empty category principle, ECP）限制了 NP 移位，具体原因我们在此不予讨论，对这些例句的讨论参见 Chomsky（1981）以及 Lasnik & Saito（1984）。关于不同的研究路径参见 Aoun（1982）以及 Zubizarreta（1982）。

64 能否将控制理论归为约束理论，以及对其他相关研究的讨论，参见 Manzini（1983a）；利用 Manzini 的研究方法对其他语言现象的分析，参见 Giorgi（1983）。在这一讨论总体框架内的其他研究路径，参见 Bouchard（1984），Koster（1984），Sportiche（1983）以及这些文献引用的其他早期文献。

65 最新的讨论参见 Hornstein（1984）。

66 参见上文对例（137）和例（138）的讨论，以及 3.5.2.3 节。

67 我们将在 3.5.2.3 章节再讨论例（i）和例（ii）。英语少数虚拟语气结构表明：PRO 的一些特性与照应语相似，但不受局部约束；参见 Giorgi（1983），Picallo（1984）以及这些文献引用的其他文献。

68 另见 Epstein（1984）以及 Roeper（1984）。

69 我们可以将 for- 短语插入例（158）和（159i-iii），但与在例（157）中不同的是，它只能充当嵌入句的主语。需要注意的是，例（158）实际上有歧义。the crowd 作控制语的解读难以理解，可以通过对 the meeting 进行 wh-移位得到："which meeting is the crowd too angry to hold"。只有"to hold the meeting"处于以"too angry"为中心语的形容词短语中，才会发生 wh-移位，主语"the crowd"才能充当控制语。

70 虚位成分-论元语对和语链的一个区别在于，语对中的成分不能跨越 S-边界；例如，与提升结构"a unicorn seems [e to be in the garden]"相对应的结构 *"there seems [a unicorn to be in the garden]"不合语法。语链和（虚位成分，NP）语对之间关系的相关讨论参见 Burzio（即将出版）；另见 Chomsky（1981）。对这些问题的其他研究路径，参见 Safir（即将出版），Pollock（1983），Belletti（1984），Borer（1984b）以及 Reuland（1984）。更多关于不同类型虚位成分的研究，参见 Travis（1984）。我们在此不予讨论与虚位成分相关的一些问题，留待以后再做详细讨论。

71 这一条件不适用于习语语块，如"tabs were kept *t* on John"中的语链（*tabs*, *t*）不具有题元角色。此例这里不予讨论。常规的解释需要将可视性条件的限制范围从题元标记扩展到 LF 解读，即涵盖题元标记和习语解读。

72 对语链而言，这种语链关系—连接成分不可能存在，一部分是因为约束理论原则，另一部分是因为这里没有提到的其他考虑，那么，对虚位成分-论元语对来说，这一结论可由虚位成分-论元语对与语链—连接成分具有共同特征的假设得出。该假设我们后面再讨论。

73 假设每个位置 P 都处于一个唯一的最大语链关系中，3.5.2.3 节会进一步讨论这个问题。

74 根据（166），在 D-结构中，处于题元位置的非论元 α 必须与论元相关联，α 移位到题元位置形成的语链关系将含有两个题元位置。基于不同的假设，有关移位总是向非题元位置的讨论，参见 Chomsky（1981）。

75 在 3.4.2 节，我们暂且认为，例（176ii）中的 *offer* 不同于其被动形式，不能将主语的题元角色指派给没有词汇表征的论元；参见文中对例（137）和例（138）的讨论。

76 某些动词具有宾语但不能给宾语赋格。这一点符合 Burzio 原则：这些动词不能给其主语指派题元角色。参见 Permutter（1983b）以及 Burzio（即将出版）。文中未讨论这个问题，因为真正有说服力的例句来自空主语语言，文中未对其特性进行讨论。

77 参见对例（75）—（77）的讨论以及注释 70 中提到的参考文献。

78 有关 believe 和 say 等动词能够给补语从句赋格的不同论证，参见 Stowell（1981）。对 Stowell 基于罗曼语虚拟语气结构提出的假设的验证，参见 Picallo（1984）。如果上文的讨论正确，那么例（ii）的 D-结构与"John said something"或"John said *wh*-thing"相似，参见边码 71。

79 关于这个假设，参见注释 71 以及注释 70 中的参考文献。

80 或者该题元角色不需要被指派；参见 3.5.2.3 节。

81 有关主语和名词短语之间关系的研究，参见 Williams（1982b），Higginbotham

（1983a）。关于相反的观点以及讨论，参见 M. Anderson（1983）。下文会简要讨论该问题。

82 对该问题的不同观点，参见 Borer（1983，1984a）。

83 在不同框架内对该问题的详细讨论，参见 Sportiche（1983）。

84 （190）不能排除虚位成分从格标记位置提升的情况。但出于其他原因，似乎不可能发生这种情况。我们将在 3.5.2.3 节再次讨论虚位成分-论元语对时，谈及这种情况。

85 参见 Kayne（1975）；Kayne（1984）中收集了对这一领域发展产生过重要影响的一系列论文。现在还有许多富有启发性的工作，观点与这里构拟的相似，研究的是其他语言，其中包括许多非印欧语言。

86 参见 Wexler & Culicover（1980）以及 Wexler（1982），他们认为按照精确的定义，可获得的论据只涉及非常有限的内嵌度，并基于这一假设提出了习得理论。另见 Berwick（1982）及 Berwick & Weinberg（1984）。

87 参见 Hyams（1983）关于这一问题以及空主语参数的讨论。

88 Tarald Taraldsen 首先研究这一现象。参见 Chomsky（1981）对 Taraldsen 和 Elisabet Engdahl 研究的讨论和评述，此后他们的研究有了非常有趣的扩展。

89 参见 Osherson，Stob 和 Weinstein（1983）。将他们的研究结果和我们这里的关注的问题关联时，必须要慎重。他们考虑的是 E-语言而非 I-语言，并且他们将只关注语法的弱生成能力，而非语法的强生成能力（即语法所能列举的那类句子）。在他们看来，如果对任一文本而言（文本是指从一种语言 L 中抽取且能穷尽 L 的无穷序列的句子），一个学习函数 f 能在 L 的语法上聚合，且不要求 f 在同样的语法上相对于所有的文本聚合，那么 f "识别"（即"学习"）语言 L。然而，结果非常有启示且出人意料。关于这些可参考注释 86 中的文献；也可参看 Baker & McCarthy（1981）以及 Wanner & Gleitman（1982）。

90 关于这一话题，参见 Berwick（1982）和 Barton（1984）。还可参见 Fodor，Bever & Garrett（1974），他们提出了有些相似的概念。对不受语境约束的语言的句法分析定理的曲解及相关讨论，参见 Berwick & Weinberg（1984）。

91 比如参看 Kayne（1984），Rizzi（1982a）。更广泛的讨论可参见 Lightfoot（1979）。

92 有关 ECP，参见 Chomsky（1981），黄正德（Huang 1982），Kayne（1984），Lasnik & Saito（1984），以及其他很多研究。这是当前研究中一个非常活跃的领域，还有其他几种研究路径也正在积极推进。诸多研究中可参见 Aoun（1982，1985），Longobardi（1983）和 Pesetsky（1982）。

93 关于这一问题，参见 Koster（1978），Chomsky（1981，1982），Rizzi（l982b）和 Sportiche（1983）等人的研究。

94 因此，某些语言看似会限制 wh-短语的 LF 移位，如 Kikuyu（参见 Bergvall，

1982）。若真如此，且如果在 LF 部分不存在参数差异，那么就有必要重塑之前提出的有关 LF-移位的讨论，或者考虑到 UG 的结构，就必须找到受制于参数差异且可决定这些差异的相关特征。这些问题绝非易事。

95　参见 Chomsky（1977）、May（1977，即将出版），黄正德（Huang 1982），Higginbotham（l983a），以及 Hornstein（1984）等研究。

96　如果补语不需要格——即如果它是一个小句而非一个 NP—或者如果这一语言允许其他赋格方式的存在，比如在空主语语言中，那么，这一操作并不是必须的；见边码 74。

97　参见 Baker（1985）；还有 Marantz（1984），其中就这些以及相关话题提供了丰富的信息和富有启发性的分析。还可参看 Borer（1983，1984a）。

98　这些被设计为形态层级结构的抽象表征，并不依赖于词缀（的形式），词缀可以是后缀和前缀，有时为中缀，或是诱发一种或另一种内部音系变化的要素。

99　关于通过底层词干的内部音系变化（异干交替）（suppletion）实现的宾语一致，Baker 提供了这样一个例子。在同一种语言中（维乔语）（Huichol），表层宾语也可以和动词一致，这样通过镜像原则，异干交替可标记 D-结构的宾语，外部的屈折可标记 S-结构的宾语。

100　关于双宾语动词和它们的句法功能，参见 Marantz（1984）。注意如果赋格是强制的，那么施用过程必须在被动化之前，否则它会赋格给被动操作留下的 NP-语迹，这与普遍语链原则（171）相矛盾。

101　如之前所指出的，对于 X' 的 NP 不止一个的情况，宾语这一概念可能具有更加复杂的定义；参见注释 100。

102　注意：(208) 和（209i）中底层结构中的 PRO 并不妨碍缩略，这与 wh-语迹不同。据推测，关键性的差异在于 wh-语迹被格标记，而 PRO 则不然。可能只有被格标记的语迹对缩略规则是"可视的"，或者按照 Pesetsky（1982）的说法，可能 PRO 不会在 want 和 to 之间形成阻碍（这样（208）的底层结构是"who do you want [[to visit] PRO]"），这对于处在不受规则制约系统中的 PRO 来说是一个选项，但对 wh-语迹则不是。依据格邻近原则，wh-语迹必须邻近格标记成分。

103　Aoun 和 Lightfoot 把 INFL 看作是完整小句 C 的中心语。正如我们一直所假设的，COMP 是 C 的中心语，他们的总体分析适用的条件是在使用缩略规则（207）时，C 就已经被删除了，或许可以看成是在一套假设之下删除其中心语 for 的反射；在这种情况下还存在几种可能性。关于管辖在 PF 部分发挥作用的进一步证据，可参见 Saito（1985）关于 ECP 的讨论，ECP 是关于管辖的原则。（210i，ii）两个例子来自 Postal 和 Pullum（1982）。引入管辖的想法是 Bouchard（1984）独立提出来的，除此之外还有其他人讨论过。

104 参见 Schachter(1984) 及其中引用的文献。Schachter 认为这里提供的分析是不成立的,因为缩减的结构(211)被投射原则排除,但基于原则考虑,后者并不适用于 PF 部分。因此,Schachter 所假设的更为复杂的句法规则系统看起来并没有必要。

105 除了(215i)这些最简单的例子,约束理论的条件 B 解释力一般不强。参见 Bouchard(1984)对这一点的讨论以及以不同方法对条件 A 和条件 B 关系的分析。如 Paul Postal 首先观察到的,条件 B 虽然解释力不强,但它可由不同的指称扩展至不相交的指称,如例子 "I expected him to like us" 和 "I expected us to like him" 所显示的,后者的接受度没有第一句高。条件 A 在口语中有时也会被推翻;比如,我偶然听到过这样的句子 "they didn't know what each other should do," 这句话违反了这里所描述的约束理论;参见 Lebeaux(1983)。尽管它们提出了有趣的问题,这里我将忽略这些问题。

106 假设 NP 不是这个 S 的主语,我们将回头再讨论这个例子。如果包含 α 的最小 NP 缺少一个主语但又被包含在一个有主语的 NP' 中,那么 NP'=MGC(α)(假设 NP' 不包括含有 α 的 S)。

107 还存在其他几类主要的例外。一类是罗曼语和其他语言的虚拟语气,其中在类似 "John wants that α leave" 这种句子中的 α 不可能是被 John 所约束的照应语或代词。因此,这一位置不会出现被主句主语所约束的照应语或代词。与此互补的情况是汉语—日语,其中时态小句的主语可以是被约束的照应语或被约束的代词。参看 Picallo(1984)对第一类情况的分析,黄正德(Huang 1982)和 Aoun(1985)对第二类情况的分析。我们后面会从稍有不同的视角讨论这些例子。

108 下面沿用了黄正德(Huang 1983)的思路。参见 Chomsky(1983)对早期方案的讨论,以及 Manzini(1983a)提出的不同思路(也可扩展到控制理论)。

109 一些语言使用者认为(i)和(ii)有些边缘化,但两者显然比类似的违反约束理论的句子如 *"the children thought that [I had bought [pictures of each other]([each other's pictures])]" 要好。

110 长距离约束不具备这一特征;参见(146)和(147)。正如前面指出的,相关的语言事实并不像认为的那样清楚。

111 基于相似理由,认为 ECP 应该在某种程度上归为 NIC 的论证,可参见 Aoun(1985)。相关的讨论可参见 Kayne(1984)。

112 这一话题的探究很大程度上来自 Luigi Rizzi;参见 Rizzi(1982a)。有关不同的处理方式,诸多讨论中可参见 Borer(1984b)、Burzio(即将出版)、Chomsky(1981)、Hyams(1983)、Jaeggli(1982)、Safir(即将出版)、Travis(1984)和 Zagona(1982)。

113 事实上，我们可能应该允许任意一类虚范畴充当任一移位规则留下的语迹，而由其他条件确定选择是否合法。

114 这一要求可能太过严格了。举例来说，如果附缀的语迹可以是位于 COMP 中的算子所约束的变量时，可能就会违反这个要求。参见 Aoun（1982）。

115 关于要解决的一些例句，参见 Rizzi（1982a），他提供了从罗曼语附缀化中搜集的关键性证据。或许这些现象能够通过对约束的跨越限制至少部分得到解释。

116 关于这些结构以及它们所引起的问题，参见 Lasnik（1984）。

117 Aoun（1982）指出，情况可能并非如此。

118 基于约束理论（216）的早期版本所得到的类似结论，以及完整小句对任一被管辖成分都是管辖语域的附加假设，参见 Chomsky（1981）。

119 参见 Brody（1984）和 Safir（1984）。

120 另一种选择是假设 si 是一个 D-结构的附缀，且主语位置与 si 的关系是虚位成分-论元的广义语链关系，这样就不存在重叠的语链，但存在重叠的语链关系。如果 si 本身可以充当主语（可能处在 INFL 的位置），那么 questi articoli 移位所到达的位置就不是一个题元位置。关于这一话题有大量文献，也有很多其他的分析方法。参见 Belletti（1982）；还可参见 Manzini（1983a），他对罗曼语中的附缀 si 及其变体的不同作用进行了统一分析。

121 虽然不完全。参见 Levin（1983）对剩余问题所做的尝试性解释。

122 参见之前所引用的文献。注意我们不能把格鉴别式归结为名词必须有格的要求，因为它对没有名词性中心语的名词性表达式同样成立——例如动名词和不定式，它们不能出现在无格标记的主语位置，正如以下与（258iv）相似的结构：*"the belief [[John's winning] to be unlikely]," "the belief [[for John to win] to be unlikely]。"事实上，即便是出现在主语位置上的介词短语——我们可能假设这是个 NP 位置——也必须满足格鉴别式；试比较："[on the table] is the best place for that typewriter,"*"the decision [[on the table] to be the best place for that typewriter] was a mistake。

123 关于后一种结构，参见 Reuland（1983a）和 Fabb（1984）及其他研究。

124 注意，存在一种相关的名词形式 *destruction*，意义上稍有不同，如在句子"we were amazed at the destruction"中，指的不是动作而是动作的结果。还存在其他的可能性，我不再探讨结构（260）的分析，它们引发了很多问题：例如，为何我们同时有 of 和表所属的 's？为何"yesterday's concert"没有对应的形式"the concert of yesterday's"？为何我们会说"a friend of mine"而不说"a friend of me"（非本族语者常犯的错误）？参见 M. Anderson（1983）的讨论和可能的解释。

125 或者，我们可以假设两个动词都选择 C，而 believe 后出现了一种例外的过程 C-删除——尽管也提出了其他想法，但这是文献中常见的假设。参见 Kayne（1984）和 Chomsky（1981）的讨论。

126 我们已经定义了"管辖"，如果在"John believes [NP to VP]"中 believe 管辖 NP，那么它也管辖 NP 的标志语和中心语。接着，思考诸如"John believes [[ₐ PRO reading books] to be fun]"这样的结构。这里 believe 管辖 α，但是我们不希望它管辖 α 的标志语 PRO；参见（252）。因此，我们必须假设这里存在一些管辖的语障。一种可能性是 α=NP 支配 S，这实际上阻碍了 believe 管辖 PRO。

127 注意与（267i）相似的结构虽然没有 of-插入，但当宾语不定指时也很难成立，如句子"there were seen several men from England"。同样的"定指效应"出现在常见结构"there is a man *(the man) in the room"中。关于这些问题参见 Safir（即将出版）及引用文献，还有 Reuland（1984）以及其他研究。（ii）和（iii）中的内嵌句是 S 而非 C 的假设与 ECP 问题相关联（见边码 155），这里未予考虑。

128 通过某些语义条件对（270ii）中 α-移位的应用勉强加以限制。见 Anderson（1979）。结果就是：如果与 NP 中心语的语义关系根本不存在，那便不会有 NP-移位，如例外赋格结构的名词化。因此，不存在由 D-结构"the belief [John to be intelligent]"而来的形式"John's belief to be intelligent"。此外，除了移位的局部性条件（约束性通常很弱）以外，我们不能有如下形式"John seems that his belief [t to be intelligent] was unfounded"（其中 John 移位的起点是语迹的位置）。基于之前的讨论，这违反了对语链的局部约束要求（247），但如果 his 约束语迹，就不会违反约束理论，这是 Lasnik（1980）观察到的。这些限制条件或许可以归结为 ECP，但这里我不再继续探讨这个问题，因为这一原则还未得到充分论证。参见 Lasnik & Saito（1984）。

129 参见 van Riemsdijk（1981）；参见 Manzini（1983b）关于这一讨论基本背景的论述。D-结构所赋的内在格不能与我们假设的 PRO 的"内在"格相混淆；参见边码 104。

130 除了通常情况下补语之前的 of-插入，它还可被附加在一个名词的后置主语上，如"the victory of John's friends"，"the departure of John's friends"；这些通常是 Perlmutter（1983）和 Burzio（即将出版）意义上的"非宾格"或"作格"的名词化。还可参见（260）。准确的条件还没理解透彻。这里我们忽略了许多其他问题，其中包括动词内在格的赋格；例如，德语的 helfen（"帮助"）赋与格而非宾格。在当前的分析框架内，我们必须假设（265i）中 persuade 为其"第二宾语"指派属格作为内在格。

131 参见 Koopman(1984)和 Travis(1984)。

132 参见 M. Anderson(1983)的讨论,方法略有异。还可参见上面有关(260)的讨论以及注释124。

133 参见关于(73)—(77)的讨论。Mark Baker 观察到(278ii)和类似于"there having been too much rain"等(宾格 -ing 结构)结构格之间的差异由此而来;与习语相关的类似语言事实也可据此推导,如 *"the paying of heed", *"heed's being paid","heed being paid"。

134 参见 Lasnik(1984)。

135 基于 D-结构的定义,题元标记是强制性的,而且属格的指派是一致性条件(272)作用的结果。

136 注意:这些例子也违反了界限理论,与 *"the man who [[pictures of e] are on sale]"类似,但(282)中的违反情况更为严重,表明这里多次违反了界限理论。相当普遍的情况是,违反界限理论比违反其他理论后果要"更轻"。

137 为了允准(270ii),这一假设可能是必要的;参见边码199。

138 关于这些问题的讨论,可参见 van Riemsdijk(1978),Hornstein & Weinberg(1981),Kayne(1984),Aoun(1982),黄正德(Huang 1982)以及 Borer(1983,1984)。

139 还有更进一步的问题需要解决。因此,由上可以推出,在 D-结构"I saw [pictures [$_\alpha$ John]]"中,α 通过 of- 插入被指派属格,但是 John 在 S-结构 [$_\alpha$ of [John]] 从 of 处获得宾格以便允许"who did you see pictures of"。我们还必须确定在(288)这样的例子中,到底题元角色和格是如何指派的,其中动词和介词都发挥了作用;参见 Marantz(1984)。即便在英语这一有限的情况下,还遗留了许多其他问题未被解决。

140 (171)是独立于(170)衍生出来的,而且它只在由论元位置构成的语链关系中成立;参见边码178。

第四章

与规则有关的问题

4.1 令人怀疑的质疑

我们目前讨论了第一章问题（1）中的前两个问题，它们是生成语法研究的核心问题：（1i）语言知识是由什么构成的，和（1ii）语言知识是如何产生的？对于（1i），懂得语言 L（一种 I- 语言）就是要处于语言官能的特定状态 S_L，语言官能是心智 / 大脑的构件之一。作为一种在状态 S_L 下获知（或获得或内化）的语言，L 是一个包括两个构件的系统：核心语法和边缘语法。语言官能具备一个固定的初始状态 S_0，它包括一个与某些变体的参数相关联的原则系统以及自带若干组成部分的标记（markedness）系统。前文提出（1ii）的答案如下：状态 S_L 的获得分两步：通过 S_0 所允准的某种方式设定参数，形成核心语法；然后按照 S_0 的标记原则，在具体语言经验基础上增加有标记的例外，形成边缘语法。这样，核心语法就是一个包含为 S_0 核心系统中的参数而选定参数值的集合；如果"学习"这个术语正确描述了确定某种语言知识过程的话，那么这就是儿童"学习"的核心部分。语言 L 的语法就是语言学家提出的关于语言 L 的理论，它包括核心语法和对边缘语法的描写。

对问题（1i）和（1ii）给出的回答来自某些（大致未知的）机制，具有一定程度的抽象性，而这种抽象程度又是非常恰当的，因为通过趋近这个抽象程度，我们能够发现并提出较为重要的解释性原则，而这些原则可以进一步帮助引导我们寻求背后的机制。

222 　　确定参数和形成边缘语法这个过程的结果就是得到一个全面且描述详实的知识体系。很多已知的知识，既缺少相关的经验、论证或合理动机作为基础，又无法通过任何常见的可靠程序推导出来。我们称之为"常识知识和理解（commonsense knowledge and understanding）"的大部分内容很可能也是这样，而且如果皮尔斯溯因逻辑（Peirceanabduction）模型是正确的话，那么科学知识在很大程度上可能也是如此，尽管在这种情况下需要论据和证据来证实。[1]沿着这个思路，我们可以为语言学中的"柏拉图问题"提供一个可能的答案。

　　截至目前，对于问题（1iii），即语言知识是如何使用的，除了在其感知方面做过简短评论外，我很少谈及。至于更加令人费解的产出方面，常识性回答是，语言使用是规则引导下的行为：我们具备（一般是隐性的）语言规则的知识，并用它们来构建叶斯柏森意义上的"自由表达式"。常规意义上的规则概念对语言元素来说是否适用，也有人已提出一些问题。我们目前暂且搁置这些不同意见，并假定将语言看成一个规则系统是合理的，或者说从某个人懂得的语言中以某种方式投射出一个规则系统是合理的。接下来，我们假设常识性看法在做了一些上文谈及的调整后大致是正确的：尤其是，从语言和规则的常识性概念中剥离社会政治学和规范性—目的论的元素（见第2章）。

　　我们尝试给这种常识性解释提供一些实质性内容，碰到了很多难题，有些还是经典难题。首先，就存在我们称之为"笛卡尔问题"（Cartesian problems）的难题。在笛卡尔主义者看来，当"野兽机器"（beast-machine）的部件按照某种方式组合时，它会"被迫"做出某种行为，但有心智的生物仅是"被刺激或倾向于"做出某种行为，原因在于"尽管身体有了（行动的）倾向，但是当心灵有能力影响身体的行为并且身体又能够服从它的时候，心灵就能够阻止这些行为"（路易·德拉福尔热，La Forge）。人类行为（包括语言规则的使用）自由且不确定。笛卡尔认为这些或许超越了人类的理解能力：我们或许尚未"拥有足够的智力"来获得任何对这些行为的真正理解，尽管"我们能充分意识到存在于自身中的自由度和不确定性（indifference），以至于我们对任何事物都不能更清晰完美地理解"，而且"仅仅是因为我们不能理解一个明知从其本质上不可知的事物，而质疑我们亲历且内心可感知的存在，这种做法很荒谬。"我们可以质疑这个说法的各个方面：比如，我们明明"知道"这个事物是不可知的，而且这种局限性不仅仅是人类智力的局限，更确切地说，是一种未分化的心智（undifferentiated mind）局限，根本不属于生物世界。但即便如此，我们也很难不得出如下结论，即人类仍会触及一些重大难题，也许对人类心智来说都是无法参透的谜题。说到底，人类心智是一个特定的生物系统，而不是一个"全能的普遍工具"，笛卡尔在别处亦持此观点。我们没有理由认为人类能够解决他们提出的所有难题，如同我们不期待老鼠能够逃出任何迷宫一样。[2]

关于规则遵守（rule following）的另一类难题，我们可称之为"维特根斯坦问题（Wittgensteinian problems）"。[3] 索尔·克里普克（Saul Kripke）近来的一些解释和分析在很大程度上澄清了这个话题（Kripke, 1982）。我不会探究克里普克对维特根斯坦的文本解读是否正确，而是假定它就是正确的，并且将克里普克的维特根斯坦简记为"维特根斯坦"；下面的引文除非特别说明均来自克里普克。克里普克并没有刻意为其解读背书，但毫无疑问，这种解读非常有影响，也很重要，而且似乎与生成语法的关注点高度相关，对此克里普克已强调过多次。在这些年来生成语法研究方案以及理念框架受到的各种常见的批评当中，对我而言，这个话题似乎最有趣。

克里普克指出，"我们对'语言能力'这个概念的理解（等于上文所使用的"语言知识"）依赖于我们对'遵守规则'这个观点的理解"，因此维特根斯坦关于规则遵守的怀疑性悖论（Wittgenstein's skeptical paradox）①就跟生成语法要解决的核心问题产生了很大关联。而且，如果我们接受维特根斯坦对他提出的怀疑性悖论的解决方案，那么：

> 对'语言能力'这个概念的理解会与很多语言学文献中暗含的理解截然不同，**如果**归属规则遵守的语句既不被看作是陈述事实，也不被认为是**解释**我们的行为的话……（就像维特根斯坦得出的结论一样），那么，在语言学中**使用**语言规则和语言能力这两个概念要重新认真考虑，即便这些概念还没被看成"毫无意义"。

上文给出的解释以及所回顾文献的一个方面就是它是在个体心理学框架下展开的：语言知识（语言能力）被认为是个体心智/大脑的一种状态。维特根斯坦对关于遵守规则怀疑性悖论的解决方案是从语言使用者的言语社群这个重要角度提出的。而且，前文解释认为语法和 UG 的表述原则上与自然科学理论的表述无异；无论从何种意义上说，如果对化合价或化学结构或视觉加工机制的表述都是基于事实的话，那么语法和 UG 的表述同样也是基于事实的，是包含真理宣称（truth claims）的。我们期待未来某日这些表述可以融入一个更加宏观的关于解释机制的理论，即为什么这些表述在被提出来的抽象层次上是正确的（或者为什么不正确）。但所有这些似乎都会被维特根斯坦提出的怀疑性悖论解释所动摇。正如克里普克所言，生成语法"似乎给出了一种维特根斯坦所不允许的解释。"因此，"依据个人立场的不同，我们可以将此处所揭示的现代语言学和维特根斯坦的怀疑性批判看成是对语言学，或者是对维特根斯坦的怀疑性批判，又或者是对两者的质疑。"他进一步发现，这个问题与是否将规则明晰地表述出来无关，用我们的话来说，也就是与人们是否可以获取构成他们语言知识的规则无关。注意，即使从语言和规则的常识性概念剥离社会政治学

---

① 怀疑性悖论是指悖论的性质是怀疑性的。悖论一般有两种解决方式，一种是接受悖论的结论，然后解决剩下的其他问题，这称为怀疑性方案（skeptic solution）；第二种是否定悖论的结论，而从悖论本身入手解决问题，这称为直接方案（straight solution）。——译者注

和规范性—目的论的元素（即我们假定的理想化操作），这些问题也还会出现。[4]

维特根斯坦的怀疑性悖论简述如下。给定一个规则 R，没有事实依据可以证明，我过去的经验（包括我有意识的心智状态）可以证实我对于规则 R 下一步应用的想法符不符合我的意图。维特根斯坦认为，没有事实会告诉我遵守的是 R 还是 R'，R' 与 R 在过去的事例而非将来的事例相符。具体来说，我无从知道我当下遵守的是加法规则，还是另一个规则（涉及"quus"[①]，而不是"plus"[②]），后一种规则对我此前给出总和的数字组对之外的全部数字组对均给出 5 这个答案；"不存在证明我意指加法而不是克里普克加的任何**事实**，"而且更概括地说，"不存在使用任一单词表达任一意义的情况。"规则的每一次运用都是"黑暗中的飞跃"。我对规则的运用"是缺乏根据的。我是**盲目地运用规则**"。这种论点不局限于概念的使用，还可扩展至任一类型规则的运用。

简言之，如果我遵守了规则 R，那么我这样做是没有理由的。我的心智/大脑构造本就如此。至此，这些结论对此前讨论的解释都没有构成严重挑战。我遵守规则 R 的原因在于 S_0 将接触的数据投射到 S_L，而后者包含规则 R；接下来"我就盲目地运用规则 R"。对维特根斯坦的怀疑论者来说，这没有答案，而且也不需要什么答案。这种情况下我的知识是毫无依据可言的。我知道 27+5=32，我知道这个物体是桌子，我知道在特定的句子里代词的指称不依赖于某个名词短语，等等，这些都是我知道并遵守规则的结果（或者是出于某种原因，也许我选择不去遵守这些规则，从而给出了错误答案）。但是，不论从何种可用的常见意义理解"知识"这一术语，我的知识都没有任何依据可寻，也没有遵守这些规则的理由：我就是这样做了。如果我拥有一个不同的心智/大脑结构（即处于 S'_0 状态，而不是 S_0）的话，基于同样的语言经验，我就会知道并遵守不同的规则

[①] 克里普克"加"——译者注
[②] 数学运算的加法——译者注

（或者既不知道也不遵守），或者我可能基于自己所处环境中那些相同的物理事件（physical events）构建出不同的经验。

当我们考虑另一个不同的问题时，我们的解释就要面对一个显而易见的问题：我怎么判定你遵守的是规则 R 还是 R'？在何种情况下我可以说你遵守了规则？这种归属做法在什么时候是正确的或者是可以得到证实的？这里我们可以区分两种情况：我作为日常生活中一个个体和我作为寻求发现语言官能真理的一位科学家。第一种情况提出了一个描写性问题，即我事实上何时将你看成遵守规则的一个实例？而两种情况都提出了证实问题：作为日常生活中一个个体或作为一位科学家，我何时可以说你遵守了规则？

先考虑第一种情况：日常生活中规则遵守的归属（ascription）。维特根斯坦认为我可以说你遵守规则 R 的条件如下：如果你给出了我倾向给出的回应，与我所处的言语社群充分互动，而且如果你遵守规则 R 的做法在我们的社区生活中发挥作用，那么我就"将你带入了"我所属的"言语社群"。只要一个个体遵守了这个社群的行为举止，即它的"生活样式（form of life）"，该社群就会将一个概念（规则）赋予这个个体。异常行为很少见，这是个"基本事实"；因此这种概念和规则的归属实践非常实用。因为规则遵守的归属需要参照言语社群的实践，因此不可能存在"私人语言（private language）"。一个人私下里遵守某个规则的观点也没有实际内容或意义。这似乎动摇了生成语法的"个体心理学"框架。

所以，维特根斯坦就认为"如果我们将自己限定于观察一个人独处状态（即他的心理状态和外在行为）的话，这是我们能达到的极限。我们可以说他在规则应用的每一步都表现得很自信……不存在他是否按照自己意图行事的事实。""如果一个人被单独拿出来考察，此人接受某个规则并得到引导这个说法是**没有**任何实质内容的，"所以，似乎主张将个体孤立来看的生成语法的观点也不会有任何实质内容。但"如果我们扩大视野，不再考虑单个的规则遵守者，而是允许我们自己将他看成是与更大的言语社群互动的个体，情况就变得迥然不同。其他人就会具备条件验证这个个体是否遵守了规则……，"即看他的反应是否与其他人一致。这样，"琼斯遵守规则 R"这个命题就不存在真值条件，因为就不存在这样的事实；从更广的层面上说，我们为日常语言表达式寻求的不应该是真值条件，而是可断言性条件（assertability conditions）。

至于可断言性条件，在某些限制条件下，"只要他觉得有自信能够在新情况下给出'正确'反应，"琼斯就可以说"我指的是'加法'的加。"他以某种方式继续说下去的这种倾向可看作是"原始本能"。如果对于这个加法问题，史密斯判断琼斯会给出他（史密斯）倾向给出的答案的话，那么史密斯就可以说琼斯指的是"加法"的加；事实上，由于言语社群在实践中大体一致，这种规则遵守的归属"游戏"在我们的生活中就有了一席之地，也发挥了作用。史密斯的行为也是"语言游戏原始本能的一部分"。

维特根斯坦解决方案的目的不是要改革语言使用，而是要描写它，要展现出为什么语言使用本身就是完好的。因此必须做到描写充分。但该方案远没有做到这一点；它对规则遵守归属的常见情形根本就不适用。这种讨论含糊不清，可能是以下原因造成的，即它所关注的是那些性质和含义都显得很深刻，并且深嵌于哲学传统，特别是概念归属方面的案例。此外，人们理解上述案例存在某种规范的正确标准。但是，我现在来讨论在此意义上"负载"较少的规则遵守的一般案例。

在语言生长的某个阶段，儿童会呈现出该阶段典型的过度概括（over-generalization）现象：他们会用 *sleeped* 代替 *slept*，用 *brang*（类比 *sang*）代替 *brought*，等等。我们可以轻易地将过去时态的构成规则归属于他们，但在我们看来这些规则有别于我们自己的规则。这种情况下，我们会说他们的规则"不正确"，即不同于成人言语社群的规则，或不同于从中择取的部分社群规则。这里我们调用了语言常识性概念中规范性—目的论方面的内容。如果所有成人都死于某种突发的疾病，那么"语言就会发生变化",而且这些不规则性就都会消除。儿童的规则现在就成了某种新语言的"正确"规则。按照前文的提法,我们就可以说儿童此时遵守的是他/她自己语言的规则,它是一种可能的人类语言,但跟我们的不完全相同。

228   为了避免常识性概念中规范性—目的论方面所带来的问题,我们可以考虑一个不同的情况。假设有一些来自不同于我们方言区的访客,他们的松元音 /i/ 和紧元音 /i/ 在 /g/ 前合二为一,导致 regal 和 wriggle 两个单词发音一样,即都有一个处于中间状态的元音;或者那里来的人说 "I want for to do it myself(我想自己做)"或 "he went to symphony(他去听交响乐了)",而不是 "I want to do it myself" 和 "he went to the symphony"。尽管他们的反应不是我们倾向给出的,而且仅就这些方面而言,我们是不会将他们带入我们所处的言语社群的,我们同样可以说他们遵守规则。他们和我们的"生活样式"不同,或者他们没有在相关意义上与我们的言语社群互动。这种情况就如同在英语和法语中做出选择一样,根本不存在"正确性"的问题。而且,我们可以得出结论说他们遵守的规则有别于我们的规则,这个结论在我们的生活中不具备明显的地位或作用,虽然与符合我们语言实践的情形相比,在这种情况下得出上述结论的可能性大得多。在后面这些情况下,这类问题通常被忽略了。或许,规则遵守归属的常见情形出现在预期反应与我们自身反应不相符时,或者我们没有料到或不熟悉这些反应时。当 "the men expected to like them" 一句中的 them 被理解为指称自由,而指称不依赖 the men 时,除语言学家外,几乎没人会说琼斯遵守约束理论的条件 B。这种情况虽然在语言实践中不常见,但却遵守维特根斯坦范式;正常例子不会如此。

  同样的分析也适用于概念的归属。和很多人一样,我也是从 livid with rage(恼怒至极)这个短语学会 livid(大怒的)这个单词的。那时,在我的语言中,它是类似 "flushed(脸红的)"或"红的"的意思。后来,我的语言学知识和语言实践发生了改变,在我当前的语言中,它是类似"pale（苍白）"的意思。对我来说，把一个不同的规则（即我之前的规则）归属于某个我看到遵守它的个体，一点也不难。类似的，将不同于我们的概念归属于儿童和外国人，或者其他语言的说话人，也是正常的。在 plus-quus（加法-克里普克加）的例子中，作为规范语言游戏的参与者，我们可以通过观察他人的行为举止将 plus 的概念或 quus 的概念归属于他们，尽管也存在他们的反应和我们的不吻合的个别情况。这就存在一个我们是**如何做到**的问题，但我们确实做到了，这似乎少有质疑。需要补充的是，所有这些在我们的生活中似乎都没有什么大的用处（如果有的话）。

在上文提及的那些规则遵守归属的常见情形中，所讨论的规则在语言行为中或许得到遵守，或许也没有。例如，过度概括的儿童可以选择在某种特殊情况下不使用规则来构成 sleep 的过去时，又或者他们因为某种其他原因而不遵守规则（而且甚至固执地说 slept，从而违反了构词规则）。我们的访客也可能选择跟我们一样，按照松紧元音之分来拼读 regal 和 wriggle，这样就违反了他们自己的规则（虽然违反了这条规则，但仍保留着它），等等。因而即使当我们放弃了任一规范性考虑，规则仍然不是对语言行为或行为规律的描写（原则上，我们的访客可以因为这样或那样的原因，绝大多数时间或一直选择违反他们自己的规则）。因此，确定规则什么时候得到了遵守，什么时候没有得到遵守或许是一个很难的经验问题，但它确实会以上述的方式出现，似乎少有质疑。

克里普克讨论的一个中心议题是《哲学研究》(*Philosophical Investigations*) 的第 202 段：[5]

> ……认为一个人要遵守规则并不等同于确实遵守了规则。因此，我们不可能"私下里"遵守一条规则；否则，认为一个人正在遵守规则就等同于遵守规则了。

这段话误解了我们在日常语言或科学里的规则遵守归属了，而且所提供的论据并不成立。这个前提是正确的：不论琼斯作何思考，他可能遵守也可能不遵守这条规则，这要么是因为他完全没有在想规则的事，要么是因为他的自我分析由于这样或那样的原因是错的（一般而言，人们对其行为的解释是非常不可靠的，即便他们觉得可以提供一种解释）。因而认为一个人遵守规则跟他确实遵守规则不是一回事是正确的，但这一结论无法得出。如果我们说琼斯"私下里"遵守某条规则，那么他是遵守某条规则的，但我们无法判定他是否认为自己正遵守这条规则。事实上，我们确实说琼斯"私下里"遵守某条规则——而这正是我们玩游戏的方式，也没有人提出为什么我们不该这样做——即便他认为自己遵守的是一条不同的规则，或者完全不了解遵守规则是什么（而且他的反应和我们的不同）。相应地，关于心智状态及内容，我们必须避免假定"意识可及性（accessibility to consciousness）"的某种概念。这似乎和我们在正常话语中使用相关概念的方式不一致，不论这个假设在各种哲学理论中根植多深；这一假设只能妨碍我们得到一种描写充分或者真正有解释力的心智理论。

克里普克在讨论的最后（110 页），提出了一个例子，可以按照前文所讨论的情形解读，即规则遵守的归属可以违反维特根斯坦范式：鲁滨逊·克鲁索的例子，他不属于任何言语社群。克里普克提出了下面的问题：维特根斯坦反对"私人语言"可能性的论据是否可以衍推出下述观点，即"不论生活在孤岛上的鲁滨逊·克鲁索做了什么，我们也不能说他遵守了哪一条语言规则。"克里普克这里指的是维特根斯坦在一段话里讨论过的一个"有点类似的问题"，即一个人所熟悉的游戏其实是由某个规则翻译成的另一种不同的形式而已。如果鲁滨逊·克鲁索的反应就是我们所倾向于给出的，那么这个案例并没提出什么新的问题；这基本上等同于我们遇到的人和我们自身的反应一致，所以我们按照维特根斯坦范式将遵守规则归属于这些人。正如克里普克描绘的那样，在这个范式里我们不询问他们是否属于我们的言语社群，而是询问是否可以将他们带入我们的言语社群。然而如果鲁滨逊·克鲁索给出的反应与我们不同，即他讲自己的语言，不同于任何言语社群，尤其是不同于我们的言语社群，情况就变得有趣了。如果这个案例以这种方式理解，那么它确实算是我们之前讨论的那类案例中非常独特的了。如果假定克里普克的讨论包括这个案例（但请注意这或许不是克里普克想要表达的），那么我们需要问的是：做此解读的克里普克给出的解释是如何应用到前文讨论的例子（看上去似乎相当正常的例子）中去的呢？

克里普克认为，我们仍然可以按照维特根斯坦的解决方案将规则遵守归属于鲁滨逊·克鲁索。即我们可以将他视为一个在特定语言经验下获得规则的**个体**，但不是我们的规则，因为我们的语言经验不同。这样的话，我们可以将他带入一个更大的个体言语社群，而且这些个体在广义上享有和我们一样的"生活样式"。"我们的言语社群可以断定任一个体遵守规则，但前提是他通过了我们给该言语社群任一成员所设定的规则遵守测试。"换言之，即便他没有给出我们想要的反应，只要他的行为符合规则遵守者的行为即可。这就涵盖了上文讨论过的例子，但代价是抛弃了与个体心理学框架内规则归属相关的"私人语言论证"的所有后果。

让我们更加细致地考察一下如下说法，即"我们的言语社群可以断定任一个体遵守规则，但前提是他通过了我们给该言语社群任一成员所设定的规则遵守测试。"假设鲁滨逊·克鲁索通过了个体言语社群的规则遵守测试，我们就可以说"他遵守规则"。但他遵守的是什么规则呢？这里，维特根斯坦范式没有帮助。即便我们认可维特根斯坦范式的合理性，但将它扩展至鲁滨逊·克鲁索的例子对我们当前的任务来说也是不充分的。

再看一下维特根斯坦提出的怀疑性悖论的解决方案："如果我们扩大视野，不再考虑单个的规则遵守者，而是允许我们自己将他看成是与更大的言语社群互动的个体，情况就变得迥然不同了。其他人就具备条件验证这个个体是否遵守了规则……"，即看他的反应是否与他们的一致。但鲁滨逊·克鲁索并没有与我们基于其行为所指派的更大的个体言语社群发生互动。因此，维特根斯坦的解决方案并不适用于鲁滨逊·克鲁索的案例：这样提出的维特根斯坦方案不允许我们将鲁滨逊·克鲁索视为一个规则遵守者，因为他并没有与个体言语社群产生互动，该方案明显不允许我们判定他遵守的是什么规则。第一个缺陷可以通过修正维特根斯坦范式加以克服，但要按照上文概述的对克里普克评论的解读进行，而第二个缺陷则是原则性的。这是一个完全正常的情形，即：我们不仅将规则遵守的一般特性做归属，而且也对某些特定规则的遵守做归属。因此以上分析的缺陷相当严重。

232　　此外，"生活样式"概念似乎存在一个很重要的模糊之处，但它在上述论证中起核心作用。克里普克定义的这个术语指的是"我们赞同的反应及其与我们自身活动交互方式的集合"（边码96）。在这个意义上，按照维特根斯坦的遵守规则归属的范式，如果你的反应和我的类似，我就会带你进入我所处的言语社群一起共享我的"生活样式"。但就这个意义而言，在我们所讨论的鲁滨逊·克鲁索的案例中，他并没有共享我的"生活样式"，而且如果我们打算将正常用法涵盖进来的话，维特根斯坦方案就会瓦解。我们不能将规则遵守归属于鲁滨逊·克鲁索，上文提及的那类标准案例也无法对此做出归属。但克里普克还提议了"生活样式"这个短语的一种隐喻用法。在这个扩展意义上，"生活样式"（他用引号标出的这个术语，表示它是一种隐喻扩展义）指的是"物种特有的限制"，可"引导儿童在接触有限的句子语料后投射出各种新情况下的新句子"（边码97注释）。这里，"生活样式"指的是一种特有的物种行为。正是在这个意义上，我们说当儿童的行为与我们自身的不匹配时，规则遵守的归属或者概念领有（possession of concepts）才与"生活样式"相关。鲁滨逊·克鲁索与我们共享扩展意义上的"生活样式"，尽管我们需要另外某种方法来判定他遵守的是哪些规则以及使用的是哪些概念。

　　就前文的讨论而言，对"生活样式"的这种区分属于描写层次：专门性用法是在具体语法的层次（获得的语言）；扩展义用法是在 UG（S_0）的层次。我们可以修改维特根斯坦的解决方案以便明确包含这一区分，这样一来该方案就开始接近常规用法了。然而，如果我们这样做，就会得出一个非常不同的关于"实践"（其对概念和规则制约的行为做归属）的分析，这会削弱私人语言论证及其所结果。生物物种的一个成员可能拥有特有的语言经验，产出独特规则系统（即私人语言），尽管根据广义上的"生活样式"，我们可以"将他带入我们的社群"。

实际上，如果我们详尽地调查一个人的语言的话，这不仅仅是一个常规案例，而且可能是唯一案例。也就是说，我们可以预料到琼斯的语言至少在一些方面会与我们的有所不同，而且对规则遵守的正确分析应该具有全局性，即不是孤立地解释琼斯对某条规则的遵守，而是参考（关于）他的整个语言背景（隐性的或者明晰的假设）展开。毫无疑问，该分析还应包括更多方面。事实上，这个结论已经隐含在维特根斯坦的解决方案之中。在上述更宽泛的方面，我们很难料到琼斯会和我们一样。

回到下面这个说法，即"如果一个人被单独拿出来考察，此人接受某个规则并得到其引导这个说法是**没有**任何实质内容的（边码89），这个结论似乎动摇了生成语法的个体心理学框架，我们认为这句话必须做如下理解：即它指的不是一个行为独特的个体，而是指一个由于不同于我们人类而被"单独考察"的个体。但现在反对私人语言的证据已然被消除，我们可以认为鲁滨逊·克鲁索是和我们一样的个体。属于他的私人语言具有自身规则，我们发现这些规则，并通过某种方式（维特根斯坦对怀疑性悖论的解决方案所允许的那些方式除外）将这些规则归属于他。

注意，我们或许也可以说如果一份"单独考察"的水样不被看作水，那么我们就无法描述它的化学构成等；如果我们不把基因实验里的果蝇看成是果蝇这个大类的一员的话，我们就无法讨论它。一个物体只有经过具体的描述并被赋予了一个特定自然类后，才会变成（科学的或常识的）研究对象。我们研究一个具体的物体时（已经潜在假定了某种描写和理解的框架，根据此框架它才是某个个体），初步判定它为水的样本，然后通过研究它与其他样本，了解它的特性。类似地，我们基于鲁滨逊·克鲁索的某些特点判定他是一个人，然后通过研究他以及同属一个自然类但语言规则不同的其他人的行为与反应来判定他的语言规则。然而，除了那些一般适用于描写性评述（科学的或常识的）的结论外，从上述做法中并不能得出什么有趣的结论，因而这里并不相关。

我们要问在日常生活中我们是如何将鲁滨逊·克鲁索归属于人这个类别的，这种归属有什么意义；作为科学家，我们是否可以说这种归属等同于如下事实，即鲁滨逊·克鲁索和其他人共享了某种真正的特性——即语言官能的初始状态 S_0，然后他根据语言经验遵守了获得状态 S_L 的那些规则，而不是我们遵守的那些规则。第一个问题的答案似乎是科学家所提供的符合直觉却又模糊的答案：成为一个人就是要成为具有某些特定特性的某种实体；通过研究鲁滨逊·克鲁索在各种条件下的所作所为，我们判定他就是具有人（personhood）的特性的实体。我们讨论第二个问题时，这些判断的重要性变得越来越清楚。接下来，我们开始讨论。

紧跟第一个问题，我认为我们被带回了类似笛卡尔的"他人心智"（other minds）这个概念。根据该观点，如果你通过了表明你的行为可以展示智力的测试[6]，我就会赋予你一个跟我一样的心智。这里"展示智力"指的是超越笛卡尔接触力学（contact mechanics）的装置极限。如果一系列的此类实验都成功地展示了这一点，那么"如果我还没有得出［这些研究对象］和我一样"，即都具备心智（科迪默①，Cordemoy）"这个结论的话，就是很不理智的体现。"笛卡尔主义研究者们，包括笛卡尔本人，勾勒出的主要测试都涉及了我在他处称作"语言使用的创造性方面"的提法，即语言的使用无边界，无须刺激，合乎语境，连贯，而且可以激发我做出恰当的思考。或者说如果你的行为呈现出的理解力以及意志和选择的训练有别于力学响应的话，我就会将拥有心智的特性归属于你，这是一种

---

① 科迪默是笛卡尔早期的追随者——译者注

超越笛卡尔接触力学边界的能量（正如，事实上天体运动也超越了这个边界，牛顿后来证实了这一点，这动摇了笛卡尔提出的心身问题[①]（mind-body problem），因为身体这个概念已不再具备任何明晰的内容）。我通过各种测试试图判定"察觉能力（cognoscitive power）"是否可以"严格地称作心智"，即它是否不是"纯被动的"，而是"通过想象形成新观念，或关注已有的观念"，不完全受感觉或想象力或记忆力控制（《指导心智的规则》）。如此一来，我就可以"带你进入我的言语社群"（广义上的言语社群）；把你看作是人类的一员，与我共享隐喻意义上（即 UG 层次上）的"生活样式"，而且我认为你遵守了我在过去或现在的相似条件下会遵守的规则，尽管我赋予你的规则不是我的——我们的反应不同，而且我们不共享专门意义上的"生活样式"。所有的这些情形都不牵扯"有用"这个问题。我做出的这些判定没有什么理由，如同我对规则的遵守没有理由一样，都是我本性的反应。

　　克里普克-维特根斯坦对笛卡尔立场的否定是基于休谟（David Hume）的论据（即我们不具备自我印象），但在我看来，这似乎和笛卡尔思想的相关方面没有关联性，因为他们没有考虑到心智归属是一个理论问题，它是基于力学局限性假设提出的解释模型的一部分。诚然，我们不需要接受笛卡尔力学或者形而上学或者野兽机器的结论，也不需要同意把有意识的进行测试和理论构建这一模型用于解释常规语言使用。但笛卡尔思想的核心似乎足够可信，这与将上文讨论的维特根斯坦范式扩展到以下情形并无不同，很明显这些情形违反了用"与更大的言语社群互动"和"生活样式"这两个专门概念表述的观点。从笛卡尔假设的角度看，我会赋予你一些规则（尽管与我的规则或有不同），它们是我在具备你的语言经验条件下也会遵守的那些规则。我这样做，是因为你看起来是这样一个人类个体，展现了意志和选择的典型特征、语言使用的创造性以及其他智

[①] 文献中也称"心物二元论"/"灵肉二元论"——译者注

力表现（而且在科迪默看来像我）。然而，我们仍需要进一步的分析来解释我是如何将具体规则赋予你的。

总结一下，克里普克的维特根斯坦解读认为：

（Ⅰ）"判断一个个体是否确实在具体语言应用中遵守了某个既定规则"就是判定"他的反应是否合乎他们自身的反应。"

（Ⅱ）因此，我们拒绝"规则遵守的'私人模型'"，该模型认为"一个人遵守某个既定规则的概念就是分析与规则遵守者有关的事实以及独立的规则遵守者本人，不需考虑他在更大言语社群中的身份。"

（Ⅲ）"如果任一个体通过了我们给言语社群成员设定的规则测试，我们的言语社群断定该个体遵守规则。"

对于（Ⅰ）来说，它在通常情况下是不成立的。在人们的反应不同于我们自身的时候，我们也经常判定他们是遵守规则的。（Ⅲ）站得住脚的前提是：我们将它理解为不论一个个体的"反应合乎（我们）自身"与否（这里乔姆斯基将原文的 their 改为 our ——译者注），只要他或她通过了规则遵守测试，我们就可以断定他或她遵守了规则，不需要参考特定的规则或者规则使用者所处的任一言语社群，而是一般来说，作为个体，他或她通过了大致是笛卡尔意义上的"他人心智"测试（加上了指出的限制条款）。通过诸如此类的关于个体的事实（不是关于个体语言经验和心智生活的事实），我们可以"将他带入"人的"言语社群"，并假定他遵守类似于我们的规则，尽管也许不是我们的规则。我们还需要通过观察来确定这些规则是什么，这时采用的是自身的直觉方法和标准。暂且不论它们是什么，但明显不是维特根斯坦范式。所有以上这些都不需要理由，就像我们自身也毫无理由地（"盲目地"）遵守规则一样。与（Ⅱ）相反，关于规则遵守的"私人模型"似乎没有什么可以反对的，也没有提出任何值得考虑的可替代模型，至少在任何与生成语法"语言能力"或"语言知识"的解释和概念相关的意义上来说是这样的；参考语言使用者所处的言语社群并不重要。

所有这些都和我们以人的身份赋予规则遵守的方式有关，我们将规则遵守赋予我们认为是人的其他个体（在有些情况下，也可能是非人［non-persons］），而且我们对这种归属行为没有做过多的反思（如果有反思的话）。但仍然还没有回应上述事实不存在的质疑。我们讨论前文提到的第二个问题时，下面的问题就出现了：作为科学家，我们该如何面对琼斯遵守规则 R 这个结论呢？这里我们需要给出理由并予以论证。能找到这些理由吗？

前文概述的路径认为我们应该按如下步骤展开：我们积累一些关于琼斯及其行为、判断、成长史、生理或者任何与这件事有关的证据；同时也要考虑其他人的一些类似证据，但这些证据要与以下合理的经验假设相关，即他们的基因天赋要在相关方面与琼斯的一样，这就如同我们将某个水的样本看成水，某个果蝇看成是果蝇一样；接下来，我们（原则上）要竭力构建一个最优的完整理论，这个理论是与琼斯那种"机器"（如果有人愿意用"机器"这个称呼的话）如何构建相关的。

一个重要的经验条件是该理论必须要包含一个充分的初始状态理论，以便可以同时对琼斯的语言（考虑到他接触的既定语言经验）和其他人所获得的语言状态（考虑到他们接触到的不同语言经验）做出解释。这个理论是关于琼斯语言能力以及这些能力实现方式的，这就是关于琼斯的一些事实。同时这是一个关于人的理论，琼斯属于这个类别是我们的经验假设。

假设我们的最优理论认为，初始状态包括语言官能的初始状态 S_0（心智/大脑的一个特有组成部分）、一些特定的加工机制、具备特定组织和大小的记忆模块、有关随机错误和故障（部件磨损或其他情况）的理论等，所有这些都是物种特有的。该理论认为人当前的语言状态包含某个具体语言 L，是 S_0 中原则的具体实现，S_0 原则具有设定的参数值（核心语法）和补充的边缘语法。这样我们就可以推断这个人遵守 L 的语言规则，或者从中投射出来的那些规则,[7]这些规则决定了对他来说这些语言表达式的意义及其正确形式等。这种方案免不了受到常见的怀疑性论据的影响,如归纳不确定性、希拉里·普特南(Hilary Putnam)的反现实主义论据等。但这些在这里都不相关,因为在更广义的层面上科学研究都会受影响。尚不清楚是否还有一些其他怀疑性论据适用于此。如果为解释琼斯的语言(并进一步用前文讨论的解释模型解释琼斯判断和行为的事实)而提出的关于 S_0 的 UG 理论对其他人(比如说日语的人)不适用的话,这种类型的具体理论肯定是错误的,也可以证明是错误的。实际上这种情况反复出现过,对当前的理论来说就是如此。如此一来,这些理论的经验属性似乎就变得清晰了,它们也可能是正确的。

238 克里普克反对规则遵守的"倾向性(dispositional)"解释,断定这种解释必定是"规范性的",不是"描写性的"(边码 37)。他注意到前面的解释不是"倾向性的"(因为它很少谈及人在特定环境下倾向于说什么话),也不是"(神经生理上的)因果关系"。此外,这种解释也不是"功能主义的";它没有"将心理学看成一系列因果联系(类似于机器的**因果推理操作**)的产物,"[8]尽管它也涉及以下方面的因果关联:即从 S_0 到获得状态 S_L 过渡的过程(显然是确定性的)以及加工机制使用语言进行的操作(至少部分是这样)。但"语言能力"的解释是描写性的:它处理的是心智/大脑的构造和结构,并将其中的一个元素——组块 L,视为人类生物禀赋组成部分中某一通用系统的具体实现。我们可以将这种具体实现形式看成是某种特定程序(机器),但要排除它会决定行为这层含义。因此,一种解释可以是描述性的,尽管它不是克里普克所认为的倾向性的解释或(神经生理或功能上的)因果关系解释。

然而,克里普克认为一台机器遵守什么程序并不是关于这台机器的客观事实,而且我们只能借由设计者的意图来区分机器是有故障还是遵守程序:"机器是否会出现故障,如果是的话,何时出现,这不是机器本身作为一个真实物体的特性,而只能通过设计者规定的程序来明确界定。"如果一台机器从天空掉了下来,就没法回答"它遵守的是哪个程序?"这个问题。

在我们的讨论中不存在设计者,然而我们仍断言这台机器包含了某一特定程序。这种断言属于对大脑/心智特征的更常见的解释,这一解释界定了"故障"和"无关因素的介入"两种情况,而且负责解释大范围的经验证据,包括一个人的成长史证据、其他语言说话人的证据,原则上还有很多其他证据:生理、心理实验、大脑损伤、生物化学,等等。我们假设眼前的这个人拥有一个具备特定规则和原则的语言,以及与它互动的其他系统(这是心智/生理事实),我们可把这些规则和原则视为拥有特定数据结构等的某种机器程序。厘清这些互动系统的影响或许还存在一些实证问题,但这些似乎是自然科学的问题。这个世界有自身的规律,这些问题似乎不至于难到让人绝望。事实上,解决这些问题已经取得了一定的成功。

还需要指出的是,这里的讨论不必仅限于人类语言行为。不论是牧羊犬驱赶羊群的方式、蜘蛛织网的方式,还是蟑螂走路的方式,都可以用规则遵守进行恰当地描写,但也需参考包含某种规则系统的潜在"语言能力",这种语言官能虽然无法使用,但可能完好无损,也可能在某些特定情况下因某种原因而被误用;它是语言能力的基础,这些能力有可能受损、丧失、恢复或处于其他任何状态。

尽管这一问题与这里所谈内容并不完全相关,但在我看来,克里普克关于常见类型机器的结论过于武断。假设一台机器从天空中掉下来,比如 IBM 公司的个人电脑,且机器的存储器上安装了某种操作系统和程序,那么我们是否能够区分硬件、操作系统以及特定的程序?我们似乎可以通过考察输入—输出特征来对此做些了解。例如,我们可以提出以下问题:如果仅使用键盘的话,机器哪些方面的功能会受到影响?插入新的线路板会发生什么变化?或者进入微处理器内部并操控电路系统会带来什么变化?等等。我们可以将这个特定装置的特性与那些由此类部件组成的任一装置的特性（随机行为的特性或输出端的分布特性）区分开。我们可以提出一个关于这台机器的理论，它可以区分硬件、存储器、操作系统、程序，或许更多零部件，但在与此讨论相关的一些方面，我们很难看出在该理论与其他实体系统（physical system）理论有什么重大不同，如太阳的内部系统、内燃机的内部系统、或者解释蟑螂如何行走的神经行为单位（条件反射、振荡器以及伺服机构［servomechanisms］）的组织系统。[9]

维特根斯坦怀疑论者在断言不存在有关事实时，缺乏足够的论证。他所证明的是：涉及琼斯过去的行为和有意识的心智状态的事实不足以证明琼斯遵守了规则 R，但这并不能推出"不存在关于琼斯的事实，证明他与他的意图是否相符"，即凭借这些事实可以说他遵守规则 R。克里普克指出，可能存在一个可解释一个人行为举止的神经生理学理论，但这并不切题，因为该理论并不具备所需的规定效力（prescriptive force）：它没有提供证明，因此没有回答怀疑论者；而且此类理论与规则遵守的归属无关，因为其他人可以在完全不知道这些事情的情况下做规则遵守的归属，但这并不能推出我们必须接受怀疑论者提出的不存在某些事实的结论，即没有事实可以说，琼斯指的是加法还是克里普克的"加"，说他是否遵守了约束理论的规则，或者在 /g/ 之前松紧元音 /i/ 合并的规则。上文概述的路径可得到能被证实的理论，以判断琼斯是否确实遵守这些规则。

事实上，上述整个讨论并不陌生。我们刚刚简述的路径是理查德·波普金（Richard Popkin 1979）称之为"建构性怀疑论（constructive scepticism）"的一种变体。建构性怀疑论是梅森（Marin Mersenne）和伽桑狄（Pierre Gassendi）在回应 17 世纪怀疑论危机提出来的。他们的"新视角质疑我们为知识寻找依据的能力"，承认"大自然以及人类内心的奥秘对我们来说是永远不可企及的"，自身却"接受和增加知识"，这一立场是基于他们"认识到我们的知识不可能存在完全确定的依据，然而我们却有标准去评价关于世界已知知识的可靠性和适用性"；这实质上就是现代科学的常见看法。

维特根斯坦认为，鲁滨逊·克鲁索（或任何规则遵守者）的例子与水或苯分子的案例有本质不同。在后者的案例中，我们将一个特定的实体看作是水或苯的样本，然后确定它的特征，这里指的是那个样本的真实特征。在鲁滨逊·克鲁索的例子中，我们将他视为一个人，认为他是一个规则遵守者，其行为举止与我们的行为举止一样；如果我们处于他的境地的话，我们不用维特根斯坦范式就能以某种方式判断出他所遵守的规则，通常来说，该规则不是我们的规则。用我们生成语法的话说，我们假定他拥有的语言官能与我们共享初始状态 S_0，但获得了一个不同于我们的状态 S_L，在此基础上，我们可以解释他当前的感知和行动。但维特根斯坦认为我们不能继续断言初始状态 S_0 或者获得知识状态 S_L 是这个个体的真实特征，也不能断言有关这些特征的提法是否正确。除了一些言语社群的相关事实外，不存在与鲁滨逊·克鲁索或通常意义上的人相关的事实。他的这些论据远远不足以得出该结论，除非将这些论据归为对科学程序的常见怀疑性质疑，因而这些论据与此处的讨论无关。而且按照他的观点，我们赋予鲁滨逊·克鲁索规则的做法彻底成了谜题，正如上文指出的，事实上这本是通常的做法，在这里却变得怪异。

我们需要再次强调的是，这些例子之间存在差异。水或苯分子的结构决定了这两种物质在化学实验中的反应，但琼斯语言的结构并不决定他要说什么，尽管它确实（相当接近地，或许非常接近地）决定他是怎么理解所听到的信息；在既定语言经验的基础上，他的初始状态 S_0 的结构（再一次相当接近地，或许非常接近地）决定他的语言是一个什么样子。我们关于琼斯的理论——关于他语言的语法 G，即他语言官能初始状态的理论 UG，是关于他所获得的语言能力或初始语言能力、知识体系及其来源的描写性理论。我们的理论不是关于他行为的因果关系的或倾向性的理论。

琼斯的语言规则有时候被认为具有"规定效力"，但使用这个术语应当小心。这些规则不同于伦理学的规范性规则。他们完全不会推衍出琼斯应该做什么（或许他出于种种原因并不应该遵守规则；但这些仍旧是他的规则）。在某些言语社群中规范问题毫不相干，原因前文已经讨论过。但不论我们对规则状态得出什么样的结论，我们关于这些规则的理论都是描写性的。我们有充分的理由断言（初步看来这些是实证问题）琼斯的语言具备 R，R' 等规则，如发音规则，确定代词先行语的约束理论规则，通过计算过程确定"约翰太顽固了，以至于没人和他说话，John is too stubborn to talk to"这句话意义的规则，等等。有了某些语言经验，琼斯可以将 *livid* 理解为"脸红的"，给定其他的语言经验，他也会理解为"苍白的"，这就是事实。这些都是关于琼斯及其语言特征的事实；拿 S_0 来说，这些是我们在确定琼斯具体特征时所赋予他的有关"人"这个类别的事实。琼斯的这些特性会进入他的行为举止和理解中，但这些不会决定他的行为举止，更不会决定他的倾向性或秉性。然而，这自始至终谈论的都是关于琼斯的事实。我们可以从这些事实中学到很多，事实上已经学到了很多。

这里，我认为保罗·霍里奇（Paul Horwich）的观察非常切题。或许有人认为维特根斯坦的怀疑论者已经动摇了下面的"幼稚"提法：

> 能够解释我们行为的内在理解状态**肯定**是存在的。但不是对可能存在充分的后验理由产生怀疑（这些后验理由有助于我们接受这一构想）；也不是否定关于意义的事实在任一情况下都是完全意义上的事实（Horwich, 1984）。

同样的观察在更大范围内对规则遵守也适用。

对我来说，这似乎是正确的，尽管我还要再追加一句，即参考言语社群似乎并没有给该讨论增加任何实质性的内容（但类似笛卡尔式的解读除外）。参考言语社群可将讨论推向"生活样式"对应于 UG 的那个层次，也就是对应于"人类性"归属的层次——这种做法并没有质疑规则遵守的私人模型（而且将人类性仅仅限于关于常见用法和可能的潜在科学的事实描述，那可能就太狭隘了）。

作为人，我们基于观察确定将遵守规则归属于琼斯，或许没有什么理由证实这一点。在这种情况下，或许我们（但不一定需要）可以采纳理性化的笛卡尔解释。作为科学家，我们确实试图基于假定的心智/身体状态提出一个相当复杂的解释，而且这些状态的成分一般是有意识的内省法不能获取的。规则遵守的经典问题仍没有得到回答；我们没有对行为做出一个类似于"因果关系"的解释，也许没有任何理由相信存在这么一种解释。不管如何理解常规意义上的规则这一概念，对语言行为的接受方和产出方来说，最优理论可能都会完全背离规则遵守的模型，或许基于上文讨论过的理由，或许基于其他理由。[10]

4.2 论规则系统和规则遵守的归属

上一节的讨论认为常识性会话（commonsense talk）也是一种规则遵守。该讨论采纳的观点正是前文讨论的第二次概念转向所否定的那类规则系统，事实上我们可以用原则—参数的模型重新表述这种观点。在这种重新表述中，我们作为科学家不会说，一个人遵守短语结构规则（1）以及被动和疑问形成规则，从而生成（2）：

（1）VP → V NP C
（2）who was persuaded to like them

而会说这个人利用投射原则下 *persuade* 的词汇特征、格指派的邻近原则、α-移位、约束原则等，并以特定方式确定了参数值。在前面的章节中，我们认为在这些理论和其他理论中做出选择要基于事实，而且刚刚回顾的怀疑性讨论似乎没有对这种做法表示任何质疑。

现在我们暂不讨论常识性用法，也不讨论我们是如何在日常生活中推断琼斯遵守这个或那个规则等问题。现在我们关心的是前文讨论的专门用法的意义与合法性。假设我们发现可以构建的最优理论赋予了琼斯某种包含 I-语言的心智结构 S_L，其中 I-语言包含规则 R，并且可以用规则归属解释琼斯的行为。那么我们是否可以说琼斯遵守规则 R，还是一如既往地说他的行为受规则 R 制约？[11] 具体来讲，我们是否可以基于前文所介绍的研究得出以下结论：一个人在赋予例（2）或例（3）解读时遵守了（比如说，前面讨论得出的那些）规则：

(3) John is too stubborn to talk to

是否可以将投射原则或者约束理论条件这类原则称为"规则"？这类问题意义不大；而且"规则"这个术语太模糊了，我们无法对此做出回答，而且无论如何这种答案都没有意义。在 UG 以及具体语法的参数化版本中，我们称这些原则为"规则"，但仅仅是出于方便而已，并不产生实质性影响。更有意义的问题是，我们是否可以认为这个人事实上遵守或某种程度上使用了我们在初始状态以及获得状态的研究中所假设的那些原则。他的行为是否受这些"规则"（我们将称之为规则）的制约或引导？我们假设的规则是否在他的行为中起到了所谓的"诱发作用"？[12] UG 中针对初始状态 S 提出的原则在激发获得状态 S 中是否有"因果效应"？

到目前为止，我的假设（如同之前的研究）是规则 R 是琼斯语言（I-语言）的一个组成部分，但前提是我们根据所有相关证据所构建的最优理论可以将规则 R 看成是琼斯语言的组成部分，其中语言是从其语言知识的获得状态抽象而来。此外，我们可以认为琼斯在做某事（比如，按照他的方式解读例（2）和例（3））时遵守了规则 R，但条件如下：在这个最优理论中，我们对他行为的解释需要把规则 R 视为他语言的一个组成部分。如果规则 R 是我们最优理论所决定的初始状态的一部分，如果 R 是最优解释的一部分，解释获得状态为何具有体现在行为中的某些特性，我们就可认为 R 在带来上述结果的过程中产生了"因果效应"。这些假设被认为具有极大的争议性，其背后的假设（心理解释只要涉及规则遵守，原则上就是自然科学的一部分）也如此。

　　一些对规则遵守的分析似乎否认了该用法的合法性，它们的要求如此之高以至于将常识性用法的标准例子也排除在外；例如，丹尼特（Dennett 1983）提出，只有在与以下案例有"极高的相似性"的情况下，我们才能谈及规则遵守：我们实际上指的是规则在公式中的明确表征（在纸张或大脑中以"真实构建的客体，如公式、字符串或记号……"等形式）。因为丹尼特似乎在解读"相似性"，这个提议会排除几乎所有的规则遵守的常规案例。不论语言学还是其他学科，因为这些案例都不存在付诸于纸张或大脑中的物体，或者如果丹尼特想表达的是弱化的观点的话，我们则完全不清楚它应该是什么样，或者它与丹尼特所讨论的或我们所关注的案例有何关联（丹尼特认为他的解释和我们有关）。丹尼特进一步观察到，或许规则系统仅仅是"默认的表征"，如同加法运算得以通过手动计算器表达出来，这种看法虽然正确，但提供的信息量不足。这种可能性不可能被先验地排除。这个问题就是一个有关最优理论的问题。丹尼特和其他人观察到对每一个用规则来解释"输入—输出"关系的提法都存在一个不涉及规则的相同的输入—输出特征，这种观察也没有什么意义。我们也坚持该假设（如用脑细胞来解释），但问题是我们是否可以用这些术语来提出一些可用的解释性原则，为语言内部以及跨语言的一系列的事实提供解释，甚至是陈述一些关于单词、短语、重复话语等的事实——诚然这些都是事实。此处我就不谈论这类的反对意见了，它们也不是重点。

　　叶斯柏森及其以后的学者提出一种观点，即说话人在产出自由表达式或对其做解读时被一种或许无意识的"结构概念"所"引导"。很多研究者对此观点提出异议。比如，奎因认为这是一种"神秘的教条"，也许是完全"愚蠢的"，他认为当规则以有意识的方式应用到"诱发"行为时，我们才可以合法地谈及"引导"一词，这在语言的日常用法中不会发生。不然的话，我们仅能将行为视为"适合"这种或那种的规则系统：246 "在这个意义上，物体遵守落体定律，说英语的人遵守任何以及所有外延对等的语法系统,这些语法系统界定了所有合法的英语句子,"即 E-语言（Quine 1972）;我们就必须避免将"心理现实性"输入到我们行为所遵守的某一系统中去。

这样一来,在"外延对等的语法系统"的集合中,声称其中一个系统是作为一种特性（以某种方式进行物理编码）正确归属于说话人—听话人,而其他某一系统只是碰巧符合说话人的行为,但并没有正确地表征他的语言知识,这种看法就很愚蠢。将所提出的生成同样句子的两套语法做区分,并将它们归属于截然不同的结构特征,还为此找证据,这种做法就更加愚蠢;譬如,一套语法将"John hit Bill（约翰打了比尔）"分析为三词句,另一套语法将它分析为双词句,即分成 *Johnhit* 和 *Bill* 两个单词;又或者是一套语法将句子赋予例（4）中括号所示的短语结构,另一套语法将句子赋予例（5）中所示的短语结构：

（4）[his father] [convinced Bill [that he should go to [a good college]]
（5）[his] [father convinced] [Bill that he] [should go to a good] [college]

不论我们对有关（2）和（3）这种例子使用和理解的事实解释得多么有说服力,这些解释对关于语言官能的任何事实甚至其存在都不产生影响。如果我们真的站在奎因的立场上,这些例子和我们自始至终讨论的案例一样都不存在真假的问题,这就如同两种语法生成以某种符号标记的合格算数语句,要断定哪种语法是"正确"的语法,这是毫无意义的问题。

同样的态度也可见于受唐纳德·戴维森（Donald Davidson）研究启发而提出的某些有关意义理论的研究方案之中。迈克尔·达米特（Michael Dummett）将戴维森的研究方法描述如下：他认为意义研究的"正当方式"

> 是对于任一给定语言,询问一个人需要什么样的知识体系才能通过他显性拥有的该知识来产出并理解该语言。这并不是说任何实际的说话人确实（不管心照不宣地还是隐含地）具备这一知识体系。

说话人的所作所为符合奎因的理论，但我们绝对不能进而认为说话人事实上"拥有"这个理论中所提到的那部分知识。达米特不得不承认这种"用富于启发性的方式阐明产出和理解该语言所需知识"的做法"有点迂回，除非说一种语言的能力真的需要拥有这种知识。"他似乎是说赋予说话人拥有这种知识是非法的，即便语言知识可能是"知识的真实体现。"还缺乏某种相关证据，以避免解释不合法（或者无法证实，或者在原则上是空洞的）。[13]

也有很多人也持类似观点。例如，约翰·塞尔（John Searle）认为，即便作为获得状态 S_L 的组成成分而提出的规则能够解释有关例（2）和例（3）这类例子的事实，且 S_0 的 UG 理论可以解释所获得的状态为什么是这种形式，进而为这些事实提供更深入的解释，但这仍然不够：

> 需要额外的证据来表明它们就是行为主体实际上遵守的规则，而不仅仅是正确地描写其行为的假设或概括。取得拥有正确预测能力的规则是不够的；肯定存在某种理由来假定这些规则在发挥因果作用。

塞尔认为，我没有提供证据证明这些规则超出了对行为进行描写的假设。

请注意，我们提出的规则不是对行为进行描写的假设，原因前文已经讨论过，但规则当然纯属假设——换言之，语法和 UG 理论都是经验性的理论，它们不归属数学。此外，毫无疑问，不论别人如何评价这些证据的解释力，我们在解释的过程中已经提供证据，证明初始状态和获得状态具备我们所假定的结构。所以反对意见一定是：我们提供的认定某些规则是获得状态组成成分的证据与行为主体是否遵守了这些规则无关，也与这些规则是否在"发挥因果作用"无关；还需要更多的证据。虽然有证据表明关于初始状态组成成分的某些假设可以对有关行为主体行为的事实提供更深入的解释，但这完全不能支持以下结论：这些成分具有"因果效应"，导致包含行为主体事实上遵守规则的这种状态。[14] 如此一来，反对意见肯定是：即便有证据证明 S_0 包括原则 P 且琼斯的获得状态 S_L 包括规则 R，即便是这些结论在琼斯行为的最优解释中都得到具体且非常重要的运用，但这些仍没有为我们相信 R 是琼斯遵守的规则或者 P 具有"因果效应"这一说法提供任何理据。

我认为这些评论者以及很多其他人的疑虑都是针对了错误的对象。至于原因，让我们比较以下三种事实：

> （6）（i）当琼斯掉下来的时候，他自然坠落
> （ii）琼斯理解（2）和（3）的方式标示如下
> （iii）琼斯在接触一定语言数据的基础上获得了这些事实本该如此的语言知识

我们该如何继续解释这些事实呢？

在每种情况下，我们继续赋予这个人某些特征：例（6i）是质量；例（6ii）是包含一种语言（I-语言）的获得状态 S_L；例（6iii）是初始状态 S_0。回到奎因的例子，琼斯遵守落体定律是因为他拥有的某种特征：质量。但是，该特征不足以解释他为什么遵守"语法法则"，因此我们不得不赋予他一些其他特征，即 S_L 和 S_0 的特征，这就如同我们将质量之外的特征赋予水或苯分子或人体细胞来解释它们的表现一样。

奎因的上述对比，虽然在文献中很常见，但是却完全不切题。上文所引的他的观点更加准确的译文如下：说英语的人应遵守能够区分所有合法英语句子的任意一个或所有外延对等的语法系统，这就如同物体遵守任意一个或所有外延对等的物理理论一样，这些物理理论能够从相关物理证据中任意选取的某个真子集中区分出以某种未确定的方式投射出来的现象集合。这种术语繁多的提议也就是这样了，对物理学或语言学都没有吸引力。

我们赋予琼斯的状态的本质是什么？如前所述，我们意在提出一个关于琼斯行为的最优理论，而且我们发现这个最优理论可以赋予琼斯某种语言官能，而且我们尝试在各个层次描述其状态：在某一个抽象层次用神经

元或其一般特征来描述。在第二个层次，我们提出一些原则、参数、表征式、计算模式等等，并寻求用这些术语来解释语言事实。我们认为这种解释可以初步揭示关于语言官能的真相。当我们把一个特定的结构归属于一个水分子或苯分子、一个人体细胞、解释发光的太阳或者某种机器时，我们会执行同样的归属操作，尽管具体情形存在差异（参见边码241）。如果我们的最优理论是通过援引这些规则和其他元素来解释琼斯行为的话，我们就可断言它们成为琼斯行为的一部分，也做出了引导，而且它们起到了我们上文谈到的"因果作用"。让我们更细致地考察一下这些动议是否合法。

有关的论证分为两步，第一步涉及到如下初步结论：我们关于语言官能最优理论的表述是正确的；第二步、我们构建的最优理论在解释琼斯行为时所援引的元素（规则等）实际上引导着他的行为。让我们逐一讨论这两个步骤。

第一步似乎没有问题：我们试图构建一个关于所有证据的最优理论，并暂且接受其表述的正确性。获得状态 S_L 的两个理论（从这个状态抽象出两个关于 I- 语言的语法）可能产出关于合语法性或形式—意义对等（或者相关事实的任何其他子集）的相同判断，但不同之处在于一个是较好的理论而且 / 或者更好地契合其他证据，因此其中一个理论而不是另一个理论就会被选中，并被认为符合事实。这种情况发生的方式数不胜数，我们无法提供一个严格的"标准"来决定这个选择，这就如同在任一理性探索领域中，我们都无法做到这一点。S_L 的理论 G 或许符合初始状态的某种 UG 理论，它被证实也适用于其他语言，但理论 G' 不是——这种情况很常见。或者 G' 理论或许包含了一些冗余的规则来说明它的真子集决定的事实，而这个真子集大致等同于 G。例如在下面的情形中，理论 G' 提供了明确的短语结构规则来排除 "*Who did John see Bill?" 这个句子，虽然实际上这一结论可以从任何人所提出的理论中推导出来（参见边码99）。又或者我们可以从脑科学中发现选择 G 还是 G' 的相关证据。简言之，我们正竭力发现语言官能的真相，择机使用我们所能发现的任何类型的证据，并基于理性探索中一贯使用的模糊原则去发现更简洁深刻并且经验上更加充分的理论。

显然，我们要尝试从有关获得状态的"外延对等"的理论中做出选择，这意味着在这些理论中有的与证据的某些部分相吻合（比如合语法性判断、形式—意义对等，或任何其他证据），或者与"所有证据"相吻合，但它们的差异体现在深刻性、洞见性、冗余性以及其他特点上。这就是科学研究的通行做法。我们没有理由怀疑这些努力所处理的对象是事实性问题；除了实证上的不确定性外，我们可以毫不犹豫地认为他们的结论是关于语言官能的（初步）正确结论。正如泰勒·伯吉（Tyler Burge 1984）所言：

> ……从认识上讲，本体论、还原反应、因果关系这些问题一般在成功的解释和描写实践这些问题之后。我们不能主要通过某种已有的概念，如什么是"好的实体"，亦或个体化（individuation）或指称应该是什么样，亦或科学（或知识）的整体结构看起来应该是什么样，就认为批判一个假定的解释或描写实践是合理的。诸如存在什么东西，事物是如何实现个体化，以及什么还原成什么等问题都是通过参照现行的解释和描写实践后才出现的问题。就这些问题本身而言，我们提出的答案不能用来判断一个原本成功的解释和描写模式。

假设存在我们所讨论的那种独特的语言官能，这一假设就是一个相对"成功的解释和描写模式"，一般来说，这确实是已知的唯一的成功模式。

十九世纪，科学界提出了一些类似的问题。海尔布伦（John Heilbron 1964）对那个时期进行了妙趣横生的回顾，他发现：

> 物理学家，同时也是一名科学哲学家，曾经（而且或许现在仍旧是？）有一点人格分裂。在前一种身份中，科学家或许会推理、写作和演说，好像他的概念比他同事的（概念）更加真实；在后一种角色中，或许他在那些同

事面前多少有些自我意识，承认自己的概念除了在组织观点时提供了便利之外没什么好处。如同上个世纪末纯数学物理研究一样，对大多数人而言，如果他们不完全坚持自己的观点，以至于便利概念与最终真相之间的哲学分野在实践中消失的话，他们就极有可能无法取得进展。然而 19 世纪末的人们是无法逃脱康德影响的，他坚持认为本体（noumena）的世界对我们永远是关闭的；也无法逃脱孔德（Auguste Comte）和米尔（John Mill）的影响，他们确认"真正的"科学（即实证科学，positive science）的目的就是正确描写现象世界（phenomenological world）。

因此，一方面，玻尔兹曼（Ludwig Boltzmann）将他的气体分子理论仅仅描述为一个方便实用的类比，庞加莱（Henri Poincaré）则认为物质的存在除了便于解释现象之外，我们没有理由相信它的存在，也没有理由在光的以太力学理论与电磁理论之间做出选择；他认为我们接受气体的分子理论仅仅是因为我们熟悉桌球游戏。但另一方面，海尔布伦继续说道，"我们对原子、离子、分子以及以太概念的印象源自科学家在日常问题中如何使用它们，即很多从事物理学和化学的科学家认为这些粒子和真空泵、光谱仪一样真实。"就唯实论立场而言，随着证据的增加和更成功的理论（如波尔［Niels Bohr］的原子理论）的提出，怀疑论在实践中日渐式微（例如，可用不同方法计算一定体积中气体中分子的数量，按照洛伦兹［Hendrik Lorentz］的说法，这使得"不可能合理地怀疑分子和原子（即彼此分离微小物质粒子）的真实存在"）。

虽然与上述研究有很多不同，但今天的心智研究（尤其是语言研究）也差不多处于类似的状态。在实践中，我们对理论话语仍然持唯实论立场。尽管很多人觉得这种立场不怎么合理，也缺乏足够的证据支持，但这些议题与在任何重要研究工作中所出现的议题没有本质区别。很多重要的问题都与理论的说服力和解释力有关，也与相关证据的质量和范围有关。关于论证的第一步，没有出现原则性问题。

我们现在转向论证的第二步。假设我们最成功的解释和描写模式赋予琼斯一个包含特定规则（已设定参数的原则，或其他类型的规则）的初始状态和获得状态，而且我们使用这些术语解释琼斯的行为；即这些规则构成了关于其语言使用和理解的最优解释的核心部分，而且在我们所提出的最优理论做出解释的过程中得到了直接和重要的引用。现在我们是否可以说：获得状态的规则可以引导琼斯的理解，并进入他的言语行为，并且初始状态规则具有"因果效应"，从而获得状态？除了我们关于琼斯的最优理论将以此方式运行的编码规则归属于他这个主张外，这些是**更进一步**的主张吗？鉴于论证的第一步穷尽了科学上的方法，如果第二步牵扯到别的事情的话，它就超越了自然科学的范围；而且有时候确实有人认为心理解释与自然科学解释存在差异，也不能被同化为自然科学模型，因为它主要参考的是行为指导规则的"因果效应"。

我没发现将因果效应归属于规则的过程中，除了说这些规则是解释言语行为理论所假设的那个状态的组成成分并且这些规则已进入我们对此行为的最优解释之外，还涉及任何其他因素。[15] 当我们的最优理论将引导琼斯行为的编码规则归属于琼斯，并依靠它们来解释琼斯的言语行为时，我们说关于 S_0 和 S_L 的理论涉及这些规则。这个答案并不奇怪，但也无法进一步完善。我们显然无法获得比所有证据更多的证据，也无法找到比最优理论更好的理论。我们也没有任何希望找到一种神奇的证据，它对判定那些归属于琼斯的规则实际上指导其行为起了独特的作用；这些规则在覆盖所有证据的最优理论中，可以被用来解释琼斯的行为。

回到塞尔的批评，他的立场如下：要表明一个人遵守了规则 R，就必须证明该规则的内容在产出受规则制约的行为中发挥了因果作用。除了刚刚提到的对最优理论的那些思考，还有什么样的证据可以确认这个结论呢？一个可能就是不需要更多的证据，在这种情况下诉诸于该条件就如同咒语一般无益。第二个可能是需要比现有全部证据更多的证据，还需要一个比现有最优理论更好的理论；这种情况我们不予考虑。其他唯一的一种可能是需要某种特殊的证据来证明如下事实成立，即构成琼斯的部分语言知识并在其语言使用（因而具有"心理现实性"，如果我们要使用这个具有误导性且无意义的术语的话)中运用到的那些计算原则确实是他所遵守的规则。这是一种什么类型的证据呢?有人认为意识的可及性可作为这种证据,但我们已经指出这是完全错误的;总体来说,这是最没用也最不相关的证据,而且也远比前文列出的那些证据弱。我们可以想到的其他类型的证据(神经生理上的,等等)或许会很有价值,但那些都是我们在构建语言知识与行为理论时常常列举的证据,并不具备什么神奇的地位。事实上,不论在语法层次,还是 UG 层次上,这样的探索似乎完全是被误导了。

下面考虑一个具体的例子(借引自塞尔)。我们假设琼斯遵守规则 R:在道路的右侧行驶。下面考虑规则 R':保持行驶在汽车方向盘距离道路中线最近的一侧。两者都正确地描述了一个常见的行为,如果我们想确定琼斯是遵守 R 还是 R',那么接下来我们将怎么做呢?

我们或许可以问琼斯遵守的是哪条规则,但这种可能性仅出现在这种不那么重要的例子,在常见例子中并不适用,例如,发音规则或句法规则遵守的案例。而且此类证据说服力充其量也很弱,因为人们对他们言行动因的判断缺少有效信息,也不可靠。[16] 因此,必须寻找其他判定手段。

我们要尝试设想可以区分这两个规则的其他情形。为简单起见,我们假设琼斯一直遵守他的规则,不论是 R 还是 R'。简单做法就是测试琼斯坐在方向盘在右侧英国生产的汽车里的情形。假设我们发现琼斯遵守 R,而违反 R' 的话,那么 R' 必须修改为 R":即如果方向盘在左侧(或右侧)的话,保持行驶在汽车方向盘最靠近(相应地,远离)道路中线的一侧。在常规的科学语境下,我们很可能就此终止探索,但让我们先继续下去。

假设我们在一条多车道的公路上测试琼斯,而且我们发现他为了避免与右侧驶来的一辆车迎头撞上而向右侧偏转(即远离中线)了。这样我们获得了他遵守 R,而不是 R" 的证据,而且我们必须把 R' 稍加修正变成 R'''。或者我们可以在某个没有划定中线的地方(如海滩)尝试相同的实验并得到同样的结果,这将再一次支持 R,而不是 R'"。原则上,我们可以寻求神经上的证据。假设某种药物 X 会影响大脑,即删除 R' 中"右"这个概念,但保留出现的所有其他概念,而药物 Y 的效果相反。假设我们发现在服用 X 之后,琼斯失去了上述讨论的能力,而 Y 不影响该能力。那么,我们就获得了 R 完胜 R' 的证据。我们可以想象出很多种证据;这只不过是一个独创性和可行性的事情。这正是一般情况下我们如何继续确定琼斯遵守的是 R 还是 R',从而确定哪一规则在他的行为中具有"因果效应"。

简言之,我们尝试去发现基于所有证据的最优理论,而如果那个理论需借助 R 来解释琼斯的行为,我们说琼斯遵守 R。

假设我们区分 R 与 R' 的努力是徒劳无益的,下面转向一个与语言相关的例子。假设 R 与 R' 是提出来解释例(2)或例(3)相关事实的两个规则,并且基于所有证据而言,二者均可得到同样好的理论。那么我们现在就面临一个真正的不确定性问题。这个问题很真实很重要,不是我们所知道的那种总是存在于经验学科中的那种无趣的不确定性。这时候我们怎么做呢?

我们要问:这些理论的哪些方面使它们变得有用?是否存在某个更深的层次使这些理论变得真正等同,而这个层次就是适用我们语言理论的正确层次?我们要问的是,这两个理论是否原本就是在更加抽象层次上制定的同一个原则系统的非常具体的实现形式——这类似于说平面图形的旋转和算数的基本运算都是群论(group theory)原则的两个具体实现形式一样。我们尝试去发现一个更加抽象的原则 P,它正好包括 R 和 R' 共享的相关特征,而不需要其他结构区分这两个规则。如果成功的话,我们推断这个深层的原则 P 就是琼斯实际遵守的规则。这是处理重大不确定性的正确方法。就像许多当前哲学讨论所认为的那样,这不是某种致命的缺陷或悖论源头,而是构成了能够在理论构建中引导我们思考的重要证据。

顺便说一句,我们应该能想到在实践中出现了刚描述的那种情形;我们应该也能想到，我们实际使用的理论为了具体而变得"过于具体"，即它们所涉及的成分真的起不到任何解释作用，应该在我们寻求揭示真正承担解释任务的成分时删除。以这种方式来比较成功的理论，并用这种分析逐步逼近语言官能的正确理论，是一项艰巨而重要的任务。[17]

截至目前，这是科学研究的通行做法。我们说琼斯遵守 R 的条件如下：在覆盖所有证据的最优理论所处的相关抽象层次上，琼斯的语言（或其初始状态）具有规则 R，而且对琼斯行为的最优解释也需要借助规则 R，这就如同解释琼斯如何坠落的最优理论要借助将质量归属于他一样。但我们正在考虑的论证认为这不足以认定琼斯遵守 R 的要求。我们需要进一步证明，R 的形式或语义内容要在琼斯的行为中发挥"因果作用"。但这根本没有意义。

前文已经注意到，试图找出特定类型的证据或特定的标准来判定 R 即为琼斯所遵守的规则，这并没有多大意义。[18] 回到前文讨论的类比（已标明限制条件），假设我们是 19 世纪的化学家，我们假定存在化合价、苯环、元素周期表所表达的特性，等等。假设有人问，我们这样做有什么证据，我们会说：这是我们为了处理所掌握的所有证据而提出的最优理论。要求更多一点证据合理吗？例如，要求提供判定化合价为 2 的元素是否存在的具体标准？要求 19 世纪的化学家明确说明证明他们说法（即他们假设的实体都在物理机制中得到"表征"）正确的条件合理吗？

所有这些似乎都没有意义。在任何领域都没有满足这种要求的希望。化学家只不过注意到他们所假设的实体形成了基于所有证据的最优理论，而且他们愿意去了解哪些不同的物理机制可以解释这些事实。说琼斯遵守规则 R，就是说解释琼斯行为的最优说法需要依靠获得状态的规则 R（以及使用假定的计算模式等）。我们无法超越覆盖所有证据的最优理论。我们对理论术语采取唯实论立场，没有理由偏离常见的科学研究程序。同理，因为解释琼斯行为的最优理论包括 R 这个有效规则（参与了对琼斯行为的解释），我们推断琼斯遵守 R 时，也没有理由认为我们缺失了某个关键证据。正如 Demopoulos & Matthews（1983）所言，"在解释语言学行为时诉诸以语法形式描述的内在状态在理论上明显不可或缺，这肯定是将行为产出的因果作用归属于这些状态([我们可以加上])及其相关组成成分)的最好理由。"

我们当然认为规则以某种方式表征于物理机制中，而且我们可以像19世纪的化学家一样期盼有一天能够了解到这种表征究竟是如何发生的。然而，要求我们给出一些问题的答案是没有意义的。这些问题尚无人理解，关于这些问题的相关证据，人们也一无所知。

回到这一节开头提及的一些反对意见，回想一下达米特要求我们设法表述产出和理解"任何给定语言"所需要的知识体系。但"一个给定语言"指的是什么呢？一个无限类的表达式，或者说，与意义、使用条件、行为等配对的表达式绝不是"给定的"。"给定的"是某种有限物体或所观察到现象的有限集合。基于观察到的现象，儿童心智构建了一个语言（I-语言）；儿童懂得了一种语言。语言学家试图去发现懂得一种语言这个过程的本质，并决定需要哪些知识才有说和理解的能力。语言学家的语法以及关于 UG 的理论是关于什么是已知的以及它是如何已知的理论。它们为达米特提出的问题提供了唯一可能的那种答案（尽管毫无疑问，实际上至少在一定程度上错误的答案）。

很明显，达米特认为仍然缺乏相关证据，从而使以下假设合法：关于知识获得的某一理论是正确的（对说话人—听话人所知的正确描述）。该如何看待他的观点？这对我来说似乎是严重错误的。没错，我们总想获得更多的证据，更多不同类型的证据，但我们拥有的这类证据没有原则性缺陷，其他类型的证据可以进行修正，也没有原则性缺陷。事实上，我们拥有的这类证据在确定构成"一个给定语言知识"的系统特征上让我们前进了更多。我们自然会寻求证据，让我们前进更多。语言和意义的研究在这方面并不是独一无二。事实上，达米特认为戴维森的观点会带来一些疑虑，他似乎也有这些疑虑，但与此处的讨论和其他实证探索都不相关。

达米特认为我们不能对无意识的语言规则知识做归属，这一论点似乎建立在这样的信念之上，即这样做总觉得是循环论证或是空洞的，这就像一个弹力带被拉长了是**因为**它是有弹性的这种伪解释一样（别忘了他确实将语言知识看成是"知识的真实体现"，尽管这里的"语言"他可能指的是 E- 语言的某种变体）。他进一步宣称，我"从来没有明确地（列举出）证据，说我们的语言能力建立在无意识知识之上，而只是说它是一种技能"，是一种基于条件反射、反馈机制或任何其他机制建立的说话和理解的能力。理解力或许"就是一种实用能力——比如做出适当的反应"，因此，对语言规则的无意识知识做归属不会有什么收获。"然而困难在于，除了已知知识的结构外，我们不知道被视为一种内部状态的语言知识的结构和特点是什么样的。"我们辨别知识"完全是通过它的表现。""因此，虽然我们从乔姆斯基那里知道无意识的知识一般是如何体现的，但是如果想了解或评价他的理论，我们就需要比这更多的知识。"除了已知的结构，我们需要某种独立的核查机制来确保做出的解释不空洞。下面我们逐一讨论这些异议。

我们对于理解例（2）或例（3）所涉内容的解释不可能是循环论证的或是空洞的，因为显然它可能是错误的，而且我们可以轻易地给出驳斥它的假设性证据；如前文所述，它是建立在拥有广泛经验性后果的原则之上的。因此这个解释绝不同于弹力带拉长那样的伪解释。建立我们语言学能力（linguistic abilities）的基础是以某种方式表征于我们心智的规则和原则（至于这是否应该被称为"知识"，请参考下一节），说我们没有列举证据证明这一点是完全错误的；不论我们怎么评估它的解释力，我们肯定是给出证据了，而且对很多其他相关类型的证据（如果可以得到的话）也做了概述。那些认为这种理解"就是一种实用能力"或某种"技能"的人需要向我们解释这种能力或技能的本质是什么；否则，这个提议就是空谈（另见边码 9—13）。考虑一下达米特的如下说法：除了已知知识的结构外，我们对知识内部状态的结构和特征一无所知。达米特不清楚他认为的"已知"是什么意思，但看起来他想说，已知的是句子有某某意思（某种 E-语言的组成成分）。但"已知知识的**结构**"是什么？这个问题很不清楚，令人绝望。另一方面，我们对（拥有）作为内在状态的语言知识的结构和特点有很清楚的认知，而且关于这一点我们还提出了一些很重要的理论；这些证据是达米特意义上的"已知"证据，而且原则上还有很多其他证据，它们当然不是空洞的，也不是循环论证的。达米特说我们辨别知识（或者知识的结构，或者知识的内部状态，或者构成知识的规则系统等）是"完全通过它的表现"，这种说法是正确的，就跟 19 世纪的化学家"完全通过苯的表现"来辨别其结构一样。事实上，我们对解释例（2）和例（3）等相关事实的语言知识系统的判定方法如下：通过将该知识的实现看成是对指称依存关系的判断，通过对其他表达式的判断，通过其他语言说话人的行为，以及原则上来说前文讨论过的很多其他方法。关于"无意识知识"是如何"体现的"，我们不仅从总体上而且也在很多具体例子中做了相当广泛的说明，如果这些不能用来标明我们是如何理解或者评估包含这些例子在内的说明的话，那么达米特就需要向我们说明它们不能的理由，也需要说明这种情形与经验科学中常见例子有原则性不同的理由。达米特的异议相当于是说我们通过确定理论如何解释现有经验这一手段来证实它，因此我们缺乏证实该理论的原则的基础。

或许人们担忧的是这些证据都是"同一种类型的"，即主要是调查对象的语感判断，并认为其他类型的证据是必需的。作为对原则的驳斥，这种担忧毫无价值。上述现象无疑构成了证据，而且事实上他们提供的证据确实足以证实或者反驳所提出的理论，甚至会引出有一定广度和深度的经验性理论。我们将这种勉强的反对意见看作为一种理由，即这些证据基础不扎实，无法使人信服。相信这一点的人也许会问：什么类型的其他证据可以强化或动摇我们基于较易获得的（不是少量）证据构建起来的理论呢？事实上，根据这个思路提出的理论内容不充分，但关于这个方面的任何改进当然都很受欢迎。[19]

至于奎因的结论，他认为只有两种可能：我们将行为说成是受"诱发"它的有意识规则"引导"，或者我们认为行为仅仅是适应我们提出的规则。但我们没有理由接受这一结论。行为是受知识系统的规则和原则引导的，而且事实上，这些规则和原则一般不是自觉意识可及的。这个结论是完全可以理解的，而且事实上，是提出的唯一看上去能够被已知事实确认的结论。尽管我们不能预测人们会说什么，但基于这些假设，我们可在很大程度上解释语言表达式是如何使用和理解的。我们的行为不是我们的知识或构成它的规则和原则所"诱发"的。事实上，我们不知道我们的行为是如何被诱发的，也不知道认定它为诱发是否恰当，但这完全是另一码事。奎因默认，与 I-语言及其语法相比，E-语言或在外延上等同于 E-语言的语法这两个概念相对来说没有问题，这种看法是错误的，原因上文已经讨论过（参见边码 26—32）。

总体来说，哲学文献中诸如此类的很多质疑似乎都没有说服力，很多质疑我在其他地方都讨论过了。[20]

关于语言规则（S_0 的原则等）如何使用的问题，无疑需要做很多进一步的区分。前文我们提到了规则在话语中的使用是自由且不确定的经典看法。该观点可用当前讨论的话重新表述如下：用派利·夏恩（Zenon Pylyshyn 1984）和其他当前研究的话来说，语言使用所涉及的认知系统是"认知上可渗透的（cognitively penetrable）"；也就是说，我们的目标、信仰、期望等明显以各种方式参与了我们使用规则的决定。此外，理性推理原则等也参与到这些决定之中。这不仅对我们决定说什么，而且还对我们决定怎么说都适用，而且类似因素在某一层次也会参与决定我们如何理解所听到的话语。

例如，考虑一下前文讨论的发音规则 P，它将方言中位于 /g/ 之前的松紧元音 /i/ 合并了，导致 regal 和 wriggle 发音变得一样。说这种方言的人可以选择忽视这条规则，并出于某种原因选择应用标准方言的规则；事实上，这可以在完全没有意识到这个规则为何，甚至没有意识到它存在的情况下完成。我们再考虑一下例（7）这个"花园幽径"句（见第二章，注释 12）：

(7) the horse raced past the barn fell

正常情况下，讲英语的人面对例（7）这个句子，会断定它不是一个合法的句子；这个决定可能是通过应用规则 R_1 做出的，即把"the horse raced past the barn"解读为一个小句，导致 *fell* 没作用，违反完全解读原则。但有了前期指导或经验，同一说话人或许会使用不同的规则 R_2，将"the horse raced past the barn"解读为减缩的关系小句结构，充当"fell"的主语，这样（7）的意义是"the horse that was raced past the barn fell"。在这两个例子中使用极为不同的规则是完全可能的，这样的话，句子的感知过程在认知上可渗透了，即受可能涉及期望、推理等诸多因素的影响。

尽管在这个意义上语言使用的系统在认知上是可渗透的，S_0 原则的系统却不是这样；它仅仅充当了一种自动行为（automatism）。在正常情况下，言语感知和多数言语产出系统也是如此；例如，处理诸如（3）这类句子（此处重复为例[8]）时使用的规则 R_3 可构成一个认知上不可渗透的集合，这很可能是正确的：

(8) John is too stubborn to talk to

这里要做一个区分，即构成派利·夏恩称之为"功能架构（functional architecture）"的认知上不可渗透的系统不同于那些涉及参考目标、信念等的系统，或许也不同于涉及某种推理的那些系统。用派利·夏恩的话来说，这是"符号（或句法）层次（symbolic/syntactic level）"与"语义（或意向）层次（semantic/intentional level）"间的区分，而这两者都要区别于第三个层次，即"生物（或物理）层次（biological/physical level）"，该层次上的描写和解释都是依照物理、生物化学等法则展开的。

　　根据上述区分，我们目前大多数讨论都处于"符号层次"，而不是"语义—意向层次"。我们是在符号层次提出一个规则、表征式以及计算的系统来解释事实的。注意以下看法非常奇怪：即规则和表征式进入到认知上可渗透的语言使用系统——例如，发音规则 P 或规则 R_1、R_2 以及完全解读规则进入例（7）的解读——但当这些同样的实体构成符号层次的成分时，它们就不再是规则和表征式；或者说，规则 R_1、R_2 以及完全解读规则只有利用它们进行句子加工的系统具备前面提到的认知可渗透性时，它们才能在符号层次存在，在其他情况下就不存在，比如句子加工过程实际上（通过使用 R_1、R_2 以及完全解读规则，如果这就是最优理论说法的话）提供了例（7）的两种解读，而且还有其他系统在这两者中做选择。或者说，当我们用 R_3 和所涉及表征式为例（8）和类似情况的解读提供解释时，我们就无法在符号层次谈论规则和表征式；或者说，即便在语义—意向层次上 S_0 原则（或它们的参数化变体）是认知上可渗透的语言使用系统的成分，我们也不能用规则和表征式谈论 S_0 的原则。与此相反，所讨论的那类"最优理论"考量可得出如下结论，即似乎我们在每一个层次都可以去假设规则和表征式，也可以认为语言使用中涉及这些规则和表征式。[21]

4.3　论规则的知识

　　在我看来，语言研究的大多兴趣体现在它给我称之为"柏拉图问题"的经典问题提供了一个解决路径，该问题指我们如何能知道我们所知道的知识。柏拉图对此的回答如下：很多我们知道的知识都是天生的，是从前世存在（existence）中"记得的"。莱布尼兹认为这个观点基本是正确的，但必须"把前世的这个错误清除掉"。他认为我们的很多知识是内在的，几乎都存在于心智之中，即便没有被明确表达出来。算数和几何的命题是这样，"科学的内在原则"与实践知识也是如此。在一个不同的哲学传统里，大卫·休谟谈到我们的那部分知识衍生于"自然的创造之手"，这与赫伯特勋爵提及的"我们那部分知识是在自然的原始计划中被赋予的"相呼应。与莱布尼兹一样，休谟将这种内在知识看作是"一种本能"。

我认为这些观点基本正确。我们现在开始在各个领域内将它们具体化。假设我们面前有一个垂直于我们视线的平面图形，它开始逐渐旋转直至消失。假设在某些特定条件下，我们视它为一个旋转的平面图形，而不是一个收缩成一条线的平面图形。通过一系列的视觉展示，我们感知到的是一个在空间穿梭的刚性物体，而不是一个物体在变换形状。我们所否定的判断与呈现给我们的证据是一致的，但却被视觉空间中物体的解读系统否定了。如果我们做出的判断正确的话，那么我们就拥有了正确的知识，即平面图形在旋转的命题知识，一个立方体穿越空间的命题知识等。我们同样会拥有句子表达某种意义的命题知识。

我们是如何推出这种知识的？在感知空间的例子中，视觉系统似乎是设计来执行物体是刚性的这个默认假设的，即西蒙·乌尔曼（Shimon Ullman 1979）的"刚化原理（rigidity principle）"。罗杰·谢泼德（Roger Shepard 1982）认为感知系统已经"在脊椎动物漫长的演化周期里内化了外在世界中最重要的不变量和限制"，包括物体刚性特征和对称性特征。在语言的例子中，我们的命题知识衍生自参数赋值后 UG 各原则的互动。尽管我们已经用等级特性、局部性原则等讨论过一些模糊的类比，而且也对高效语言加工的一些可能的功能性特性提出了建议，但这些原则的演化起源仍不得而知。[22]

我们知道视觉系统的特征会随着先期视觉经验在一定范围内变化，语言官能也一样可以，它可以产出语言的多样性。学习是一件在允许范围内确立系统的事情；就语言学习而言，它通过设定 UG 的参数以及补充一个有标记例外的边缘语法来完成。那么，我们的所知就是由成熟系统的功能所决定，有时涉及适度复杂的类似推理的计算。我们所具备的这种知识—

般不会得到所呈现证据的证实（所谓证实就是一般意义上有用的证实），也不是罗德里克·齐硕姆（Roderick Chisholm）的不言自明或"自我呈现"。一个天赋不同的生命体，或一个虽拥有同样天赋但被早期经验以不同方式确定的成熟系统的生命体可能拥有的知识、理解力和信仰的范围会有很大不同，对面前的经验也会做出不同的解读。而且，各类认知系统似乎是以极为不同的方式运作的，这由我们的生物天赋所决定。如此一来，莱布尼茨提出的"科学内在原则"和实践知识很可能也是如此，尽管这不完全是他想表达的意思。如果这是正确的话，那么很多传统和现代认识论的范式就显得不够充分了，尽管我们可以对某些经典观点做出一个合理的重新解读。

鉴于此，有人可能会问：用日常语言的"知识"这一术语是否恰当。例如，说一个懂得日常意义上语言的人"知道"专门意义上的"语言的规则"（即 I-语言）是否恰当？在某种程度上，这个答案肯定是否定的，因为如同其他科学研究方法的专门概念一样，I-语言不是前理论意义上的语言，原因前文已经做过讨论。目前尚不清楚有多大风险。我们对于语言的直觉概念变得模糊，而且可能在某些关键点上还具有误导性，而实际上日常用法在每个语言中都不同；我们不说"知道一门语言"，而是在和英语非常类似的语言中用"说"或"理解"一门语言，但这并不影响我们发掘认知系统（不论我们称它为"语言知识"还是其他），该系统会融入我们拥有的关于特定事实的知识，比如 4.2 节中与例（2）和例（3）相关的事实。

对于知识的理论而言，我认为在意义清楚的地方我们需要一个贴近术语"知道"的概念，但就像前文讨论"语言"的例子一样，这会增强或扩展它的常规用法。在其他地方，我已经建议应该创造一个术语，如"认知，cognize"，并赋予它如下特征，即当我们知道 p 时，我们就认知了 p。因而我们认知了如下事实，即句子例（2）和例（3）拥有它们本身就具有的意义范围。而且，我们认知了衍生这些命题知识的规则和原则，我们还认知了那些先天给定的原则，这些原则通过经验得以进一步明晰，形成我们所拥有的成熟的知识系统。"认知"这个术语类似于"知道"。就具体事实的知识而言，它们是等同的，而且我认为对这些事实背后的系统知识也几乎如此，但这受如下规定影响，即日常用法的术语"语言"和我们 I-语言意义上的专门术语"语言"不同。下面我们讨论一些相关案例。

语言知识涉及（或者衍推）一些命题知识的常见例子：如在 *pin* 这个单词的知识中，/p/ 是送气的，而在 *spin* 中不送气；例（9i）中代词的指称依赖于 *the men*，但在（9ii）的同样短语中则不然，诸如此类等：

(9)(i) I wonder who [the men expected to see them]
 (ii) [the men expected to see them]

如果这些都不是知识的实例的话，我们很难知道哪些才是。在这个例子中，懂得这门语言的人知道这些事实，也认知它们。

假设 R 是英语语法的一条规则，它规定动词与其宾语不能被副词隔开，所以根据规则 R，"I read often the newspaper on Sunday"这个句子不可接受；相反，我们说"I often read the newspaper on Sunday"。假设说英语的约翰遵守这条规则，但学英语的皮埃尔不遵守这条规则，而且经常产出并接受被规则 R 标记为不可接受的句子，就像处理他的母语法语一样。在这个例子中，我们要说的是约翰知道动词与其宾语不能被副词隔开，但皮埃尔没有学过，因而不知道这条规则。因此，约翰知道规则 R，而皮埃尔不知道。当然，我们不能认为约翰知道规则 R 成立并存在，是他语言中的一条规则。约翰很可能不知道这条规则，尽管某个语言学家知道。换言之，从"约翰知道规则 R"到"约翰知道规则 R 成立"并没有合理的"语义上行（semantic ascent）"。

然而，假设 R 本身不是英语的一条规则，而是规则 R' 的一个推论，R' 规定英语中的格指派遵守严格邻近（strict adjacency）要求：英语中格指派的参数值是**严格邻近条件**。正如我们已看到的，这似乎是一个合理的结论。那么以下说法是否合适？即约翰知道 R'，而皮埃尔不知道；也就是说，约翰知道英语中格指派的参数值是**严格邻近条件**，而皮埃尔没学过，也不知道这个条件。我认为很多人都不愿意这样评价约翰和皮埃尔，尽管我会愿意这样说。对知识 R 和 R' 做不同的归属并非因为约翰或皮埃尔知识状态本质有别，而是因为动词、副词和宾语的概念（作为规则 R 的一部分）相对熟悉，格指派和邻近参数的概念（作为规则 R' 的一部分）相对陌生。但这与描写约翰或皮埃尔的知识状态无关：这些状态就是他们本身的样子，独立于我们的语言学理论知识。

事实上，这个例子所涉及的问题并非语言知识所特有。假设太阳因其内部的聚变（fusion）过程而发光。如果我不知道"fusion"这个单词的意义，事实确实如此的表述就不是我语言中一句有意义的话，除非我们允许，也许我们也应该允许，用我所处言语社群中其他人的知识来表述对我来说这个术语的意义（参见边码 18）。但这样一来，我认为我们应该基于同样的原因，将语言知识 R' 归属于约翰，而非皮埃尔。

假定这是正确的，让我们回到（9）这个例子。假设我们的最优理论断定说话人知道这些例子中指称依存关系的事实，理由是他们的语言分别为例（9i）和例（9ii）提供了例（10i）和例（10ii）这样的表征式，具有前面讨论过的解读，而且他们的语言包含前面假设的那些原则（尤其是约束理论原则和决定心理表征中虚范畴存在及其特性的那些原则）：

(10) (i) I wonder [who the men expected [*e* to see them]]
(ii) the men expected [PRO to see them]

如前所述，我们有充分理由认为这种分析是正确的。那么，我们是否应该说"拥有"这个语言的人"知道约束理论原则"等知识呢？该情形和前文例子中的 R' 非常相似，因此肯定的回答似乎符合惯常做法。

如果接受上述推理，那么"知道"就很像"认知"。如果不接受的话，那么在这一点上"知道"就远离了"认知"，对知识理论来说，就不是一个恰当的术语，因为对约翰和皮埃尔所获得知识状态的正确解释应独立于我们知道的知识；这一表述关乎他们而非我们。我认为这不是很重要的问题。如果我们继续将"知道"这个术语用作"认知"（这看起来是合理的做法），那么说一个人知道 R（R 是其语法的一条规则）就是恰当的。

其他很多情形也是如此。现在假设 R 是这样一条规则：英语的塞音在音节首位送气，但在 /s/ 后不送气。如果约翰遵守这条规则，我就会毫不迟疑地说他知道规则 R，而如果皮埃尔没有遵守这条规则，我就说皮埃尔还没有学过，所以不知道，尽管他可能会随着经验的进一步累积而知道规则 R。不熟悉"塞音"和"送气"这两个术语的人就不会用这些术语来描写约翰和皮埃尔获得的知识状态，但这与知识的正确归属无关。

现在我们考虑一下 UG 中某个恒定且不可参数化的 P 原则，如代词不能成分统制其先行语这条原则，它同其他原则一起解释了为什么例（11i）和例（11ii）的意义就是它们所表达的，以及这类事实是如何在没有直接经验的情况下获知的：

(11)(i) John is too stubborn to talk to Bill
(ii) John is too stubborn to talk to

如果现在假设我们理解参与表述 P 原则的那些术语，那么我们是否应该说约翰知道 P 原则呢？

我个人非常模糊的直觉是这种说法有些奇怪。但从另一方面来说，假设有一个不与我们共享语言官能初始状态 S_0 的火星人被教会了一门人类语言而且学会了 P 原则，那么我认为我们会毫不迟疑地说之前他不知道 P 原则，现在他确实知道了。但他的知识状态现在可能跟约翰的一样，因此我们似乎对约翰也应持同样看法。如果真有什么不同，那它看起来也应独立于我们正在描述的个体知识的真实状态之外，因此应从基于原则的知识理论中删除。这样一来，我们的知识理论所需的术语就近似于"认知"，剥离了"知道"这个非正式术语的某些特征。

在大多数这样的例子中，我们无法通过内省来判定这些规则和原则成立。我们不可能意识到我们知道或认知这些规则和原则。如果将这些原则作为语法理论的一部分呈现给我们，那么我们会相信这些原则就是正确无误的，但我们信服是"来自外部"，就如同对聚变理论正确解释了太阳发光我们会表示信服一样。假定事实并非如此，我们也可以通过思考和内省意识到我们事实上确实在心智计算中利用了这些规则和原则，那么我认为我们会毫不迟疑地说我们知道这些规则和原则。若是如此，也许除了具备意识可及性外，认知似乎就会具备常见意义上知识这一术语的特性。我们可以说"认知（cognization）"是无意识的、默认的或潜在的知识。考虑到给定的附带条件，在我看来，这种说法是正确的。

有人认为，说一个人知道语法规则（即便是在默认或潜在知识的意义上）是错误的，甚至是"骇人听闻的"。[23] 这样的概述不可能是对的。我们会毫不犹豫地说约翰知道而皮埃尔不知道下面的规则，即动词与其宾语不能被副词隔开，或者塞音仅在 /s/ 之后不送气——当然，我们假设自己知道这些术语在上述知识归属中的意义。之前曾提到，说约翰知道这些规则成立是错误的，但那是另外一回事。在那些已经讨论过的其他案例中，使用"知识"这个术语是否恰当，对我来说似乎尚不清楚，因为这个概念本身就不清楚，但无论如何这并不是很重要，原因前文已经提过。

在上述以及很多其他情况下，说规则的知识、规则的遵守等看起来都比较符合常规用法，但当然不包括语言常识概念中涉及规范性—目的论的那些方面。这似乎并不要紧。如果有人对这些案例中看上去非常符合规范的用法（尽管不是各式各样的哲学理论中的用法）感到不适的话，可以创造不同的术语。[24]

现在回看达米特的观点。他对无意识知识这一概念提出疑问,并认为"如果我们要去理解或评价"语言知识是无意识知识这个理论的话,就需要更多地理解"无意识知识一般是如何体现的"。我们"需要解释无意识知识如何导致有意识知识",他认为还没有人对此做出解释。不论在原则上,还是在很多具体实例中,无意识知识如何导致有意识知识这个问题似乎很清楚,而且文献[25]里包含很多对该过程的说明。因此,依照达米特认为的有问题的或不可理解的理论,人是拥有约束理论原则这一无意识知识的,基于这些原则和其他已讨论的原则,借助类似于直接演绎的计算系统,可推出:例(9i)中的代词 *them* 在指称上可能依赖于 *the men*,而例(9ii)则不然,而且例(11i)中 *talk to* 的主语是 *John*,但例(11ii)不是。此类推论就是有意识知识,UG 原则的诸多其他结果也是有意识知识,当然 UG 原则并非意识可及。持以下假说似乎也没有什么问题:心智机制允许一种类似演绎的计算作为其计算特征的一部分存在。所以,在诸如此类案例中,我们对无意识知识如何导致有意识知识提供了一个比较清楚的解释。

当然,对为什么我们知识中某些成分是意识可及而有些则不是,以及有意识知识或无意识知识是如何在实际行为中得到体现这些问题,我们还缺乏一个清晰的解释,或者根本就没有解释。这些问题很有趣也很重要,但严格说来,与此处的讨论并不相关。[26] 不论我们认为构成语言知识的内在状态是什么(这种状态必然存在),这些问题都会出现。尤其是,达米特认为关于意义的知识是不能通过这些术语来分析的,因为

> 尽管它是有意识知识,但[它]不在于我们能够**阐明**意义,因此我们需要对不以语言为载体的有意识知识和有意识思维加以说明。在给出这样的说明之前,我们都不能说我们的语言能力有多少是可以用有意识但不能言语化(unverbalized)的知识解释的;我们也不能说这种解释多么有说服力,因为有意识知识依赖于无意识知识,并且这种依赖关系(如果存在的话)可以人为使之出现。

在我看来,这段话相当晦涩。我认为没有理由相信有关意义的知识是有意识知识,或者通常具有意识可及性。举例来说,我们确实知道"知识"这个单词的意义,但在确定和表达该意义时会很困难。但在什么意义上这算是有意识知识呢?假定以下提议(前面提过)是对的:单词的语义分析涉及诸如题元关系这样的基础性概念成分,题元关系包括(抽象)位置及其转换、施事性、功能、成分结构、来源等。[27] 如果我们知道这些单词的意思,那么对于这些成分进入语义分析的方式,我们是否就拥有了这种有意识(但未言语化的)知识呢?或者原则上,我们是否必须能够通过内省判定这些或其他概念正确,或是在被告知时意识到其正确性呢?答案自始至终都是否定的。存在一种有意识但未言语化的知识,这一点是确定无疑的:比如我们关于感知空间特性以及其中物体行为的知识。我看不出这怎么能对我们用无意识知识的显性理论解释语言能力的若干方面这一尝试构成质疑。这些显性理论看上去具有很强的解释力,而且在这方面具有独特性。达米特关于举证责任的假设似乎是随意的,也是不合理的。

试图从细致的语言研究中获得哲学问题的某些洞见是现代哲学的一个主流话题,毫无疑问这种做法也是富有成效的。截止目前,相对缺乏探讨的一个问题是:语言的科学研究是否能为达成该目的做出贡献以及如何才能做出贡献?有人或许会问:是否真的存在"语言的科学研究"?我个人的观点是该领域刚开始成型。我们开始看到这种探索的本质应该是什么,以及它如何能同化入自然科学主体架构。一些解释理论的初创模型看起来也卓有成效。基于以上种种模糊的理解,似乎确实会对某些经典哲学问题产生重要影响。我个人猜测,这在关于人类知识和理解的理论方面以及更加普遍的心智本质方面的影响可能最为深厚。值得一提的是,我们目前开始理解的事物表明应该重新审视知识理论的某些问题。人类思维和行为的某些核心知识系统并不具备那些经常被假定为范式的特性。

在上述系统中,语言似乎最容易研究。我们有理由相信,提供无穷范围的命题知识并变成复杂实用知识的语言知识应该被看成是通过经验确定某些参数值进而在心智中发展出的一个原则系统。该系统最终产出看似高度多样但在更深层次上却基本相似的多个系统。不论如何理解"依据"和"理由"这两个术语，这样（由语言知识）得到的命题知识都缺乏依据或理由。这两个术语所起的作用也是通常思考这些问题时需要考虑的。可能是存在一些学习原则，如子集原则（参见边码 146），但我们所获得的知识系统似乎大致是作为生物禀赋的一部分发挥作用的，这就像我们身体的整体结构一样。解决柏拉图问题似乎应该沿用同样思路。

我们可以猜测，其他领域也是如此，人类能在经验的触发和塑造作用下获得丰富且高度明晰的知识系统，而且类似的想法很可能对我们探究如何（由于我们的心智结构）在能够获得科学知识的领域获得科学知识很有价值。这些系统为我们理解力的发展和成熟提供了一些框架。人类在某些领域具有丰富的潜能，其代价是其他领域中存在着一些极限，甚至绝对极限。[28] 潜能和极限的关系传统上是被承认的，但经常被认为是人类之外的动物世界的一大特点。正是动物本能的丰富性和独特性解释了它们在某些领域可以取得显著成就，但在其他领域又缺乏能力。然而，缺乏这个清晰本能结构的人类却可以自由思考、说话、发现以及理解，却没有这些极限（赫尔德，Herder）。不论是这个问题的逻辑，还是我们现在开始理解的知识，都表明这不是在动物界中找到人类位置的正确方法。

在我看来，我们就应该在这个更大的框架下去理解在生成语法领域产生的技术进步。正是这一系列初露端倪的问题使这些进步具有了更广泛的重要性，这也许会对研究人类本质及其具体表现形式产生深远影响。

注释

1 参见 Chomsky（1986，1975b，1980b）。
2 参见注释 1 的参考文献。另见 Chomsky（1966）和 Bracken（1984）。

3 只有当它们与产出问题关联时，我才会加以讨论，但这不是暗示在感知问题上不会出现类似情况。
4 注意，我们决不能将此讨论中克里普克的"规范"概念与第二章讨论的"规范性—目的论"的概念等量齐观。
5 为了与维特根斯坦（Wittgenstein 1953）的文本保持一致，我修改了克里普克的引文，但该改动影响不大。
6 它现在有时被称为"图灵测试"，可理解成为拥有更高智力提供证据。
7 如果这是正确的研究路径的话；如前所述，它也可能是错误的。
8 参见 36 页注释。关于这些要点的重要性，参见 Kirsh（1983）。
9 参见 Gallistel（1980）。
10 我要感谢 James Higginbotham，Alex George 以及 Jerry Fodor 对该部分以及下一节的早期版本所提出的意见。
11 我在这里和下文中会对"行为"这个术语做宽泛解读，即包括解读、理解以及语言获得。
12 对我来说，这个术语有些误导性，原因前文已讨论过；不论我们对"诱发"这个术语做何种充分的解读，几乎都没有理由相信行为是"诱发"的。尽管给出了上述附加条件，但我仍将在常规意义上使用该术语。
13 参见 Dummett（1981）。关于对奎因和其他人批判的讨论，参见 Chomsky（1975b）。达米特的评论出现在对 Chomsky（1980b）的一篇书评中，后者批判了他的简述方案以及他自己关于意义的理论的观点。
14 参见塞尔的贡献以及我在一个同行评议期刊 *Behavioral and Brain Sciences*（1980）第 3 卷，1—61 页的一个回应；也可参看该期刊上各位评论人对 Chomsky（1980b）节选部分以及我回应的进一步讨论；也可参见 Chomsky（1980b）。也可参见塞尔 1984 年 5 月在麻省理工学院哲学与心理学斯隆会议上对这些评论的一本版本所做的评论（尚未发表）。我要感谢塞尔在与我的交流中澄清了他的观点。
15 我们可以寻求更加细致地确定什么样的"进入"与此相关。尽管这可能是一有个趣的问题，但在这个语境中讨论有些不合时宜。
16 由于不可能询问当事人，类似的问题就会出现；参见 Chomsky（1980b：102—103）。
17 参见 Chomsky（1977：207 页）以及 Chomsky（1981：第 2 页）。
18 关于后一个探究可能有一个合理的解释，但严格来说，与此处讨论并不相关；见注释 15。
19 关于证据本质和力度的一些混淆点，以及相信只有某类证据能够给予一种被称作"心理现实性"的神秘特性的观点，参见 Chomsky（1980b）。也可参见注释

14 的参考文献中 Gilbert Harman 所做的评论。
20 参见注释 14 中的参考文献以及 Chomsky（1975b）。
21 相反，派利·夏恩认为我们只能在语义—意向层次上谈论规则和表征。这个结论在我看来是没有根据的。尽管它背后的分析信息量很大，也很具启发性，但实际上它基本只是一个含糊的术语标签。
22 关于早期沿着这些思路所做的一些猜测，请参见 Miller & Chomsky（1963），近期的讨论可参见 Berwick & Weinberg（1984）。几乎没有什么理由可以理所当然地认定语言官能的特性是专门挑选的；参见 Chomsky（1965，1968）。当然，演化生物学一般不坚持这样的观点。
23 参见 McGinn（1981）。
24 参见 White（1982）对常识性概念周密且翔实的分析，但我对他得出的关于知识和能力关系的结论持怀疑态度，理由前文已经讨论过；参见边码 9—13。
25 特别是他正在评论的那本书，即 Chomsky（1980b）。
26 关于第一个问题，参见 Nagel（1969）。
27 参见 Gruber（1976）、Fillmore（1968）、Jackendoff（1972，1984）、J. M. Anderson（1972）以及 Moravcsik（1975）等。在辨识这些元素以及区分它们角色的过程中，可能涉及手语的相关性问题，请参见 Gee & Kegl（1982）以及 Kegl（1984）。
28 关于这个问题，请参见 Chomsky（1975b，1980b）和 Fodor（1983）。

第五章

奥威尔问题评注*

1983年5月在莫斯科发生了一件不同寻常的事件。一位有胆识的新闻播报员弗拉基米尔·丹切夫（Vladimir Danchev）在一周内通过莫斯科的五个广播节目公开谴责俄国人在阿富汗发动的战争，呼吁反政府武装"不要放下武器"，要反抗苏联"入侵"他们的国家。西方媒体对于他背离"苏联官方宣传路线"既感到惊讶又深表敬佩。《纽约时报》一位评论员写道，丹切夫"抗议使用双重思想标准和新语规范（newspeak）"。为表彰这位播报员，巴黎设立了一个奖项以奖励"为知情权而奋战的新闻记者"。当年12月，丹切夫经过精神治疗后重返工作岗位。按照一位苏联官员的话说："他并没有受到惩罚，因为病人是不会受到惩罚的。"

这一事件让我们得以一瞥1984年的世界，丹切夫的做法理所当然应视为人类精神的胜利，因为他敢于对暴力恐吓说不。

丹切夫做法的不同凡响之处不仅在于他敢于反抗，更在于他敢于将苏联对阿富汗的入侵称为"入侵"。在苏联政府自己的信仰体系里，没有"苏联入侵阿富汗"这回事，只有"苏联捍卫阿富汗"，以便对付国外势力支持的恐怖分子。像大多数宣传体系一样，[苏联政府的]大量谎言中也隐藏着真相。圣战者组织确实在巴基斯坦的"庇护所"开展活动，而中央情报局正监视着那里的军火流向。据报道，游击队摧毁了学校和医院，

---

* 参见前言，第 xxv-xxix 页。

还实施了被入侵者视为"暴行"的其他诸多行为。侵略者声称如果阿富汗免遭来自巴基斯坦的袭击，他们就会撤军。这一立场被西方以正当理由驳回——正如联合国安理会所坚持的那样，侵略者应该无条件撤离。这一点也得到美国的虚伪支持，只不过在 1982 年以色列入侵黎巴嫩时，美国很快放弃了这一立场。西方国家面对如下情形是义愤填膺，不论是苏联人玩世不恭地谴责抵抗运动的"恐怖主义"性质之时，还是他们荒谬地声称要捍卫阿富汗无辜平民免遭匪徒杀害之时，抑或是最令人厌恶的党内黑客警告暴力和压迫会随之而来时——如果苏联"放弃其责任"并将阿富汗的命运交由叛乱分子，那就会成为事实。

苏联抗议说是应阿富汗政府之邀介入，但如伦敦《经济学人》堂而皇之的声明所言："入侵者就是入侵者，除非受宣称的合法政府邀请。"只有在奥威尔式新语中，这种侵略才被称作"抵御得到外部势力支持的恐怖主义"。

奥威尔的《一九八四》主要借鉴了苏联社会原型，马克西莫夫（Maximov）、苏瓦林（Souvarine）、贝克（Beck）和戈丁（Godin）等人都对此有过非常准确的描绘。只有在像巴黎这样文化落后的地方，这些事实才会被人们长期忽略，以至赫鲁晓夫的曝光报告[①]以及索尔仁尼琴（Solzhenitsyn）后来对该事件的细致描述才让人们大开眼界。索尔仁尼琴出版该书时正是知识分子一度热衷上街游行的时代。奥威尔的远见卓识引人注目之处不在于他对现存极权主义的描绘，而在于他对这个世界可能存在极权主义发出的警告。

至少到目前为止，这一警告尚未过时。工业资本主义社会与奥威尔构想的大洋国（Oceania）几乎没有相似之处，不过前者在其他地方强加和维持的政权之恐怖和严酷远超奥威尔所描绘的野蛮程度，中美洲恰是当今

[①] 这里指的是赫鲁晓夫于 1956 年 2 月 25 日凌晨在苏联共产党第二十次代表大会上所做的对斯大林展开全面批评，即题为《反对个人崇拜及其后果》的"秘密报告"。该报告于当年 7 月在《纽约时报》公开。——译者注

最明显的例子。

对丹切夫事件的新闻报道隐约有一种沾沾自喜的论调：这里（指美国）不可能发生这种事情。在这里，人们几乎不需要鼓起什么勇气就可以在某个教义问题上反抗政府。当然，这里没有发生过因为称入侵为"入侵"而将丹切夫送到精神病医院的事件。但我们需要进一步探究个中原因。一种可能是不存在这样的问题，因为美国压根儿就不存在丹切夫这样的人（暂且不考虑统计错误）：记者和其他知识分子都屈从于教义体系，以至于当美国入侵时，他们甚至都无法意识到"入侵者就是入侵者，除非受宣称的合法政府邀请"。这种可能性超出了奥威尔的预想，也超越了极权主义所达到的集权程度。这仅是一种抽象的可能性，还是对我们所处的世界做出的近乎真实而且令人不安的预判呢？

且看以下实例。1962 年，美国空军按照计划向南越农村地区投放大量炸弹和脱叶剂，开启了直接进攻模式，目的是将数百万人赶入由铁丝网和武装警卫包围的集中营，在那里这些平民就不会再受到他们所支持的游击队员的"保护"，而这些游击队员是前反法组织（越南独立同盟，the Vietminh）的南部分支。这就是我们所称的"侵略""入侵"，那是只有某官方敌人所做的行径才如此称呼。美国的一些官员和分析人士认识到美国在南方扶植的政府（南越政府，GVN）既不具合法性，也得不到民众的支持。事实上，当美国担心民众对其强化侵略缺乏真正热情，甚至可能与南越的敌人和解时，南越政府领导层就经常在美国支持的政变中被推翻。1962 年美国悍然入侵之前，已有约 70,000 名"越共"在美国指挥的恐怖活动中丧生，截至 1965 年美国全面大规模入侵并系统密集轰炸南部以及（用三分之一火力）轰炸北越，死亡人数可能多了两倍多。1962 年以后，美国侵略者继续阻碍通过政治途径解决问题，并阻止南越保持中立；1964 年开始准备第二年初对南部战争进行大规模升级，并伴随着袭击北越、老挝以及后来的柬埔寨。

在过去的 22 年里，我在美国主流报刊杂志或学术著作中根本找不到任何一处提及"美国入侵南越"或美国在南越发动"侵略"的内容。在美国的教义体系中就不存在这样的事件。在这个事件中也不存在丹切夫这样的人，尽管这并不需要什么勇气，而是仅仅需要诚实。即便在反战高峰期，也只有极少数头脑清晰的知识分子基于侵略即错误的原则反对战争，而大多数人则紧随重要商界人士，以代价太高这个"实用主义"的理由反战。与此同时，大众对战争的态度则截然不同。截止1982年，超过70%的人口（但"意见领袖"所占的比例很低）认为这场战争不仅是一个过失，而且"根本是错误的，也是不道德的"，这个问题在美国政治话语中被称为"越南综合征"。

这些事实让我们不禁停下来思考：这种对教义体系的惊人服从是如何实现的？这些事实并非遥不可及。虽然美国对老挝和柬埔寨的侵略报道确实被媒体长期封锁，并且这一事实直到今天仍被封锁，但从一开始就有对美国—南越战争较为准确的报道——只不过没有完全遵循事实，而将它报道为保卫南越以反抗国外支持的恐怖分子。亚瑟·施莱辛格（Arthur Schlesinger）在他对肯尼迪政府的历史记录中写道，1962年美国开始对南方进行直接侵略——这"并不是糟糕的一年"，"侵略战争在越南被阻止了"！这已背离真相。除了极少数例外，所有的学术著作、教科书和媒体都接受这样的假设，美国是出于防御而对"受苏联援助的侵略"或对"内部侵略"做出的也许是不明智的反应；阿德莱·史蒂文森（Adlai Stevenson）也把事情说成当地人民对外国入侵者及其附庸的"侵略"。①

通过仔细观察事情开始恶化时主流圈子最终展开的辩论，我们就能开始理解教化（indoctrination）机制。辩论使"鹰派"与"鸽派"相斗。鹰派人士比如记者约瑟夫·阿尔索普（Joseph Alsop）就认为只要同心同德，美国就能取得战争的胜利。鸽派人士同意亚瑟·施莱辛格的观点，但认为不一定能取得战争的胜利，他们想当然地"祈祷阿尔索普先生是对

---

① 所谓"内部侵略"或附庸的"侵略"是指北越对南越的"侵略"。——校者注

的"——简言之，我们都祈祷美国会在这次侵略和大屠杀中取得胜利；果真如此，正如施莱辛格在书中所写的那样（正是这本书确立了他的地位是主流评论中的"反战领袖"［莱斯利·盖博（Leslie Gelb）的说法］）：面对美国发动的这场将越南变成"毁灭之地"的战争，"我们可能都在向美国政府的智慧和政治才能致敬"。今天，美国对中美洲种种暴徒和刽子手的支持以及在尼加拉瓜的代理人战争中也重申了这一立场。正如批评家安东尼·莱克（Anthony Lake）在1984年初所评论的那样，美国在中南半岛的战争被鸽派视为一种"无望的事业"。人们普遍认为：尽管出于"虚幻的""最崇高的"意图，而且动机"高尚"，这场战争仍是一次"失败的十字军运动"——这是斯坦利·卡诺（Stanley Karnow）在他最近的畅销历史书中所说的话（这本书作为PBS电视剧的姐妹篇，因其直率的批判而受到高度评价）。

人们在辩论中明显忽略的观点是：美国本可以赢得战争胜利，但允许侵略和大屠杀取得胜利就是错误的。这正是大部分美国人民和真正的和平运动所坚守的立场（如果战争是一种"无望的事业"，何必还要抗议和破坏战备努力？为什么要承受抗议的后果、特别是承受这种对于处在反战运动前沿的年轻人来说更为严重的恶果呢？）。然而，这恰恰是鹰派与鸽派在辩论中排除的立场。

这个评论非常具有代表性，它体现了民主体系下思想控制之强大。在以暴力为基石的体制中，仅是要求必须遵守官方信奉的教条。政府宣传也很容易识别：它来源于一个可见的真理部[①]；人们只要不公开反对，信与不信均可。对异见的处罚也依该国对暴力的投入而异：在今天的苏联，持异见者会被国内流放或惨遭严酷监禁；在受美国援助的萨尔瓦多或危地马拉等危险地带，持不同政见者很可能会"被消失"，或者在经历可怕的酷刑后，被发现遭斩首，横尸沟渠。

[①] 英语为Ministry of Truth，奥威尔式新语则称之为真部（Minitrue）。——译者注

民主体系下思想控制的性质截然不同。暴力，至少针对特权部门的暴力极少发生；但那却要求一个更加强势的服从模式，仅仅遵守国家教义是远远不够的。有必要接管民众的整个话语范围：除了党派路线（Party Line），不能再想其他东西。国教教义往往不会表述明确，而是被预设为政治正确人士之间讨论的框架，这是一种更有效的思想控制伎俩。因此，辩论必须介于"鸽派"与"鹰派"之间，介于施莱辛格和阿尔索普之流之间。参照神圣国家（the Holy State）的要求，"美国发动了侵略战争而且这种侵略是错误的"这种立场必须一概不准考虑，也不能明确表达出来。"负责任的批评家"为此做出了"令人尊敬"的贡献，这就是他们得到接受的原因；更准确的说，是他们被尊敬的原因。如果连批评家都默默接受国教教义的话，那还有谁会作理性的质疑呢？

奥威尔没有认识到西方教化系统的本质，独裁者通常对此也不理解，他们无法理解批判姿态对宣传的作用；这种姿态内含官方教条的基本设想，从而使真正的理性的批判性讨论被边缘化，因为这种批判性讨论是必须封杀的。鲜有背离这种模式的情况。在主流新闻界，对美国战争提出最尖锐批评的媒体人大概是《纽约时报》的安东尼·路易斯（Anthony Lewis），他认为美国"打着行善的笨拙名义"参与侵略战争；但早在1969年——1969年呀！——那已经很明显是"一个灾难性的错误"。很少有学者能像哈佛大学的费正清（John King Fairbank）那样批判美国政策。1968年12月（即新春攻势［Tet Offensive］迫使大多数企业精英放弃了征服南越企图的第二年），他在美国历史学会的会长演说中提到：我们怀着"过度公正和无私的仁慈之心"参与战争，但事实表明这样做是错误的。很少有独裁者自诩完全遵守更高真理（Higher Truths）。

这些教化方法曾经能有效地让民众顺从，但又不过度隐晦。例如，考虑一下中东地区大家通称为"和平进程"的案例，该案最终以1978—79年的"戴维营协议"告终。很少有人会问：为什么以色列占领地区的当地居民近乎一致地拒绝"和平进程"，并认为那有损于他们的利益？其实，稍微思考一下就可得出原因。显而易见，"和平进程"有助于将埃及排除在冲突之外，这样以色列就能在大量美国物资和外交的支持下自由地在占领地区扩大殖民和镇压，并攻击黎巴嫩，该过程自此从未中断过。但这一基本事实却未能出现在当时的负责任的讨论中，至今仍是如此。虽然事实始终很清楚，现在回想起来也是显而易见。美国致力于建立一个强大的、带有扩张性质的以色列作为自己的"战略资产"。任何有助于实现这一目标的行动按照定义都能被称作"和平进程"。这一用语本身就消除了任何进一步的讨论：谁会反对和平呢？

类似的例子成千上万。美国在黎巴嫩的海军陆战队是"维和部队"，反对他们的行动就属于"恐怖活动"。许多黎巴嫩民众认为他们就是通过"新秩序"完成了以色列的入侵。"新秩序"指的是右翼基督徒和有特权的穆斯林部门对贫困弱势群体的统治，所谓的"恐怖行动"在后者自己看来其实是抵抗——这种观点在美国不予讨论。同样，以色列提到的"恐怖村民"攻击以色列占领军的事件也只是平淡无奇的报道而已，没有任何评论——历史上也没有对过去类似提法的记录。无论是以色列 1984 年 1 月初在巴勒贝克附近村庄造成 500 人伤亡（其中大部分是平民，包括 150 名学童）的轰炸、还是在国际水域劫持船只并对船上乘客的绑架（事发几个月后，而且以前这种事情也经常发生）等，都称不上是"恐怖活动"，而只是"报复"——又或者是"合法的先发制人行动"——这种报道在美国也没有人评论或谴责：以色列作为美国的附庸，继承了暴力、恐怖主义和侵略的权利。通常，他们不需要的事实就会被限制报道。上文提到的老挝和柬埔寨"秘密爆炸案"之所以成为"秘密"，是因为媒体拒绝报道已经掌握的大量证据。印度尼西亚在美国的支持下入侵了东帝汶，造成大约 20 万人死亡和比亚夫拉式（Biafra-style）饥荒[①]，这一事实被完全封锁了逾

---

① 1967 年 5 月，尼日利亚东部地区的军事首领宣布成立"比亚夫拉共和国"。联邦政府出兵镇压，封锁海岸。10 月夺回比亚夫拉的首府和一个港口。1968 年的头几个月又夺回另外两个港口。这次内乱使大批平民流离失所。据报道，约有 800 万至 1200 万逃难者为饥饿和疲乏所害；该地区每日有 200 人死亡（一说每 15 分钟有 1 人死亡）。——校者注

四年之久。布赖恩·詹金斯（Brian Jenkins）在美国兰德公司[①]1983年的一项研究称："自1975年以来，就已经发生了12起涉及大量使用常规部队的冲突"；1975年开始在美国的支持下对东帝汶发动的侵略战争还不在其列，尽管印度尼西亚部队的投入一直是"实质性的"，因为有消息称一批美国军火被运送至事发地，那明摆着会用于大屠杀。今天，持续不断的暴行几乎鲜见于报端，并且即便这些暴行沉寂多年后被媒体曝出，美国在其中很有目的之关键角色也会被刻意忽略。

媒体在被动员起来支持国家宣传体系时，力量很可怕。1983年9月1日，苏联空军击落KAL007航班的事件就是近期最引人关注的公关成功的案例之一。因此我们必须研制MX战略弹道导弹，在德国安置"潘兴"Ⅱ型导弹，并升级对尼加拉瓜的战争。与此同时，《纽约时报》援引了某公司航天分析师兴奋的评论："韩国的喷气式客机事件引发了对国防工业更积极的重新评估，国防股全线飘红。"很少有事件会激起如此公愤，也很少有新闻得到美国新闻界如此铺天盖地的报道。印满密密麻麻文字的《纽约时报》索引用了整整七页的版面专门报道了1983年9月发生的这一暴行。尽管随后官方推翻了这一报道，并承认苏联军方可能并不知道这是一架民用飞机；但政府已经成功完成了既定目标。

此后的几个月内，人们就KAL007航班提出了一些质疑。英国军事杂志《国防专员》(*Defence Attaché*，1984年第3期)中的一篇文章提供的证据表明，KAL航班选择此时入侵敏感的苏联领空，可能是为了让美国太空飞行器监测苏联的反应，文章还引用了此前的案例说明这一战略。文章作者指出"如果西方国家有失败之处，也是败在新闻调查业，因为该行业不具备预期的活力"；他敦促说"正是美国国内的自由新闻界才应直面挑战"。截至撰写本文之时（1984年9月），新闻业仍未接受挑战。《纽约

[①] 兰德公司（Rand Corporation），是美国的一所智库。在其成立之初主要为美国军方提供调研和情报分析服务；后来发展成为一家为政府以及营利性团体提供服务的非营利性研究机构。——译者注

时报》甚至没有报道这些对美国政府的指控，仅仅对政府数周后的否认做了粗略的提及，用只言片语表明这些指控是"苏联的辩解"，是很容易驳回的。[1] 几个月后，大卫·皮尔森（David Pearson）提供证据证明：美国政府当时完全知道 KAL007 偏离航线，并且在"当苏联正在进行一次重大的导弹试验时飞向了苏联领空，因此这架客机处于巨大的危险之中"，而且有数家美国机构当时"有时间和办法与 KAL007 航班取得通信联系并纠正其航线，但没有一家机构这样做"。他认为，由此可以推断：白宫和五角大楼也有足够的信息和机会"向民用空中交通管制当局发出指示，以纠正客机航线，但他们并没有这样做。"美国前外交官约翰·盖伯尔（John Keppel）曾参与试图掩盖 1960 年 U-2 击坠事件，他表示："经过对苏联击落韩国航空公司飞机事件的调查，他确信美国隐匿了这架飞机正在执行间谍任务的证据"，并提议国会展开调查。[2]

这些指控以及支持指控的信息似乎值得关注。但在大多数情况下，它们都被悄无声息地掩盖过去，只是偶尔见于官方出面否认的报道，即声称"美国的任何机构都不知道这架飞机在被击落前已经偏离轨道并处于危险之中"，并且"RC135［在韩国客机附近飞过并且配备了最先进技术的美国间谍飞机］的机组人员完全没有意识到"客机的存在[3]——这一高度敏感的地区受到美国密切监视，并且就在那时因为即将进行的苏联导弹试验，美国还对该地区加强了监视。那些相信官方否认言论的人应该呼吁国会展开另一种不同的调查，即调查美国无效的令人诧异的情报和监视系统。

这一事件还有其他耐人寻味之处。值得注意的是：当人们对苏联暴行表示愤怒时，受美国和南非支持的"自由战士"安哥拉民族独立运动全国联盟（安盟）却因击落一架安哥拉飞机造成 126 人死亡而受到赞扬。这架飞机飞越敏感区域时并没有偏离航道，附近也没有美国侦察机搅局，这毫无异议。我们的英雄们兴奋地宣布这就是一场有预谋的谋杀。《纽约时报》只用了 100 个字报道这一事件，媒体显然都没有发表任何评论。安盟进一步声称，已于 1984 年 2 月击落一架安哥拉民用喷气式飞机并造成 100 人死亡，这一消息几乎没有媒体提及；据我所知，美国新闻界连报道这件事的一则新闻都没有。

记忆力好的人还会想起其他案例。1976 年 10 月，一架古巴客机被长期以来与中央情报局有联系的恐怖主义分子轰炸，造成 73 名平民丧生。此时正值针对古巴的国际恐怖主义运动达到 20 年来的巅峰时期。1973 年，以色列在苏伊士运河上方击落一架在沙尘暴中迷航的民用飞机，造成 110 人遇难，而这架飞机再有两分钟的航程就将抵达目的地开罗。该事件几乎没有引发任何抗议，《纽约时报》只有一则社论对此评论说"追究责任归属的激烈辩论没有任何意义"。四天后，以色列总理戈尔达·梅厄（Golda Meir）访问美国，她几乎没被追问任何令人尴尬的问题，反而携带美方赠送的新礼物——军用飞机回国了。与最近提出的旨在将该事件与苏联暴行区别对待的主张相反，[4] 以色列拒绝支付赔款或承担任何责任，只提供特惠补偿，而这种补偿通常来源于国外慷慨捐助的资金。1955 年，一架载有前往万隆参会的中国代表团的印航飞机在空中被炸毁，香港警方称之为"精心策划的大屠杀"。后来，一名美国叛逃者声称是他受命于中央情报局将炸弹安置在飞机上的。[5] 这些事件都没有表现出"野蛮"；这一切很快就被遗忘了。在国会一致谴责苏联暴行的决议案文字中，这些事件都算不上是"历史上最臭名昭著、最应受谴责的罪行之一"，这使得参议员莫伊尼汉（Moynihan）不由称赞说，这是"自日内瓦公约以来，犯罪概念演变过程中最重要的一个概念"。[6]

这样的例子不胜枚举。历史就是通过这样的方式，按照有权势之人的利益塑造的。

沃尔特·利普曼（Walter Lippman）在 1921 年将以上种种事例都归入他所谓的"制造同意"的标题之下，这是一种"能够带来巨大雅观"的艺术，并将在"民主实践"过程中引发一场"革命"。这种艺术在社会科学中备受推崇。美国著名政治学家哈罗德·拉斯韦尔（Harold Lasswell）在

1933年写道：我们必须避免"民主教条主义"，比如认为人民"是自身利益的最佳裁判"。民主允许人民的声音被听到，知识分子的任务是确保这种声音支持远见卓识的领导人确定的正确路线。宣传对于民主，如同暴力之于极权主义。这些伎俩已然被打磨成高雅艺术，远超奥威尔想象。伪装异议的手段结合了国家宗教教义并消除了理性的批判讨论，手法更为微妙；而公然撒谎、掩盖事实以及其他粗鄙的手段也随处可见，它们阻止我们了解和理解所处的世界，可谓行之有效。

应该指出的是：意识形态控制（宣传鼓动）对民主国家而言比对暴力统治的国家更为重要，因此，民主国家的控制手段更为精妙且可能更为有效。除了在政治辩论的遥远边缘地带之外，像丹切夫这样的勇士在美国可谓凤毛麟角。

对于那些执意寻求自由的人来说，最紧迫的任务莫过于理解教化的机制和做法。它们在极权主义社会很容易被察觉。但是，我们处于"自由之下的洗脑"体系，常常自觉或不自觉地充当了洗脑工具，要认识到上述机制和做法就更不容易了。

注释

1 参见《纽约时报》1984年9月1日刊登的关于威廉·布罗德（William Broad）的报道；又见7月8日和8月31日的报道；《华盛顿邮报》于6月19日刊登了《国防专员》报道的文章。
2 参见1984年8月18日《国家民族政坛》刊登的大卫·皮尔森的报道；又见1984年8月27日《波士顿环球报》的合众国际社（UPI）报道。汤姆·维克（Tom Wicker）写道，媒体未能报道或调查对皮尔逊的指控证明"自越南战争和水门事件以来美国自由新闻媒体就已经沦落到和政府沆瀣一气的地步"——事实上，当时及此前也是如此（"可恶的沉默"，《纽约时报》，1984年9月7日；《时代周刊》一直是最可恶的参与者之一）。
3 此言引自一位不明身份的国务院高级官员（弗雷德·卡普兰，《波士顿环球报》1984年8月29日）。《纽约时报》对此几乎没有做出任何报道，尽管用了一些篇幅报道了政府对指控的否认；它作为"记录报"应该承担特殊的责任。这种模式并不罕见。通常，官方对未被报告事实的否认会起到有益的引导作用，细心的读者都能意识到了这一点。
4 马丁·佩雷茨（Martin Perez）之文，见1983年10月24日出版的《新共和国》，研究中东和平问题的美国教授迈克尔·柯蒂斯（Michael Curtis）的信，《纽约时报》1983年10月2日。
5 布莱恩·厄克特（Brian Urquhart），《哈马斯乔尔德》（New York：Knopf，1972）。
6 引自伦道夫·莱恩（Randolph Ryan）"滥用7号航班的悲剧"，《波士顿环球报》1984年9月16日。莱恩从中得出的教训是：政府和国会都不可信，"里根总统和国会都歪曲了事实"。更重要的问题涉及媒体，却鲜有人问津。

参考文献

Anderson, J. M. (1972). *The Grammar of Case* (London: Cambridge Univ ersity. Press).
Anderson, M. (1979). "Noun Phrase Structure." Ph. D. dissertation, University of Connecticut.
——. (1983). "Prenominal Genitive NP's." ms., University of Connecticut.
Aoun, J. (1982). "The Formal Nature of Anaphoric Relations." Ph. D. dissertation, MIT.
——. (1985). *A Grammar of Anaphora* (Cambridge: MIT Press).
Aoun, J. & Sportiche, D. (1983). "On the Formal Theory of Government." *Linguistic Review* 2.3.
Aoun, J. & Lightfoot, D. (1984). "Government and Contraction." *Linguistic Inquiry* 15.3.
Baker, C. L. (1970). "Notes on the Description of English Questions. " *Foundations of Language* 6.
Baker, C. L. & McCarthy, J., (eds.). (1981). *The Logical Problem of Language Acquisition* (Cambridge: MIT Press).
Baker, M. (1985). "The Mirror Principle and Morphosyntactic Explanation." *Linguistic Inquiry* 16.3.
Baltin, M. (1978). "Toward a Theory of Movement Rules." Ph. D. dissertation, MIT.
Barton, E. (1984). "Toward a Principle-Based Parser." ms., MIT.
Belletti, A. (1982). " 'Morphological' Passive and Pro-drop: The Impersonal Construction in Italian." *J. of Linguistic Research* 2.1.
——. (1984). "Unaccusatives as Case Assigners." ms., MIT/Scuola Normale Superiore, Pisa.
Belletti, A. & Rizzi, L. (1981). "The Syntax of 'ne' : Some Theoretical Implications." *Linguistic Review* 1.2.
Bergvall, V. (1982). "WH-questions and Island Constraints in Kikuyu: A Reanalysis." In J. Kaye, (ed.), *Current Approaches to African Linguistics,* Vol. II, (Dordrecht: Foris).

Berwick, R. (1982). "Locality Principles and the Acquisition of Syntactic Knowledge." Ph. D. dissertation, MIT.

Berwick, R. & Weinberg, A. (1984). *The Grammatical Basis of Linguistic Performance* (Cambridge: MIT Press).

Bever, T. G. (1983). "The Nonspecific Bases of Language." In E. Wanner & L. Gleitman, (eds.), *Language Acquisition: The State of the Art* (Cambridge: Harvard).

Bickerton, D. (1984). "The Language Biogram Hypothesis." *Behavioral and Brain Sciences* 7.2.

Bloomfield, L. (1928). "A Set of Postulates for the Science of Language." *Language* 2. Reprinted by M. Joos (ed.), *Readings in Linguistics*. Washington: American Council of Learned Sciences, 1957.

——. (1933). *Language* (New York: Holt).

——. (1939). "Menomini Morphophonemics." *Travaux du cercle linguistique de Prague*.

Borer, H. (1983). "The Projection Principle and Rules of Morphology." *Proceedings of the Northeastern Linguistic Society* (*NELS*) 14.

——. (1984a). *Parametric Syntax* (Dordrecht: Foris).

——. (1984b). "I-Subjects." ms., UC-Irvine.

Borer, H. & Wexler, K. (1984). "The Maturation of Syntax." ms., UC-Irvine.

Bouchard, D. (1984). *On the Content of Empty Categories* (Dordrecht: Foris).

Bracken, H. (1984). *Mind and Language* (Dordrecht: Foris).

Bresnan, J., (ed.). (1982). *The Mental Representation of Grammatical Relations* (Cambridge: MIT Press).

Brody, M. (1984). "On Contextual Definitions and the Role of Chains." *Linguistic Inquiry* 15.3.

Burge, T. (1984). "Individualism and Psychology." ms., UCLA. Paper presented at Sloan Conference on Philosophy and Psychology, MIT, May 1984.

Burzio, L. (forthcoming). *Italian Syntax: A Government-Binding Approach* (Dordrecht: Reidel).

Cartmill, M. (1984). "Innate Grammars and the Evolutionary Presumption." *Behavioral and Brain Sciences* 7.2.

Chomsky, N. (1962). "A Transformational Approach to Syntax." In A. A. Hill (ed.), *Proceedings of the Third Texas Conference on Problems of Linguistic Analysis in English* (1958) (Austin: University of Texas Press).

——. (1964). *Current Issues in Linguistic Theory* (The Hague: Mouton).

——. (1965). *Aspects of the Theory of Syntax* (Cambridge: MIT Press).

——. (1966). *Cartesian Linguistics* (New York: Harper & Row).

——. (1968). *Language and Mind* (New York: Harcourt, Brace & World); extended edition (1972).

——. (1975a). *Logical Structure of Linguistic Theory* (New York: Plenum); drawn from an unpublished 1955—56 manuscript.

——. (1975b). *Reflections on Language* (New York, Pantheon).

——. (1977). *Essays on Form and Interpretation* (Amsterdam: North-Holland).

——. (1980a). "On Binding." *Linguistic Inquiry* 11.1.

——. (1980b). *Rules and Representations* (New York: Columbia University Press).

——. (1981). *Lectures on Government and Binding* (Dordrecht: Foris).

——. (1982). *Some Concepts and Consequences of the Theory of Government and Binding* (Cambridge: MIT Press).

——. (forthcoming). "A generalization of X-bar theory, " in A. Borg, S. Somekh & P. Wexler, (eds.), *Studia linguistica et Orientalia Memoriae Haim Blanc dedicata* (Wiesbaden: Verlag Otto Harrassowitz).

Chomsky, N., Huybregts, R., & Riemsdijk, H. van. (1982). *The Generative Enterprise* (Dordrecht: Foris).

Chomsky, N. & Lasnik, H. (1977). "Filters and Control." *Linguistic Inquiry* 8.3.

Crain, S. & Nakayama, M. (1984). "Structure Dependence in Grammar Formation." ms., University of Connecticut.

Demopoulos, W. & Matthews, R. J. (1983). "On the Hypothesis That Grammars Are Mentally Represented." *Behavioral and Brain Sciences* 6.3.

Dennett, D. (1983). "Styles of Mental Representation, " *Proceedings of the Aristotelian Society,* pp. 213—226.

Dummett M. (1981). "Objections to Chomsky." *London Review of Books,* 3—16 September.

Emonds, J. (1976). *A Transformational Approach to Syntax* (New York: Academic Press).

Enc, B. (1983, May). "In Defense of the Identity Theory." *J. of Philosophy* 80.5.

Epstein, S. (1984). "Quantifier-pro and the LF Representation of PRO_{ARB}." *Linguistic Inquiry* 15.3.

Evans, G. (1980). "Pronouns." *Linguistic Inquiry* 11.2.

Fabb, N. (1984). "Syntactic Affixation." Ph. D. dissertation, MIT.

Fillmore, C. (1968). "The Case for Case." In E. Bach & R. Harms, (eds.), *Universals in Linguistic Theory* (New York: Holt, Rinehart & Winston).

Finer, D. (1984). "The Formal Grammar of Switch-Reference." Ph. D. dissertation, University of Massachusetts.

Fodor, J. (1983). *The Modularity of Mind* (Cambridge: MIT Press).

Fodor, J., Bever, T., & Garrett, M. (1974). *The Psychology of Language* (New York: McGraw-Hill).

Freidin, R. (1978). "Cyclicity and the Theory of Grammar." *Linguistic Inquiry* 9.4.

——. (forthcoming). "Fundamental Issues in the Theory of Binding." In B. Lust, (ed.), *Acquisition Studies in Anaphora* (Dordrecht: Reidel).

Gallistel, C. R. (1980, July-August). "From Muscles to Motivation." *American Scientist* 68.

Gee, J. & Kegl, J. (1982, September). "Semantic Perspicuity and the Locative Hypothesis." *J. of Education.*

Giorgi, A. (1983). "Toward a Theory of Long Distance Anaphors." ms., Istituto di Psicologia. CNR, Rome.

Gleitman, L. (1981). "Maturational Determinants of Language Growth." *Cognition* 10: 1—3.

Grimshaw (1981). "Form, Function and the Language Acquisition Device." In C. L. Baker and J. McCarthy, (eds.), *The Logical Problem of Language Acquisition*, (Cambridge: MIT Press).

Gruber, J. S. (1976). *Studies in Lexical Relations* (Amsterdam: North-Holland) [MIT Ph. D. dissertation, 1965].

Gunderson, K., (ed.). (1975). *Language, Mind and Knowledge* (Minneapolis: University of Minnesota Press).

Harris, R. (1983). "Theoretical Ideas." *Times Literary Supplement,* 14 October.

Heilbron, J. L. (1964). *A History of the Problem of Atomic Structure from the Discovery of the Electron to the Beginning of Quantum Mechanics.* Ph. D. dissertation, UC-Berkeley.

Higginbotham, J. (1983a). "Logical Form, Binding and Nominals." *Linguistic Inquiry* 14.3.

——. (1983b). "Is Grammar Psychological?" In L. S. Cauman, I. Levi, C. Parsons, & R. Schwartz, *How Many Questions?* (Indianapolis: Hackett).

——. (forthcoming). "On Semantics." *Linguistic Inquiry.*

Hockney, D. (1975). "The Bifurcation of Scientific Theories and Indeterminacy of Translation." *Philosophy of Science,* 42.4.

Hornstein, N. (1984). *Logic as Grammar* (Cambridge: MIT Press).

Hornstein, N. & Lightfoot, D. (eds.). (1981). *Explanation in Linguistics* (London:

Longman).

Hornstein, N. & Weinberg, A. (1981). "Case Theory and Preposition Stranding." *Linguistic Inquiry* 12.1.

Horwich, P. (1984). "Critical Notice: Saul Kripke: Wittgenstein on Rules and Private Language." *Philosophy of Science* 51.1.

Huang, C. -T. J. (1982). "Logical Relations in Chinese and the Theory of Grammar. Ph. D. dissertation, MIT.

——. (1983). "A Note on the Binding Theory." *Linguistic Inquiry* 14.3.

Hyams, N. (1983). "The Acquisition of Parametrized Grammars." Ph. D. dissertation, CUNY.

Jackendoff, R. (1972). *Semantic Interpretation in Generative Grammar* (Cambridge: MIT Press).

——. (1984). *Semantics and Cognition* (Cambridge: MIT Press).

Jaeggli, O. (1982). *On Some Phonologically Null Elements in Syntax* (Dordrecht: Foris).

Jespersen, O. (1924). *The Philosophy of Grammar* (London: Allen & Unwin).

Johnson-Laird, P. (1983). *Mental Models* (Cambridge: Harvard University Press).

Joos, M., (ed.). (1957). *Readings in Linguistics* (Washington: American Council of Learned Societies).

Katz, J. (1981). *Language and Other Abstract Objects* (Totowa, NJ: Rowman & Littlefield).

Kayne, R (1975). *French Syntax* (Cambridge: MIT Press).

——. (1984). *Connectedness and Binary Branching* (Dordrecht: Foris).

Kegl, J. (1984). "Locative Relations in American Sign Language." Ph. D. dissertation, MIT.

Keyser, J. & Roeper, T. (1984). "On the Middle and Ergative Constructions in English." *Linguistic Inquiry* 15.3.

Kiparsky, P. (1982). *Some Theoretical Problems in Panini's Grammar* (Poona: Bhandarkar Oriental Research Institute).

Kirsh, D. (1983). "Representation and Rationality: Foundations of Cognitive Science." Ph. D. dissertation, Oxford University.

Koopman (1984). *The Syntax of Verbs* (Dordrecht: Foris).

Koster, J. (1978). *Locality Principles in Syntax* (Dordrecht: Foris).

——. (1984). "On Binding and Control." *Linguistic Inquiry* 15.3.

Koster, J. & May, R. (1982). "On the Constituency of Infinitives." *Language* 58.1.

Kripke, S. (1982). *Wittgenstein on Rules and Private Language* (Cambridge: Harvard

University Press).

Lasnik, H. (1976). "Remarks on Coreference." *Linguistic Analysis* 2.1.

——. (1982). "On Two Recent Treatments of Disjoint Reference, " *J. of Linguistic Research* 1.4.

——. (1984). "A Note on Illicit NP Movement." ms., University of Connecticut.

Lasnik, H. & Saito, M. (1984). "On the Nature of Proper Government." *Linguistic Inquiry* 15.2.

Lebeaux, D. (1983). "A Distributional Difference between Reciprocals and Reflexives." *Linguistic Inquiry* 14.4.

Levin, J. (1983). "Government Relations and the Structure of INFL." In I. Haik & D. Massam, (eds.), *MIT Working Papers in Linguistics,* vol. 5.

Lewis, D. (1975). "Languages and Language." In K. Gunderson, (ed.), *Language, Mind and Knowledge* (Minneapolis: University of Minnesota Press).

Lightfoot, D. (1979). *Principles of Diachronic Syntax* (London: Cambridge University Press).

——. (1981). "Review of G. Sampson, *Liberty and Language."* *J. of Linguistics* XVII. l.

——. (1982). *The Language Lottery* (Cambridge: MIT Press).

Longobardi, G. (1983). "Connectedness, Scope and C-Command." ms., Scuola Normale Superiore.

Manzini, M. R. (1983a). "On Control and Control Theory." *Linguistic Inquiry* 14.3.

——. (1983b). "Restructuring and Reanalysis." Ph. D. dissertation, MIT.

Marantz, A. (1984). *On the Nature of Grammatical Relations* (Cambridge: MIT Press).

Marcus, M. (1980). *A Theory of Syntactic Recognition for Natural Language* (Cambridge: MIT Press).

Marr, D. (1982). *Vision* (San Francisco: Freeman).

May, R. (1977). "The Grammar of Quantification." Ph. D. dissertation, MIT.

——. (forthcoming). *Logical Form* (Cambridge: MIT Press).

McGinn, C. (1981). "Review of Chomsky (1980b)." *J. of Philosophy* 78.5.

Miller, G. A. & Chomsky, N. (1963). "Finitary Models of Language Users." In R. D. Luce, R. Bush, & E. Galanter, (eds.), *Handbook of Mathematical Psychology,* vol. II (New York: Wiley).

Montalbetti, M. (1984). "After Binding." Ph. D. dissertation, MIT.

Moravcsik, J. (1975). "Aitia as Generative Factor in Aristotle's Philosophy, " *Dialogue.*

Nagel, T. (1969). "Linguistics and Epistemology." In S. Hook, (ed.), *Language and Philosophy* (New York: NYU Press).

Newmeyer, F. J. (1980). *Linguistic Theory in America* (New York: Academic Press).

——. (1983). *Grammatical Theory* (Chicago: University of Chicago Press).

Ney, J. (1983). "Review of Chomsky (1982)." *Language Sciences* 5.2.

Ogle, R. (1980). "Two Port-Royal Theories of Natural Order." In K. Koerner, (ed.), *Amsterdam Studies in the Theory and History of Linguistic Science III: Studies in the History of Linguistics,* vol. 20 (Amsterdam: John Benjamins B. V.)

Osherson, D., Stob, M., & Weinstein, S. (1984). "Learning Theory and Natural Language. *Cognition* 17.1.

Perlmutter, D. (1983a). "Personal vs. Impersonal Constructions, " *Natural Language and Linguistic Theory* 1.1.

——. (1983b). *Studies in Relational Grammar* (Chicago: University of Chicago Press).

Pesetsky, D. (1982). "Paths and Categories." Ph. D. dissertation, MIT.

Pica, P. (1984). "Subject, Tense and Truth: Towards a Modular Approach to Binding." ms., CNRS, Paris.

Picallo, C. (1984). "Opaque Domains." Ph. D. dissertation, CUNY.

Pollock, J. -Y. (1983). "Accords, chaînes impersonnelles et variables." *Lingvisticae Investigationes* 7.1.

Popkin, R. (1979). *The History of Scepticism from Erasmus to Spinoza* (Berkeley, University of California Press).

Postal, P. (1964). *Constituent Structure* (The Hague: Mouton).

——. (1971). *Cross-Over Phenomena* (New York: Holt, Rinehart & Winston).

Postal, P. and G. Pullum. (1982). "The Contraction Debate, " *Linguistic Inquiry* 13.1.

Putnam, H. (1975). "The Meaning of 'Meaning'." In K. Gunderson, (ed.), *Language, Mind and Knowledge* (Minneapolis, University of Minnesota Press).

——. (1981). *Reason, Truth and History* (Cambridge: Cambridge University Press).

Pylyshyn, Z. (1984). *Computation and Cognition* (Cambridge: MIT Press).

Quine, W. V. (1960). *Word and Object* (Cambridge: MIT Press).

——. (1972). "Methodological Reflections on Current Linguistic Theory." In G. Harman & D. Davidson, (eds.), *Semantics of Natural Language* (New York: Humanities Press).

Radford, A. (1981). *Transformational Syntax* (Cambridge: Cambridge University Press).

Reinhart, T. (1983). *Anaphora and Semantic Interpretation* (London: Croom Helm).

Reuland (1983a). "Governing -ing." *Linguistic Inquiry* 14.1.

——. (1984). "Representation at the Level of Logical Form and the Definiteness Effect." ms., Groningen.

Reynolds, A. L. (1971). "What *Did* Otto Jespersen Say?" *Papers of the Chicago Linguistic Society.*
Riemsdijk, H. van. (1978). *A Case Study in Syntactic Markedness* (Dordrecht: Foris).
——. (1981). "The Case of German Adjectives." In J. Pustejovsky & V. Burke, (eds.), *Markedness and Learnability,* University of Massachusetts Occasional Papers in Linguistics, 6 (Amherst).
Riemsdijk, H. van & Williams, E. (1985). *Introduction to the Theory of Grammar* (Cambridge: MIT Press).
Rizzi, L. (1982a). *Issues in Italian Syntax* (Dordrecht: Foris).
——. (1982b). "On Chain Formation." ms., Universita della Calabria.
Roeper, T. (1984). "Implicit Arguments and the Projection Principle." ms., University of Massachusetts.
Ross, J. (1967). "Constraints on Variables in Syntax." Ph. D. dissertation, MIT.
Rothstein, S. (1983). "The Syntactic Form of Predication." Ph. D. dissertation, MIT.
Rouveret, A. & Vergnaud, J. -R. (1980). "Specifying Reference to the Subject." *Linguistic Inquiry* 11.1.
Safir, K. (1984). "Multiple Variable Binding." *Linguistic Inquiry* 15.4.
——. (forthcoming). *Syntactic Chains* (London: Cambridge University Press).
Saito, M. (1985). "Some Asymmetries in Japanese and Their Theoretical Implications." Ph. D. dissertation, MIT.
Sapir, E. (1921). *Language* (New York: Harcourt, Brace).
Schachter, P. (1984). "Auxiliary Reduction: An Argument for GPSG." *Linguistic Inquiry* 15.3.
Shepard, R. (1982). "Perceptual and Analogical Bases of Cognition." In J. Mehler, M. Garrett, & E. Walker, (eds.), *Perspectives in Mental Representation* (Hillsdale, NJ: Erlbaum).
Soames, S. (1984). "Linguistics and Psychology, " *Linguistics and Philosophy* 7.2.
Sportiche, D. (1983). "Structural Invariance and Symmetry in Syntax." Ph. D. dissertation, MIT.
Stent, G. (1981). "Cerebral Hermeneutics." *J. Social Biol. Struct.* 4.107—124.
Stowell, T. (1978). "What Was There Before There Was There." In D. Farkas, W. Jacobsen, & K. Todrys, (eds.), *Papers from the Fourteenth Regional Meeting,* Chicago Linguistics Society.
——. (1981). "Origins of Phrase Structure." Ph. D. dissertation, MIT.
Tomas, V. (editor) (1957). *Peirce's Essays in the Philosophy of Science* (New York: Liberal

Arts Press).

Trager, G. & Smith, H. L. (1951). *An Outline of English Structure* (*Studies in Linguistics* Occasional Papers 3).

Travis (1984). "Parameters and Effects of Word Order Variation." Ph. D. dissertation, MIT.

Ullman, S. (1979). *The Interpretation of Visual Motion* (Cambridge: MIT Press).

Vergnaud, J. -R. (1982). *Dépendances et Niveaux de Representation en Syntaxe,* Thèse de Doctorat d'Etat, Université de Paris VII.

Wanner, E. & Gleitman, L. (eds.). (1982). *Language Acquisition: The State of the Art* (Cambridge: Harvard).

Wasow, T. (1979). *Anaphora in Generative Grammar* (Ghent: E. Story-Scientia Gent.).

Wexler, K. (1982). "A Principle Theory for Language Acquisition." In E. Wanner & L. Gleitman, (eds.), *Language Acquisition: The State of the Art* (Cambridge: Harvard).

Wexler, K. & Culicover, P. (1980). *Formal Principles of Language Acquisition* (Cambridge: MIT Press).

White, A. (1982). *The Nature of Knowledge* (Totowa, NJ: Rowman & Littlefield.)

Whitman, J. (1982). "Configurationality Parameters." ms., Harvard.

Whitney, W. D. (1872). "Steinthal and the Psychological Theory of Language." *North American Review.*

Williams, E. (1980). "Predication." *Linguistic Inquiry* 11.1.

——. (1982a). "Another Argument that Passive is Transformational." *Linguistic Analysis* 13.1.

——. (1982b). "The NP Cycle" *Linguistic Inquiry* 13.2.

Wittgenstein, L. (1953). *Philosophical Investigations* (Oxford: Blackwell).

Yang, D. -W. (1983). "The Extended Binding Theory of Anaphora." ms., MIT.

Zagona, K. (1982). "Government and Proper Government of Verbal Projections." Ph. D. dissertation, University of Washington.

Zubizarreta, M.-L. (1982). "On the Relationship of the Lexicon to Syntax." Ph. D. dissertation, MIT.

索　引

（数字对应的是本书边码）

A-binding 论元约束，80，182，207n
A-bound 受论元约束，114
Abstract linguistics 抽象语言学，35，36
Accessible subject 可及主语，concept of 可及主语概念，177
A-chains 论元语链，131，177，202
Ā-chains 非论元语链，131，202
Adjective Phrases 形容词短语，121
Adjunct clauses 附加从句，127，128，135
Adverbs 副词，agent-oriented 施事指向的副词，118
Affect-α 影响-α，74，83，100
Afghanistan 阿富汗，Soviet invasion of 苏联入侵阿富汗，276
A-free 不受论元约束，86，98，114，165
AGR element 一致成分，157，162，172，173，176，177，193
Ajdukiewicz, K. 卡齐米尔兹·爱裘凯维茨，208n
A-linguistics 抽象语言学 see Abstract Linguistics 参见 Abstract Linguistics
Alpha (α) α-移位 see Affect-α; Move-α 参见 Affect-α; Move-α
Alsop, Joseph 约瑟夫·阿尔索普，279
Analogy 类推，11-12，32，78
Anaphora 照应关系，175
Anaphors 照应语，107，117
　and antecedents 照应语及先行语，120，125
　binding theory conditions for 照应语的约束理论条件，164，166，168，171，172，174，175，178，181，183，207，211n，216n
　and MGC 照应语及最小管辖语域，169，170
　NP-trace as 作为照应语的 NP-语迹，177
　Pronominal 代词性照应语，183
　and SSC 照应语及明确的主语条件，165
Anaphor-trace relation 照应语-语迹关系，176
Anderson, J. M. 约翰·安德森，275n
Anderson, M. 莫娜·安德森，195，213n，218n，219n
Antecedents 先行语，60—61，85，107，119，167，168，175，177，183
　of an anaphor 照应语的先行语，120，125，166，207
　relation with pronouns 与代词的先行语关系，77—79
　split 分裂先行语，126，127，131
　subject as 主语作先行语，108，109
Aoun, Joseph 约瑟夫·奥恩，94，126，162，163，207n，211n，214n，215n，216n，217n，219n
A-over-A principle A-盖-A 原则 71

索 引

Ā-position 非论元位置, 80, 85, 93, 94, 131, 175, 178, 179, 184, 208n, 220n
    chains in 非论元位置的语链, 95, 97, 98, 131, 135, 136, 181
    D-structure D-结构, 97, 134
Argument-headed chains 论元为中心语的语链, 96
Arguments 论元, 93, 94, 95, 97, 98, 101, 116, 120, 155, 199, 200
    abstract representation of 论元的抽象表征式, 131—44
    expletive pairs 虚位成分-论元语对, 96, 131, 132, 178, 179, 180, 181, 196, 212n, 217n
    missing, 缺失的论元 119
AR rule 助动词简略规则, 163, 164
ask 询问, 88, 89
Aspects of the Theory of Syntax《句法理论面面观》, 29
Atomic elements 原子成分, phonology 音系学, 21
Auxiliary reduction rule 助动词简略规则 see AR 参见 AR
Bacon, Roger 罗杰·培根, 1
Baker, C. L. 克里斯·贝克, 76, 214n
Baker, Mark 马克·贝克, 158, 159, 214n, 219n
Baltin, M. 马克·巴尔丁, 206
Bar-Hillel, Y. 约书亚·巴尔-希勒尔, 208n
Barton, E. 爱德华·巴顿, 214n
Beauzée, N. 尼古拉斯·博泽, 1
Belletti, A. 阿德里安娜·贝莱蒂, 162, 212n, 217n
Bergvall, V. 维多利亚·贝格沃尔, 214
Bernays, Edward, 爱德华·伯内斯, xxvii
Berwick, R. 罗伯特·伯威克, 50n, 146, 204n, 213n, 214n, 274n
Bever, T. 托马斯·贝弗, 33, 48n, 49n, 214n
Bickerton, D. 德里克·比克顿, 50n
Bifurcation thesis 自然之两分论题, 13n
Binder 约束语, 128, 129, 130, 131, 177
Binding condition 约束条件, 114, 144
Binding 约束, local 局部约束, 198, 218n
Binding principle 约束原则, 77, 80, 85, 98, 119, 127
Binding theory 约束理论, 8, 14n, 39, 60, 61, 72, 77, 78, 85, 93, 102, 103, 106, 109, 117, 140, 143, 144, 155, 164—204, 207, 211n, 212n, 215n, 216n, 217n, 228, 240, 243, 244, 270
Bloch, B. 伯纳德·布洛赫, 7
Bloomfield, L. 伦纳德·布龙菲尔德, 13n, 16, 17, 19, 20, 29, 32, 47n, 48n, 147
Boasian view (Joos)（裘斯的）博厄斯式观点, 20—21
Boltzmann, L. 路德维希·玻尔兹曼, 251
Borer, H. 海吉特·博雷尔, 204, 206n, 208n, 210n, 212n, 213n, 214n, 216n, 219n
Bouchard, D. 丹尼斯·布沙尔, 207n, 209n, 211n, 215n
Bounding theory 界限理论, 72, 77, 101, 102, 104, 111, 153, 154, 155, 156, 181, 203, 210n, 219n
Bound pronominal 受约代词, 122
Bound variable 受约变量, 121, 122
Bracken, H. 哈里·布拉肯, 13n, 204n, 273n
Bresnan, J. 琼·布莱斯南, 205n, 209n
Broad, William 威廉·布罗德, 286
Brody, M. 迈克尔·布罗迪, 217n
BT-compatibility 约束理论相容, 171, 172, 174, 176, 183

289

Burge, Tyler 泰勒·伯吉, 250
Burzio, L. 路易吉·布尔齐奥, 92, 139, 185, 206, 208n, 210n, 212n, 216n, 219n
by-phrase *by* 短语, 118, 122
Camp David accords 戴维营协议, 281
Canonical structural realization 典型结构实现形式. *see* CSR 参见 CSR
Cartesian problems 笛卡尔问题, 222, 234, 235, 242
Cartmill, M. 麦特·卡特米尔, 48n
Case 格, 74, 94, 117, 123, 157, 159, 164, 180, 181, 187, 189, 199, 214
 and chains 格与语链, 96, 133, 135, 140
 definitions 格的定义, 135
 and empty categories 格与虚范畴, 95
 and expletives 格与虚位成分, 132
 NP-trace NP 语迹的格, 143
 and prepositions 格与介词, 188
 and PRO 格与 PRO, 104
Case adjacency principle 格邻近原则, 82, 87, 88, 103, 160, 187, 208n, 215n, 243, 267
Case assignment 格指派, 198, 200, 201, 215n, 266, 267
Case filter 格鉴别式, 73, 74, 87, 88, 94, 95, 143, 157, 160, 183, 187, 189, 190, 192, 198, 201, 202, 203, 208n, 217n
 violations 违反格鉴别式, 140, 141, 191
Case-marked trace 格标记的语迹, 180, 182, 199, 200
Case-marking 格标记, 87, 94, 96, 103, 104, 108, 131, 135—44, 183, 189, 193, 194, 195, 198, 202, 203, 208n, 210n, 212n, 213n, 215n, 218n
Case realization 格实现, 200

Case theory 格理论, 73, 82, 88, 102, 117, 155, 174, 186—204, 208n, 210n
Case transfer 格传递, 96, 131
Categorial selection 语类选择 *see* C-selection 参见 C-selection
Causative verb construction 致使动词结构, 123
C-command 成分统制, 102, 126, 161—64, 166, 175, 177, 178, 181, 183, 199, 200
Central America 中美洲, 277, 280
Cerebral hermeneutics (Stent)（斯坦特的）大脑解释学, 40
CFC 完全功能复合体, 169, 171, 172
Chain(s) 语链, 95, 96, 98, 104, 109, 114, 122, 131, 132, 133, 136, 144, 178, 179, 181, 185, 186, 194, 196, 198, 199, 200, 208n, 209n, 210n, 212n, 215n, 218n
 in A-position 论元位置的语链, 95, 97, 98, 131, 135, 136, 181
 argument-headed 论元为中心语的语链, 96
 and case 语链与格, 96, 133, 135, 140
 links 语链连接, 96, 132, 136, 178, 179, 181, 197, 212n
 see also Ā-chains; A-chains 另见 Ā-chains; A-chains
CHAIN 语链关系, 132, 133, 135, 136, 137, 140, 144, 177, 178, 179, 181, 185, 196, 200, 203, 212n, 217n, 220n
 maximal 最大语链关系, 180, 182, 212n
Chinese-Japanese languages 汉语—日语类型的语言, 61, 75—76, 82, 152—55
Chisholm, Roderick 罗德里克·齐硕姆, 264
Chomsky, N. 诺姆·乔姆斯基, 13n, 14n, 47n, 48n, 49n, 50n, 55, 70, 91,

116，148，161，177，181，185，187，204n，205n，206n，207n，208n，209n，210n，211n，212n，213n，214n，216n，217n，218n，273n，274n，275n

claim 宣称，81，82，83

Clause structures 小句结构，small 小小句结构，91，97，160

C-linguistics C-语言学. *see* Cognitive-linguistics 参见 Cognitive-linguistics

Clitic-trace relation 附缀—语迹关系，176

Cognitive-linguistics 认知语言学，35

Cognitive systems 认知系统，xxv，xxvi

Coindexing 同标，77，93，162，172，173，174，179，180，197

Commonsense concept 常识性概念，of language 语言的常识性概念，15—19，27，28，32，222，224，227，274n

normative-teleological aspect of 语言常识性概念中的规范性目的论，227—28

Communicative competence 交际能力，48n

COMP 标句成分，161，162，172，189，215n，217n

Complementizer 标句成分. *see* COMP 参见 COMP

Complete functional complex 完整功能复合体. *see* CFC 参见 CFC

Complex verb 复杂动词，92

Constructive scepticism（Popkin）（波普金的）建构性怀疑论，240

Context-free rules 不受语境影响的规则，59

Context-sensitive rules 对语境敏感的规则，59

Contraction rule 缩略规则，162—63，164

Control structure 控制结构，168

Control theory 控制理论，124，155，211n

Cordemoy，G. 热罗德·科尔德莫瓦，234

Core language 核心语言，147，149，221，237

Crain，S. 史蒂芬·克雷恩，14n

Crossover 跨越，78，109，182，207n

C-selection 语类选择，87，88，89，90，105

CSR 典型结构体现形式，87，88，90，157，190

Cuba 古巴，285

Cudworth，Ralph 拉夫·卡德沃思，2

Culicover，P. 彼得·库利科弗，50n，204n，213n

Cyclic application of rules 规则的循环应用，principle of 规则的循环应用原则，72

Danchev，Vladimir 弗拉基米尔·丹切夫，276，277，278

Davidson，Donald 唐纳德·戴维森，246，247，258

Deep structures 深层结构. *see* D-structures 参见 D-structures

Delete-*wh* rule *wh*-删除规则，70，71

Deletion 删除，recoverability of 删除的可恢复性，70—71，179

Demopoulos，W. 威廉·德莫普洛斯，257

Dennett，D. 丹尼尔·丹尼特，245

Descartes，René 勒内·笛卡尔，222，223，234

Descriptive adequacy 描写充分，53，55，56，67，68，70，80，102，148

Division of linguistic labor（Putnam）（普特南）语言分工，18

Domain 区域：

of a binder 约束语的区域，128，129，130

of an element 一个成分的区域，60—61，78，102，114，161，162

local 局部区域，166，168，169，170

D-structures D-结构，64，65，67，68，73，

291

76，84，85，90，91，93，94，95，98，100，101，109，113—18，129，132—39，144，155—62，180，182，184，185，188，192—203，212n，213n，215n，217n，218n，219n

A-position D-结构的论元位置，97，134

Chinese-Japanese 汉语—日语的 D-结构，75，76，152，154

Dummett, Michael 迈克尔·达米特，247，257，258，259，260，269，270，271，274n

ECP 虚范畴原则，155，180，181，211n，214n，215n，216n，218n，219n

Egypt 埃及，282

E-language E-语言（外化语言），19—21，151，205n，213n，246，259，260

shift of focus to internalized language 研究重心从外化语言转向内化语言，24—46

Embedded clauses 嵌入句，111，112，113，119，129，140，173，176

Emonds, J. 约瑟夫·埃蒙兹，72

Empty categories 虚范畴，66，67，75，84—86，95，103，104，105，106，108，111，114—31，143，155，157，164，184，210n，216n

Empty category principle 虚范畴原则 see ECP 参见 ECP

Enc, B. 贝伦特·恩克，48n

Engdahl, E. 伊丽莎白·恩达尔，208n，213n

EPP 扩展的投射原则，116

Epstein, S. 塞缪尔·爱泼斯坦，211n

Exceptional Case-marking constructions 例外赋格结构，190

Explanatory adequacy 解释充分，53，55，56，59，70，72，80，81，83，90，102，145

Expletive-argument pairs 虚位成分—论元语对，96，131—44，178，179，180，181，196，212n，217n

Expletive element 虚位成分 94，95，132

Extended projection principle 扩展的投射原则 . see EPP 参见 EPP

Extended Standard Theory（EST）扩展的标准理论，67，155

External arguments（Williams）（威廉姆斯的）外论元，116

Externalized language 外化语言 . see E-language 参见 E-language

Evans, G. 加雷斯·埃文斯，50n

Fabb, N. 奈杰尔·法布，206，210n，217n

Fairbank, John King 约翰·金·费尔班克（汉名：费正清），281

FI 完全解释原则，98，99，100，101，102，155，203，261

Fillmore C. 查尔斯·菲尔墨，274n

Finer, D. 丹尼尔·费纳尔，207

Fodor, J. 杰瑞·福多尔，14n，214n，273n，275n

Form of life（Kripke）（克里普克）生活样式，232，234，235，242

for-phrase *for-* 短语，211n

Freidin, R. 罗伯特·弗莱丁，72，207n，209n

Freud, S. 西格蒙德·弗洛伊德，xxv

Front *wh*- rule *wh*-前置规则，69，70，71，72

Full interpretation（FI）principle 完全解释原则 . see FI 参见 FI

Functional architecture（Pylyshyn）（派利夏恩）功能架构，262

Gallistel, C. R. 查尔斯·加里斯特尔，273n

Garrett, M. 美林·加勒特，214n

Gassendi, P. 埃尔·伽桑狄，240

GB 管辖及约束 . see Government-binding the-

ory 参见 Government-binding theory
Gee, J. 詹姆斯·吉, 275n
Gelb, Leslie 莱斯利·盖博, 280
Generative grammar 生成语法, 2—7, 14n, 24, 29, 32, 38, 40, 47n, 48n, 49n, 50n, 56, 64, 83, 91, 101, 102, 145, 205n, 221, 223, 224, 226, 233, 236, 273
Generative phonology 生成音系学, 57
Genitive assignment rule 属格赋格规则, 192
Genitive case 属格, 137, 193, 194, 195, 197, 198, 199, 200, 201, 202, 203, 219n
George, Alex 亚历克斯·乔治, 273n
Giorgi, A. 亚历桑德拉·吉奥尔吉, 209n, 211n
Gleitman, L. 莱拉·格雷特曼, 204n, 214n
Governing category 管辖语域, 169, 171, 172, 173, 174, 176, 177
Government 管辖, 102, 117, 161—64, 175, 188, 193, 195, 215n, 218n
Government-binding (GB) theory 管辖—约束理论, 6
Grammar(s) 语法, 19, 20, 21, 23, 25, 29, 30, 34, 46, 53, 56, 224
 extensionally equivalent 外延对等的语法, 38, 39
 generative 生成语法, 2—7, 14n, 24, 29, 32, 38, 40, 47n, 48n, 49n, 50n, 56, 64, 83, 91, 101, 102, 145, 205n, 221, 223, 224, 226, 233, 236, 273
 pedagogical 教学语法, 6
 structuralist 结构语法, 6, 7, 9, 14n, 25, 29, 47n
 terminology used 使用的语法术语, 28—30
 traditional 传统语法, 6, 25, 29

see also UG 另见 UG
Greenberg, J. 约瑟夫·格林伯格, 21
Grimshaw, J. 简·格里姆肖, 89, 208
Gruber, J. S. 杰弗里·格鲁伯, 195, 275n
Harman, Gilbert 吉尔伯特·哈曼, 274n
Harris, James 詹姆斯·哈里斯, 2
Harris, R. 罗伊·哈里斯, 47n
Harris, Z. 泽里·哈里斯, 7, 19, 64
Head-complement parameter 中心语—补语参数, 88, 103
Heavy NP-shift 重 NP 后移, 208n
Heilbron, John 约翰·海尔布朗, 251, 252
Herder, J. 约翰·赫尔德, 273
Higginbotham, J. 詹姆斯·希金博瑟姆, 14n, 48n, 50n, 146, 177, 207, 213n, 214n, 273n
Hockett, C. F. 查尔斯·霍凯特, 32
Hockney, D. 唐纳德·霍克尼, 13n
Hornstein, N. 诺伯特·霍恩斯坦, 13n, 205n, 211n, 214n, 219n
Horwich, Paul 保罗·霍维奇, 242
Huang, C.-T. J. 黄正德, 75, 152, 153, 154, 205n, 208n, 214n, 216n, 219n
Humbolt, W. von 威廉·冯·洪堡特, 2, 30, 47n, 48n
Hume, David 大卫·休谟, 263
Huybregts, R. 莱尼·胡布雷茨, 50n
Hyams, N. 妮娜·海姆斯, 204n, 213n, 216n
Idiom chunks 习语语块, 137, 212n
I-language I-语言（内化语言）, 21—24, 47n, 48n, 49n, 50n, 51, 124, 213n, 243, 244, 248, 250, 257, 260, 265
 empirical basis for study of 内化语言研究的经验基础, 36—40
 shift of focus from externalized language to 研究重心从外化语言转向内化语言,

24—46

Implicit benefactive 隐含受益者, 130

Indexing 标引, 172, 173

Inductive uncertainty 归纳不确定性, 237

Infinitival clauses 不定式小句, 190

INFL 屈折, 101, 157, 160, 161, 162, 169, 172, 173, 175, 188, 193, 198, 215n

Inflection 屈折. see INFL 参见 INFL

Inherent Cases 内在格, 193, 196, 197, 201, 202, 203, 219n

Initial state 初始状态 see S_0 参见 S_0

Internal arguments (Williams) （威廉姆斯）内论元, 116

Internalized language 内化语言 see I-language 参见 I-language

Interrogative clauses 疑问句, 66, 69, 70, 71

Intransitive verbs 不及物动词, case 不及物动词赋格, 74, 139

Island constraints (Ross) （罗斯的）孤岛限制, 71, 72

Israel 以色列, 282, 285

i-within-i condition i 在 i 之内条件, 174, 177

Jackendoff, R. 雷·杰肯道夫, 275n

Jaeggli, O. 奥斯瓦尔多·嘉格力, 216n

Jakobson, R. 罗曼·雅柯布森, 34, 35, 37

Japanese language 日语 see Chinese-Japanese languages 参见 Chinese-Japanese languages

Jenkins, Brian 布莱恩·詹金斯, 282

Jespersen, O. 奥托·叶斯柏森, 21, 22, 23, 32, 48n, 222, 245

Johnson-Laird, P. 菲利普·约翰逊-莱尔德, 206n, 209n

Joos, M. 马丁·裘斯, 20, 47n

Karnow, Stanley 斯坦利·卡诺, 280

Katz, J. 杰拉德·凯茨, 47n, 49n, 50n

Kayne, Richard 理查德·凯恩, 145, 162, 202, 213n, 214n, 216n, 218n, 219n

Kegl, J. 朱迪·谢泼德-凯格尔, 275

Keppel, John 约翰·盖伯尔, 284

Keyser, J. 杰伊·凯泽, 210n

Khrushchev, N. 尼基塔·赫鲁晓夫, 277

Kiparsky, P. 保罗·基帕斯基, 13n

Kirsh, D. 大卫·基尔希, 273n

Koopman, H. 希尔达·库普曼, 208n, 219n

Korean Airlines jetliner (KAL 007) 大韩航空喷气客机（KAL007）, 283, 284

Koster, J. 简·科斯特, 210n, 211n, 214n

Kripke, S. 索尔·克里普克, 223, 224, 229, 230, 231, 232, 235—36, 238, 239, 240, 273n

La Forge, L. 路易·德拉福尔热, 222

Lake, Anthony 安索尼·雷克, 280

Language 语言, 29, 30, 31, 34, 47n

Acquisition 语言获得, 3, 54, 55, 150, 151, 159, 204n

commonsense concept of 语言的常识性概念, 15—19, 27, 28, 32, 222, 224, 227, 274n

concepts of 语言的概念, 15—46

core 核心语言, 147, 149, 221, 237

externalized (E-) 外化语言, 19—21, 24—46, 151, 205n, 213n, 246, 259, 260

faculty 语言官能, xxvi, 3, 4, 24, 25, 38, 43, 46, 48n, 52, 54, 100, 113, 150, 157, 204, 226, 234, 237, 241, 246, 249, 250, 251, 256, 264, 274n

internalized (I-) 内化语言, 21—46, 47n, 48n, 49n, 50n, 51, 124, 213n, 243, 244, 248, 250, 257, 260, 265

knowledge of 语言知识, 1—13, 24, 28, 33, 40, 222, 223, 224, 236

Quine's definition of 奎因对语言的定义,
31
social nature of 语言的社会本质, 18
study of 语言研究, 37
terminology used 使用的术语"语言",
28—30
Langue 语言, Saussurean concept of 索绪
尔的语言概念, 16, 19, 31, 32
Lasnik, H. 霍华德·拉斯尼克, 8, 75, 148,
167, 187, 206n, 207n, 211n, 214n,
217n, 218n, 219n
Lasswell, Harold 哈罗德·拉斯韦尔, 286
Last resort principle 最后手段原则, 201
Lebanon 黎巴嫩, 282
Lebeaux, D. 大卫·勒博, 175, 216n
Leibniz, G. W. 戈特弗里德·莱布尼茨, 1,
263, 264
Lesniewski, S. 斯坦尼斯瓦夫·莱希涅夫斯
基, 208n
Levin, J. 朱丽叶·莱文, 217n
Lexical function 词汇函数, 116
Lexical-phonological rules 词汇—音系规则,
57
Lexical rules 词汇规则, 57, 58, 62—63, 83,
84—85, 90, 118
Lexicon 词库, properties of the 词库的特性,
86—92, 103
Lewis, Anthony 安东尼·刘易斯, 281
Lewis, D. 大卫·刘易斯, 19, 20, 30, 31,
47n
LF level of representation LF 表征式层次, 67,
68, 75, 76, 78, 84, 98, 100, 101,
115, 116, 118, 135, 152, 155, 156,
157, 162, 170, 179, 182, 185, 196,
200, 205n, 208n, 212n, 214n
Chinese-Japanese 汉语—日语的 LF 表征
式, 75, 76, 152, 153, 154
movement of anaphors 照应语在 LF 表征
式层次的移位, 175
movement of wh-phrase wh-短语在 LF 表
征式层次的移位, 154
Licensing 允准, 93—95, 98, 99, 100, 101,
102, 103, 109, 114, 115, 117, 135,
136, 139, 142, 144, 151, 155, 157,
161, 171, 172, 183
parasitic gaps 寄生空位允准, 111, 148
Lightfoot, D. 大卫·莱特福特, 13n, 49n,
163, 204n, 214n, 215n
Linguistic level 语言学层次, 46
Linguistics 语言学, 27, 33, 34, 36, 53
Abstract 抽象语言学, 35, 36
Cognitive 认知语言学, 35
structural-descriptive 结构—描写语言学,
19, 41
Links 连接, chain 语链, 96, 132, 136, 178,
179, 181, 197, 212n
see also Chain 另见 Chain
Lippman, Walter 沃尔特·利普曼, xxvii,
286
Local binding 局部约束, 198, 218n
see also Binding theory 另见 Binding theory
Local domain 局部区域, 166, 168, 169, 170
Logical form 逻辑式. see LF level 参见 LF
level
Long-distance binding 长距离约束, 174
Longobardi, G. 朱塞佩·隆戈巴迪, 214n
Lowering rules 下降规则, 177
McCarthy, J. 约翰·麦卡锡, 214n
McGinn, C. 科林·麦克金, 274n
Manzini, M. R. 玛利亚·曼奇尼, 207n, 210n,
211n, 216n, 217n, 219n
Marantz, A. 艾力克·马兰士, 205n, 208n,

209n,214n,215n,220n
Marcus, M. 米切尔·马克斯,25
Marr, D. 大卫·马尔,48n
Matthews, R. J. 罗伯特·马修斯,257
Maximal CHAIN 最大语链关系,180,182,212n
Maximal projection 最大投射,160,161,162,169,183,188
May, R. 罗伯特·梅,210n,214n
Meaning 意义,study of 意义研究,247
Meir, Golda 戈尔达·梅厄,285
Mental representations 心理表征式,study of 心理表征式研究,41—46,114,124
Mersenne, M. 马丁·梅森,240
Meta-rules 元规则,75
MGC(α) 最小管辖语域(α),169,170
Mill, John Stuart 约翰·斯图亚特·米尔,1
Miller, G. A. 乔治·米勒,274n
Minimal governing category of α α 的最小管辖语域
　see MGC 参见 MGC
Mirror principle(Baker)(贝克)镜像原则,158,159,215n
Möbius Strip 莫比乌斯带,xxiv
Modal interpretation 情态解读,property of 情态解读的特性,117
Montalbetti, M. 马里奥·蒙塔尔贝蒂,121,211n
Moravcsik, J. 尤利乌斯·莫拉维克斯克,275n
Morpheme 语素,passive 被动语素,157,206n
Morphological structure 形态结构,158—159
Move-α α-移位,73,74,75,76,83,85,100,112,113,114,138,152,154,155,156,157,160,177,178,188,191,192,197,198,200,201,203,

206n,209n,210n,218n,243
Movement rules 移位规则,69,110,114,161,174
Improper 不当移位规则,113,114
　see also Move-α;Move-NP 另见 Move-α;Move-NP
　Move-PP PP 移位规则;Move-wh wh-移位规则;
　NP movement NP 移位;wh-movement wh-移位
Move-NP NP 移位,72,73,74,96
Move-PP PP 移位,73
Move-wh wh-移位,72,73,76,175
Nagel, T. 托马斯·内格尔,275n
Nakayama, M.,中山峰治,14n
Newmeyer, F. J. 弗雷德里克·纽梅尔,13n,50n
Ney, J. 詹姆斯·内伊,14n
NIC 主格孤岛条件,168,169,176,216n
Nicaragua 尼加拉瓜共和国,280
Nominal constructions 名词性结构,190
Nominalizations 名词化,122—23,139,195,218n
Nominative Case 主格,74,137,188,189,193,198,202
　see also Case 另见 Case
Nominative island condition 主格孤岛条件.
　see NIC 参见 NIC
Notion of structure(Jespersen)(叶斯柏森的)结构概念,21,22,23,27,32
Noun heads 名词中心语,θ role 题元角色,142
NP movement NP 移位,72,123,135,143,144,180,202,211n,218n
NP subject NP 主语,173
NP-to-VP NP-to-VP 结构,187

NP-trace NP 语迹, 143, 144, 164, 177, 181, 182, 199, 208n
Null-subject language 空主语语言, 178
Objective case 宾格, 74, 88, 190, 193, 202, 220n
Object of …的宾语, grammatical function 语法功能的宾语, 59, 161
Object-subject-verb sentences 宾语—主语—动词句, 61
Obligatory binder 强制约束语, 131
Oblique cases 旁格, 203
of-insertion rules *of*- 插入规则, 87, 89, 123, 191, 192, 197, 198, 200, 201, 203, 218n, 219n
Ogle, R. 理查德·欧格尔, 56
Oneself 自己, 128—30
Operator-variable construction 算子-变量结构, 110, 111, 155
Orwell, G. 乔治·奥威尔, xxv, xxvii, xxviii, xxix, 276, 277, 278, 281
Osherson, D. 丹·奥舍森, 149, 150, 213n
Other minds concept (Descartes)(笛卡尔)他人心智概念, 234
Overall patterns 通盘格局, theory of 通盘格局理论, 47n
Parasitic gap constructions 寄生空位结构, 111, 148
Parsers 解析器, internalized language 内化语言解析器, 25, 151, 238, 262
Passive transformation 被动转换, 72, 73, 74
Passivization 被动化:
　passive verbs 被动动词, 158
　transitive verbs 及物动词被动化, 89
Pearson, David 大卫·皮尔森, 284, 286
Peirce, C. S. 查尔斯·桑德斯·皮尔士, 55, 204

P-English P-英语, 49n
Perception verb construction 感知动词结构, 123
Peretz, Martin 马丁·佩雷茨, 287
Perlmutter, D. 戴维·珀尔马特, 205, 212n, 219n
Pesetsky, D. 大卫·佩塞茨基, 88, 89, 208n, 214n, 215n
Peters, Stanley 斯坦利·彼得斯, 206n, 209n
PF level of representation PF 表征式层级, 68, 84, 98, 100, 101, 115, 116, 118, 155, 156, 157, 162, 163, 164, 196, 215n
Philosophical Investigations《哲学研究》, 229
Phonetic representations 语音表征式, 42—43
Phonological rules 音系规则, 68, 161
Phonology 音系学, 19, 21, 57, 156
Phrase-markers 短语标记, 56, 57, 62, 65
Phrase structure grammar 短语结构语法, 115, 243
Phrase structure rules 短语结构规则, 56, 57—58, 62, 64, 67, 68, 69, 73, 80—84, 86, 88, 90, 102, 187
　Japanese 日语短语结构规则, 61
Pica, P. 皮尔·皮卡, 207n
Picallo, C. 卡米·皮卡洛, 211n, 213n, 216n
P-languages P-语言, 33, 49n
Platonic languages 柏拉图式语言. *see* P-languages 参见 P-languages
Plato's problem 柏拉图问题, xxv-xxix, 51, 62, 83, 145—46, 149, 204, 263
Pleonastic elements 冗余成分, 101
Poincaré, H. 亨利·庞加莱, 251
Pollock, J.-Y. 吉恩-伊夫·波洛克, 212n
Popkin, Richard 理查德·波普金, 240
Port-Royal grammar and logic 保尔-罗瓦雅尔

语法和逻辑，65
POSS 属格成分，188，194，195
　　insertion 属格成分插入，195，196，198，199，201，203
Possessional θ-role 所属性题元角色，195
Postal, P. 保罗·波斯塔尔，47n，207n，215n
Preposition stranding 介词滞留，201，202
Prescriptive force 规定效力，240
Principles-and-parameters model 原则与参数模型，243
Private language argument 私人语言论证，231
PRO 虚范畴 PRO，104，106，108，109，112，115，117，119—31，143，164，167，168，169，183，184，185，187，190，196，197，203，208n，209n，210n，211n，215n，218n，219n
pro 虚范畴 *pro*，121，164，178
Projection 投射，81
Projection principle 投射原则，82，84—86，101，102，103，114，116，151，155，157，160，169，192，215n，243，244
Pronominals 代词：
　　anaphor 代词性照应语，183
　　binding theory conditions for 代词的约束理论条件，164，165，166，168，169，170，172，174，183
　　hidden 隐含的代词，173
Pronominal reference 代词指称，principles of 代词指称原则，44
Pronouns 代词，60，99，117，124，125，126，128，131，164，168，170，171，216n
　　overt 显性代词，122
　　relation with antecedents 代词与先行语的关系，77—79
　　and specified subject condition (SSC) principle 代词与明确的主语条件原则，106，107，165
Propaganda 宣传，277，280，281，283，286
Psychogrammar (Bever) (毕弗) 心理语法，33
Psychology 心理学，34
Pullum, G. 杰弗里·普勒姆，215n
Pure pronominal 纯粹代词. *see pro* 参见 *pro*
Purposive constructions 目的结构，112，127
Putnam, H. 希拉里·普特南，14n，18，49n，50n，237
Pylyshyn, Z. 芝农·派利夏恩，261，262，274n
Quantification theory 量化理论，99
Quine, W. V. 威拉德·奎因，13n，20，30，31，32，47n，245，246，247，248，249，260，274n
Radford, A. 安德鲁·拉德福德，13n
Raising 提升：
　　Construction 提升结构，94，138，141，213
　　rule of 提升规则，73，180
Recoverability of deletion 删除的可恢复性，principle of 删除的可恢复性原则，70—71，179
Referential dependency 指称依存（关系），93，106，115，143，267
Reinhart, T. 谭雅·莱茵哈特，200，207n
Relative clauses 关系小句，66，69，70，71，85
Representation 表征式，conditions on 表征式限制条件，93—114
Reuland, E. 埃里克·罗伊兰德，212n，217n，218n
r-expressions 指称性短语，binding principles 指称性短语约束原则，79，80，85，86，98，114，164，172，182，183，207n，208n，209

Reynolds, A. L. 艾米·雷诺兹, 48n
Riemsdijk, H. van 汉克·范·里姆斯迪克, 13n, 50n, 219n
Rigidity principle（Ullman）（乌尔曼）刚化原理, 264
Ritchie, Robert 罗伯特·里奇, 206n
Rizzi, L. 路易吉·里奇, 143, 162, 182, 185, 206, 210n, 211n, 214n, 216n, 217n
Roeper, T. 托马斯·罗帕, 123, 210n, 211n
Ross, J. 约翰·罗斯, 71, 167
Rothstein, S. 苏珊·罗斯坦, 101, 116, 205n, 209n, 210n
Rouveret, A. 阿兰·鲁弗雷, 206
Rules for the Direction of the Mind《指导心智的规则》, 234
Rule systems 规则系统, 46, 52, 56—68, 99, 100, 102, 145, 146, 148, 151, 155, 191, 205n, 222
attribution of 规则系统的归属, 243—63
restricting the variety of 规则系统类型的限制, 68—101
Russell, Bertrand 伯特兰·罗素, xxv
Ryan, Randolph 伦道夫·莱恩, 287
S_0, initial state of language faculty 语言官能的初始状态 S_0, 24—31, 33, 34, 37, 38, 52, 53, 54, 70, 71, 72, 81, 84, 103, 113, 146, 147, 149, 150, 152, 221, 234, 237, 238, 241, 242, 247, 248, 250, 253, 262, 263
Ss 语言官能的稳定状态, 24, 25, 52, 146
Saito, M. 斋藤卫, 75, 205n, 206n, 211n, 214n, 215n
Sapir, Edward 爱德华·萨丕尔, 21, 34, 35, 47n, 208n, 212n, 216n, 218n
Saussure, F. de 费迪南·德·索绪尔, 47n, 147
Schachter, P. 保罗·沙克特, 215n
Schlesinger, A. 亚瑟·施莱辛格, 279, 280
Searle, John 约翰·塞尔, 247, 253, 274n
seem 似乎, 92
Semantic roles 语义角色, 92, 93, 97
Semantics 语义学, 43, 45, 60, 86, 115
Semantic selection 语义选择 *see* S-selection 参见 S-selection
Shepard, Roger 罗杰·谢泼德, 264
Sigma（∑）structure ∑结构, 100, 101
Small clause structure 小小句结构, 91, 97
Smith, H. L. 赫尔曼·史密斯, 47n
Soames, S. 司各特·索姆斯, 34, 35, 36
Sound structure 语音结构, 2, 41—43
South Vietnam 南越 *see* Vietnam 参见 Vietnam
Soviet Union 苏联, 276, 283, 284
SPEC 标志语, 196
Specified subject condition 明确的主语条件 *see* SSC 参见 SSC
Speech communities 言语社群, 16, 17, 55, 147
Sportiche, D. 多米尼克·史坡堤, 162, 211n, 213n, 214n
SSC 明确的主语条件, 106, 107, 165, 166, 167, 169, 176, 180
S-selection 语义选择, 86, 87, 88, 89, 90, 91, 92, 93, 105, 140, 141, 142, 157, 161
S-structures S-结构, 65, 67, 68, 73, 76, 77, 84, 91, 95, 100, 101, 107, 113, 114, 115, 116, 118, 120, 134, 141, 152, 155, 156, 157, 158, 159, 162, 170, 175, 179, 186, 187, 193, 196, 200, 201, 202, 203, 215n, 220n
Chinese-Japanese 汉语—日语的 S-结构,

75，76，152，153，154
containing traces S-结构包含语迹，66
filter on S-结构的鉴别式，77
of raising constructions 提升结构的S-结构，94
Steinthal, H. 海曼·斯坦塔尔，47n
Stent, G. 冈瑟·斯坦特，40
Stevenson, Adlai 阿德莱·史蒂文森，279
Stob, M. 迈克尔·斯托贝，149，150，213n
Stowell, T. 蒂姆·斯托威尔，208n，213n
Strong binding 强约束，85，109
Strong crossover 强跨越，78，109，182，207n
Strong nativism (Osherson)（奥舍森）强先天论，149—50
Structural description (SD) 结构描写，70，73，75
Structural-descriptive linguistics 结构—描写语言学，19，41
Structural grammar 结构语法，6，7，9，14n，25，29，47n
Subjacency condition 邻接条件，72
Subject 主语，nonargument 非论元主语，94
Subject-object asymmetry 主宾不对称，62
Subject-of …的主语，grammatical function 主语的语法功能，59，64，161
Subset principle (Berwick)（伯威克）子集原则，146，272
Surface structures 表层结构，65
Syntactic function 句法函数，116
Syntactic rules 句法规则，57，62
Syntactic structure 句法结构，90，118，158，162
Taraldsen, Tarald 塔拉德·泰拉乐德森，213n
T-government T-管辖，97
Theta criterion 题元准则，93，96，104，108，113，114，135，136，137，140，142，144，184，185，198，203，209
Theta-marking (θ-marking) 题元标记，94，95，97，98，104，131，133，135，138，139，140，141，142，143，157，160，161，185，186，193，194，195，196，197，198，199，201，202，203，209n，210n，212n，219n
Theta-position (θ-position) 题元位置，96，97，98，103，114，131，133，135，136，137，155，184，185，186，212n，217n
Theta-role (θ-role) 题元角色，93，94，95，96，97，101，103，104，116，118，122，123，133，134，135，184，194，195，199，203，209n，210n，212n，220n
noun heads 名词中心语的题元角色，142
verbs assigned 动词指派的题元角色，139—42
Theta theory 题元理论，93—95，97，98，100，102，114，155，157，184—86，187，208n，210n
Tomas, V. 文森特·托马斯，205
Totalitarianism 极权主义，xxvii，277，278
Traces 语迹，66，68，104，107，108，115，118，143，144，164，175，178，179，180，209
Trace theory 语迹理论，163
Traditional grammar 传统语法，6，25，29
Traffic rules 交通规则. see Meta-rules 参见Meta-rules
Trager, G. 乔治·特拉格，47n
Transformational generative grammar 转换生成语法，47n，115
Transformational grammar 转换语法，206
Transformational rules 转换规则，56，59，64—65，67，68，72，73，75，81，83，187，

formation of questions 构成疑问句的转换规则, 66
Transitive verbs 及物动词, 89, 142
Travis, L. 丽莎·特拉维斯, 208n, 212n, 216n, 219n
Trubetzkoy, N. 尼古拉·特鲁别茨科伊, 7
Turing Test 图灵测试, 273n
UG 普遍语法, 17—29, 33, 34, 37—40, 43, 50n, 51, 52, 54, 55, 62, 71, 77, 82, 83, 88, 103, 105, 106, 110, 111, 113, 137, 145—52, 156, 187, 192, 203, 204n, 205n, 224, 242, 244, 247, 264, 270
 empty categories 普遍语法的虚范畴, 115, 123, 124
 explanatory adequacy 普遍语法的解释充分性, 53
 format 普遍语法（UG）的程式, 70
 interaction of principles of 普遍语法原则互动, 73
 linguistic structure 语言结构理论, 46
 principles-and-parameters theory of 普遍语法的原则与参数理论, 101, 151—52
 principles of 普遍语法的原则, 82, 84—101, 103, 110, 113, 123, 156, 203
 as rule-free system 普遍语法作为不包含任何规则的系统, 93
Ullman, Shimon 西蒙·乌尔曼, 264
Uniformity conditions 一致性条件, 194, 195, 196, 197, 198, 199, 201, 202, 203, 219n
Uniformity requirement 一致性要求, 98
UNITA 安哥拉民族独立运动全国联盟, 284, 285
Universal grammar 普遍语法. see UG 参见 UG

Urquhart, Brian 布莱恩·厄克特, 287
Variable rules 变异规则, 47n
Verbs 动词:
 assignment of θ-role 动词指派题元角色, 139—43
 causative 致使动词, 123
 complex 复杂动词, 92
 intransitive 不及物动词, case 不及物动词赋格, 74, 139
 passivization of transitive 及物动词被动化, 89
Vergnaud, J. R. 让-罗杰·怀尔诺, 73, 187, 206
Vietnam 越南, 278, 279, 280
Visibility condition 可视性条件, 93—95, 97, 132, 164, 187, 202, 212n
VP-predicate VP 谓语, 117, 118, 139, 142
Wanner, E. 艾瑞克·万纳, 214n
Wasow, Thomas 托马斯·沃素, 207n
Weinberg, A. 安娜·温伯格, 50n, 204n, 213n, 219n, 274n
Weinreich, Max 马克斯·魏因赖希, 15
Weinstein, S. 司各特·韦恩斯坦, 149, 150, 213n
Wexler, K. 肯尼思·韦克斯勒, 50n, 204n, 213n
White, A. 阿兰·怀特, 274n
Whitman, J. 约翰·惠特曼, 205n
Whitney, W. D. 威廉·惠特尼, 21, 47n, 48n
wh-movement *wh*-移位, 107, 108, 152, 153, 154, 163, 176, 202, 212n
 see also Move-*wh* 另见 Move-*wh*
wh-phrases *wh*-短语, 65, 69, 70, 71, 72, 73, 75, 76, 78, 85, 103, 143, 153, 154, 155, 209, 214n
 Chinese-Japanese 汉语—日语的 *wh*-短语,

75
wh-questions *wh*-疑问句，77
wh-trace *wh*-语迹，176，215
Wicker, Tom 汤姆·维克，286
Williams, E. 艾德温·威廉姆斯，13n，93，116，209n，213n
Wittgenstein, L. 路德维希·维特根斯坦，223，224，225，226，228，230，231，232，233，235，236，239，240，241，242，273n

X-bar projection X-阶标投射，142
X-bar theory X-阶标理论，82，83，100，101，102，103，117，131，139，151，155，160—61，188，192，193，196，203
Yang, D. W. 杨东基，207n
Zagona, K. 凯伦·扎格纳，210n，216n
Zetlin, Fay 费伊·泽特林，xxiv
Zubizarreta, M. -L. 玛莉亚·路易撒·祖比扎雷塔，211n

语言学及应用语言学名著译丛书目

句法结构（第2版）	〔美〕诺姆·乔姆斯基 著
语言知识：本质、来源及使用	〔美〕诺姆·乔姆斯基 著
语言与心智研究的新视野	〔美〕诺姆·乔姆斯基 著
语言研究（第7版）	〔美〕乔治·尤尔 著
英语的成长和结构	〔丹〕奥托·叶斯柏森 著
言辞之道研究	〔英〕保罗·格莱斯 著
言语行为：语言哲学论	〔美〕约翰·R.塞尔 著
理解最简主义	〔美〕诺伯特·霍恩斯坦 〔巴西〕杰罗·努内斯 著 〔德〕克莱安西斯·K.格罗曼
认知语言学	〔美〕威廉·克罗夫特 〔英〕D.艾伦·克鲁斯 著
历史认知语言学	〔美〕玛格丽特·E.温特斯 等 编
语言、使用与认知	〔美〕琼·拜比 著
我们思维的方式：概念整合与思维的隐含复杂性	〔法〕吉勒·福柯尼耶 〔美〕马克·特纳 著
为何只有我们：语言与进化	〔美〕罗伯特C.贝里克 诺姆·乔姆斯基 著
语言的进化生物学探索	〔美〕菲利普·利伯曼 著
叶斯柏森论语音	〔丹〕奥托·叶斯柏森 著
语音类型	〔美〕伊恩·麦迪森 著
语调音系学（第2版）	〔英〕D.罗伯特·拉德 著

书名	作者	
韵律音系学	〔意〕玛丽娜·内斯波 〔美〕艾琳·沃格尔	著
词库音系学中的声调	〔加〕道格拉斯·蒲立本	著
音系与句法：语音与结构的关系	〔美〕伊丽莎白·O. 塞尔柯克	著
节律重音理论——原则与案例研究	〔美〕布鲁斯·海耶斯	著
语素导论	〔美〕戴维·恩比克	著
语义学（上卷）	〔英〕约翰·莱昂斯	著
语义学（下卷）	〔英〕约翰·莱昂斯	著
做语用（第 3 版）	〔英〕彼得·格伦迪	著
语用学原则	〔英〕杰弗里·利奇	著
语用学与英语	〔英〕乔纳森·卡尔佩珀 〔澳〕迈克尔·霍	著
交互文化语用学	〔美〕伊什特万·凯奇凯什	著
应用语言学研究方法	〔英〕佐尔坦·德尔涅伊	著
复杂系统与应用语言学	〔美〕戴安娜·拉森-弗里曼 〔英〕琳恩·卡梅伦	著
信息结构与句子形式	〔美〕克努德·兰布雷希特	著
沉默的句法：截省、孤岛条件和省略理论	〔美〕贾森·麦钱特	著
语言教学的流派（第 3 版）	〔新西兰〕杰克·C. 理查兹 〔美〕西奥多·S. 罗杰斯	著
语言学习与语言教学的原则（第 6 版）	〔英〕H. 道格拉斯·布朗	著
社会文化理论与二语教学语用学	〔美〕雷米·A. 范康珀诺勒	著
法语英语文体比较	〔加〕J.-P. 维奈 J. 达贝尔内	著
法语在英格兰的六百年史（1000—1600）	〔美〕道格拉斯·A. 奇比	著
语言与全球化	〔英〕诺曼·费尔克劳	著
语言与性别	〔美〕佩内洛普·埃克特 萨利·麦康奈尔-吉内特	著
全球化的社会语言学	〔比〕扬·布鲁马特	著
话语分析：社会科学研究的文本分析方法	〔英〕诺曼·费尔克劳	著
社会与话语：社会语境如何影响文本与言谈	〔荷〕特恩·A. 范戴克	著

图书在版编目(CIP)数据

语言知识:本质、来源及使用/(美)诺姆·乔姆斯基著;李京廉等译.—北京:商务印书馆,2022(2024.5重印)
(语言学及应用语言学名著译丛)
ISBN 978-7-100-20667-9

Ⅰ.①语… Ⅱ.①诺… ②李… Ⅲ.①语言学—研究 Ⅳ.①H0

中国版本图书馆 CIP 数据核字(2022)第 125523 号

权利保留,侵权必究。

语言学及应用语言学名著译丛
语言知识:本质、来源及使用
〔美〕诺姆·乔姆斯基 著
李京廉 等译
周流溪 审订

商 务 印 书 馆 出 版
(北京王府井大街36号 邮政编码100710)
商 务 印 书 馆 发 行
北京市白帆印务有限公司印刷
ISBN 978-7-100-20667-9

2022年9月第1版　　开本 880×1230　1/32
2024年5月北京第3次印刷　　印张 10⅜
定价:80.00元